知识产权论丛

（第4卷）

何培育◎主　编
娄必县◎副主编

ZHISHI CHANQUAN LUNCONG

中国政法大学出版社

2023·北京

图书在版编目（ＣＩＰ）数据

知识产权论丛. 第 4 卷/何培育主编. —北京：中国政法大学出版社，2023.11
ISBN 978-7-5764-1244-4

Ⅰ.①知… Ⅱ.①何… Ⅲ.①知识产权－文集 Ⅳ.①D913.04-53

中国国家版本馆 CIP 数据核字(2024)第 002827 号

出　版　者　中国政法大学出版社

地　　　址　北京市海淀区西土城路 25 号

邮寄地址　北京 100088 信箱 8034 分箱　邮编 100088

网　　　址　http://www.cuplpress.com (网络实名：中国政法大学出版社)

电　　　话　010-58908285(总编室) 58908433 （编辑部） 58908334(邮购部)

承　　　印　固安华明印业有限公司

开　　　本　720mm×960 mm　1/16

印　　　张　14.5

字　　　数　215 千字

版　　　次　2023 年 11 月第 1 版

印　　　次　2023 年 11 月第 1 次印刷

定　　　价　68.00 元

出版说明

　　重庆理工大学于 2007 年在我国西南地区率先建立知识产权学院——重庆理工大学知识产权学院（重庆知识产权学院），目前是中西部地区唯一独立设置的知识产权学院。重庆理工大学重庆知识产权学院在知识产权研究方面积累了丰富经验，依托国家知识产权培训（重庆）基地连续多年举办"一带一路"创新与知识产权保护中高级管理人员研修班，来自全球 30 多个国家和地区的数百名学员来到重庆，走进重庆理工大学，学习和了解知识产权全球治理的中国方案，产生了积极的社会影响，收到了良好的社会效益。

　　2022 年 6 月，经学校申报、专家评审、行政审定、公示等程序，重庆理工大学"一带一路"知识产权国际化特色平台建设项目获得重庆市国际化特色项目支持。自该项目立项以来，在重庆市教育委员会和重庆市财政局的支持下，重庆理工大学围绕"一带一路"相关知识产权问题开展了大量卓有成效的工作。2023 年 7 月 5 日，由重庆理工大学发起，重庆大学、西南政法大学、四川外国语大学、广西民族大学、重庆城市职业学院、老挝国立大学、泰国孔敬大学、柬埔寨国立马德望大学、印度尼西亚丹戎布拉大学等国内外 10 所高校组成的西部陆海新通道知识产权高校联盟正式成立。2023 年 11 月 29 日，重庆理工大学与老挝工业与贸易部知识产权司、老挝国立大学签订框架协议，秉承兼容并包、开放合作、文明互鉴的理念，深入推动三方在知识产权人才培养、知识产权国际交流、知识产权前沿问题研究等方面的深度合作。

　　美国、欧盟、日本等国家和地区的知识产权制度得到了国内实务界和理论界的充分关注，但是"一带一路"相关国家的知识产权制度在国内尚未得到充分研究。鉴于此，重庆理工大学借助"一带一路"知识产权国际化特色平台建设项目，汇聚来自重庆理工大学、西南政法大学、广西民族大学、重庆两江新区人民法院（重庆自由贸易试验区人民法院）的研究团队，对马来西亚、印度、巴基斯坦、孟加拉国、埃塞俄比亚、南非、德国等国的知识产权制度进行了研究，形成了 10 篇研究报告。

《知识产权论丛》是重庆理工大学推出的知识产权学术交流成果，此前已经出版三卷。本书作为第四卷，主要聚焦"一带一路"相关国家的知识产权制度，对"一带一路"知识产权国际化特色平台建设项目所取得的部分研究成果进行集中展示。希望本书的出版能为繁荣知识产权学术，助推我国企业出海贡献绵薄之力。

编　者

2023 年 12 月

目 录

埃塞俄比亚知识产权制度及中国启示研究

窦 璐*

引 言

2021 年 9 月，中共中央、国务院印发《知识产权强国建设纲要（2021—2035 年）》，指出中国要深度参与知识产权全球治理，继续加强与"一带一路"国家和地区知识产权共同发展，加强与"一带一路"参与国和地区在知识产权领域内的合作。同时，《中非合作 2035 年愿景》明确提出，更紧密地共建"一带一路"伙伴、中非合作的顶层设计和机制措施更加丰富完善等合作目标。在此背景之下，埃塞俄比亚作为"一带一路"重要国家之一，对其知识产权制度展开深入研究，将有助于中非战略合作共赢。

然而，目前我国在对埃塞俄比亚国家知识产权制度研究上，仍存在全面性研究不足、独立性研究不够、知识产权战略前瞻及中国启示不充分等问题。具体如下：第一，对埃塞俄比亚知识产权制度文本梳理不足。当前国内关于埃塞俄比亚知识产权制度研究鲜少，系统性制度梳理严重不足，亟待从商标、专利、版权层面进行体系性梳理。第二，对埃塞俄比亚知识产权保护效果评价不充分。关于其保护不统一、执法难题等立法、司法问题论证不充分，未见规范以及制度规则的详细比对和深入说理，客观实证资料支撑相对匮乏。第三，埃塞俄比亚知识产权制度及其实践对中国的启示总结不够。立足共建"一带一路"、中非战略合作共赢、知识产权强国

* 作者简介：窦璐，重庆理工大学重庆知识产权学院副教授，法学博士，硕士生导师。

建设多重背景，我国亟待完善并加强对"一带一路"国家和地区的知识产权保护与本土制度研究，并由此制定符合中国国情的知识产权共治对策。

因此，加强对埃塞俄比亚知识产权制度研究则具有迫切需求与深远意义。本文首先将埃塞俄比亚知识产权制度进行全面性分析与比较研究，在共建"一带一路"、中非战略合作，知识产权强国建设的总部署、总安排下展开考察，阐释埃塞俄比亚知识产权制度的历史起源、变革发展和适用现状，强调系统性、科学性制度研究的紧迫需求与未来趋势。通过梳理有关埃塞俄比亚知识产权的制度文本、法律实践、探查其制度适用现状，加强面向 2035 年的中非国际合作、实现中非发展共赢的战略目标，展示立足知识产权强国建设、坚持需求导向、独立性制度研究、法律文化交往理论运用的新思考。其次，在我国共建"一带一路"、加强中非战略合作、深入实施知识产权强国建设背景下，基于深度参与知识产权全球治理、积极推进中非发展共赢的发展理念，研究并构建埃塞俄比亚知识产权制度研究范畴、埃塞俄比亚知识产权制度适用效果评价方案、中国与埃塞俄比亚加强知识产权国际合作路向等，为维护全球自由贸易体系和完善全球知识产权治理体系提供优化方案。

第一部分　埃塞俄比亚知识产权制度的发展与现状

一、埃塞俄比亚知识产权制度的发展

埃塞俄比亚知识产权制度历经规则缺失至逐步完善。受国家经济、社会发展影响，20 世纪以前，埃塞俄比亚知识产权制度未见专门立法，商标、版权、专利等领域的体系性条文、系统性保护规范需要在知识产权相关报纸或者具有全国影响性报纸上进行公开、公告。早期埃塞俄比亚知识产权保护的法源，可追溯至 1960 年颁布的《埃塞俄比亚民法典》，即财产保护中的知识产权制度。《埃塞俄比亚民法典》将民事法律关系保护范畴划定得更为宽泛。《埃塞俄比亚民法典》第三编第 1647 条至第 1674 条规定，知识创造者依法享有受民法保护的权利，此属于无形财产所有权，如文学作品、音乐作品、戏剧作品、视觉作品、舞蹈作品、具象艺术作品等。知识产权所有者不受非法侵害，有权要求因权利受损而依法获得赔偿，享有独占、使用、传播、复制等相关的民事法律权利。可以说，《埃塞俄比亚民法典》主要将版权相关保护予以详细规定，在其权利产生、权利行使、权利消灭、权利保护等方面给予了相对完整的规定。

有学者认为，1942 年是埃塞俄比亚国家知识产权制度从无到有的关键转折[1]。至此，随着全国立法的稳步推进，埃塞俄比亚在知识产权领域逐渐加强相关制度保护的立法工作。受国家社会发展、经济建设等因素影响，埃塞俄比亚国内社会文化、科技创造相对落后的现实境遇，成为牵制知识产权制度魄力向前的关键问题。随着国际经济贸易合作、文学影视作品、农作物培育进出口等关系交往、技术繁荣逐步升级。埃塞俄比亚先后出台有关商标、版权、专利、技术合作、农作物育种的保护制度，从而更好地适应国内经济运营以及国际合作关系。如在版权保护层面，《版权和邻接权保护条例》将作品定义为文学、科学和艺术领域的作品，对媒体、期刊、广播服务等涉及版权业务的主体进行了相应的界定与规制，旨在为国家社会经济发展、信息传播提供一个稳定、可持续的制度基础。其次，在商标保护层面，《商标注册和保护宣言》规定国家知识产权局统一负责有关商标注册的申请、登记、转让、许可、撤销等事项。埃塞俄比亚适用"申请在先"原则，旨在为各类贸易主体提供合法依据，促进贸易自由的市场化。最后，在发明、外观设计保护层面，《发明、小型发明和工业品外观设计条例》规定，埃塞俄比亚知识产权局负责专利申请，在相关专利申请、检索和审查标准、程序上作出了相对全面的规定。对于国家技术创造能力、科技创新质量与整体发展逐渐重视，旨在通过相关制度保护推动科技运用与发展。

据统计，咖啡 2019/2020 埃塞财年的出口量为 4200 吨，2020/2021 埃塞财年的出口量为 8400 吨，截至 2022 年 7 月 7 日上一埃塞财年的出口量为 11 200 吨，[2]其咖啡出口正在被中国市场所接纳。受商标保护制度发展

---

[1] 参见江平、王家福总主编：《民商法学大辞书》，南京大学出版社 1998 年版，第 2 页。

[2] 参见《中国市场广受埃塞俄比亚咖啡出口商"热捧"》，载 https://www.163.com/dy/article/I9HBS15M05534L6W.html，最后访问日期：2023 年 7 月 23 日。

影响，为扩大咖啡市场，2005 年埃塞俄比亚在美国提出以本国咖啡产地命名的商标申请。但星巴克公司早在数月前已对其产地进行了商标申请，并最终导致商标纠纷。由此反映出，以地理名称命名的商标申请以及地理标志保护是埃塞俄比亚咖啡产业发展的战略意图。时至今日，仍然有观点认为，埃塞俄比亚知识产权制度发展相对落后，在邻接权保护、网络信息传播权保护、专利发明、技术合作等方面存在一定的不足[1]。但相比 20 世纪前叶，现有立法的逐步推进已然表明埃塞俄比亚政府参与经济贸易、促进经济贸易自由、推动国家科技创新发展已取得一定成效。尤其在植物育种、农作物产品、地理标志等领域，埃塞俄比亚依托其天然优势，在相关领域的保护层面，体现出一定的特色与地域性。以埃塞俄比亚咖啡产业保护案为例，埃塞俄比亚受地理环境、人文因素等影响，其盛产的咖啡豆逐年成为贸易出口的主力军。

二、埃塞俄比亚知识产权制度的现状

自 2003 年 1 月埃塞俄比亚加入世界贸易组织（WTO）以来，其承诺将根据《与贸易有关的知识产权协定》具体约定，完善知识产权各领域的相关立法，并就专利相关制度进行优化。截至目前，包括《埃塞俄比亚民法典》《发明、小型发明和工业品外观设计条例》《版权和邻接权保护条例》《商标注册和保护条例》《育种者权利条例》等在内的知识产权法律文件相继发布，基本形成埃塞俄比亚知识产权保护体系。但是，在埃塞俄比亚知识产权制度适用层面，基于市场经济发展多元化不足、国内生产总值有待提高等现状，埃塞俄比亚知识产权还面临着加强专利创造与保护、提升专利质量、进一步完善知识产权制度、知识产权保护标准与国际标准接轨不畅等诸多挑战。据埃塞俄比亚规划和发展部表示，稳步经济复苏、打造非洲制造业中心是埃塞俄比亚近年来的发展重心，其中便涉及商标注册与保护、专利申请与新颖性认定标准、知识产权侵权纠纷处理机制等诸多核心问题。知识产权制度完善的旨归在于促进经济贸易、市场繁荣，推

---

〔1〕 See MacGregor, Anne. "Intellectual Property Policy for Non-Industrial Countries." *International Review of Law*, *Computers&Technology*, Vol. 12, No. 3, 1998, pp. 566-568.

动埃塞俄比亚知识产权保护制度的全面完善、体系化建设将是埃塞俄比亚制造业中心化建设的重点工作。

截至目前，埃塞俄比亚并未加入《保护文学和艺术作品伯尔尼公约》（以下简称《伯尔尼公约》）、《保护工业产权巴黎公约》（以下简称《巴黎公约》）。作为非洲统一组织（OAU）的成员国，埃塞俄比亚正逐步融入知识产权国际保护当中。《联合国世界知识产权组织公约》获得非洲国家支持，埃塞俄比亚也在其中，这也是在非洲国家通过效率最高的知识产权组织公约。1991 年 OAU 组织签署了《建立非洲经济共同体条约》，为埃塞俄比亚知识产权市场及其知识产权保护标准的提升提供了制度助力。1962 年非洲知识产权组织建立，作为观察员国的埃塞俄比亚，《专利和工业品外观设计哈拉雷议定书》（以下简称《哈拉雷议定书》）对其有着重要意义。除此之外，埃塞俄比亚还是《专利合作条约》的签署国家，其不对国际专利授权，当地专利管理部门享有依法授予专利、管理专利的职责与权力，并承认请求专利优先权（12 个月）。综合而言，埃塞俄比亚在国际知识产权保护一体化层面仍存一定不足，不利于中非知识产权合作机制的畅通运行[1]。但是，国际经济贸易中的知识产权同保护、严保护已为学界所共同关注，共建"一带一路"国家和地区知识产权保护，深入推进两国知识产权合作等将是埃塞俄比亚以及中国完善知识产权制度的重心。

根据非洲联盟《2063 年议程》，下个十年非洲将加快非洲大陆自贸区建设，推进自贸区知识产权合作，保持各国知识产权法律法规的独立性。埃塞俄比亚充分发挥其农业、植物天然优势的同时，集中促进能源类产业、制造业、科技创新等领域知识产权发展，知识产权保护规则的建立与实施逐渐成为洽谈双边贸易、多边贸易的重要筹码。虽然，埃塞俄比亚面临知识产权领域保护制度不完善、基础制度力量薄弱、国际知识产权合作不足、专利版权商标获准授权数量较低等诸多客观问题。但是，从加强"一带一路"中非知识产权合作来看，埃塞俄比亚知识产权保护制度运行主要表现：其一，积极推动、努力探索中国与埃塞俄比知识产权保护合

---

〔1〕 参见刘功奇、刘雨晴：《非洲知识产权保护一体化及其对中非知识产权合作的启示》，载《中国投资（中英文）》2022 年第 Z5 期。

作。随着《加强"一带一路"国家知识产权领域合作的共同倡议》发布，农产品油料种子出口与服装、纺织品、机械、塑料制品、钢铁进口等国际贸易、国际投资，促进双方知识产权国际合作的进一步深入，共同促进、协同发展国际知识产权保护，建立多元信息沟通平台。其二，鼓励知识产权创造、保护、运用，提升知识产权整体保护意识，积极维权。以埃塞俄比亚 soleRebels 知识产权经营战略为例：以手工橡胶轮胎、凉鞋闻名的 soleRebels 品牌在传统知识产权领域久居海外，将本土产品和技能、创作为知识产权保护对象并出口欧洲、英美市场，建立知识产权战略部署，依靠域名注册、知识产权布局来保护其品牌声誉与市场份额，充分反映出埃塞俄比亚开拓知识产权国际保护市场、重视知识产权海外布局的知识产权保护初具成效。

第二部分　埃塞俄比亚知识产权制度的文本梳理

一、专利保护制度的文本梳理

《发明、小型发明和工业品外观设计条例》是为了鼓励当地创新和相关活动，从而建设国家技术能力。通过创造有利环境，鼓励转让和采用外国技术，以促进国家发展，实现国家对科学技术进步的要求。

其中，"工业品外观设计"是指任何由线条或颜色组成的构图，或由三维形状构成的方式，无论是否与线条或颜色相关，只要这种构图或形状给工业品或手工艺品赋予特殊外观，并能作为工业品或手工艺品产品。"发明"是指一个发明者的智力成果，能解决技术领域的特定问题。"专利"指为保护发明而授予的权利，该发明可能涉及产品或生产过程。

第一，关于发明专利的申请和审查。享有发明专利权的人可以依法向埃塞俄比亚科学技术委员会申请授予发明专利，申请应以书面形式提出。专利申请应包括授予专利的申请，以及对本发明的说明。具体为：（1）描述部分应以足够清晰和完整的方式展示发明，以便普通技术人员能够实施该发明，并且应当至少指明一种申请人所知的实施该发明的方式。描述部分可以用于解释权利要求。（2）权利要求部分应清晰、简明地定义所寻求保护的内容，权利要求部分应得到描述部分的充分支持。（3）摘要部分仅限于技术信息，但不应用于解释保护范围的目的。

第二，关于国外发明的专利申请。根据互惠原则和埃塞俄比亚加入的国际条约，外国国民应享有与埃塞俄比亚本国人相同的权利和义务。专利申请可以依法以出售、继承或者其他方式转让。受让人在支付规定的费用后，向埃塞俄比亚科学技术委员会备案即可。申请人应根据埃塞俄比亚科学技术委员会的要求，提供他在国外与提交给埃塞俄比亚科学技术委员会相同或基本相同的发明相关的专利申请日期和编号。根据埃塞俄比亚科学技术委员会的要求，申请人应提供相关证明材料：（1）国外申请进行搜索或审查结果的任何通信副本；（2）基于国外专利申请授予的任何专利副本；（3）最终驳回或拒绝申请的副本。

第三，关于发明专利在先申请和优先权。当两个或多个独立发明就同一主题分别申请专利的，专利权将归于首个递交申请的人。根据互惠原则和埃塞俄比亚加入的国际条约，外国申请人如在 12 个月内在埃塞俄比亚递交申请，其在外国首次递交申请的日期则被视为递交日期。如果申请人主张优先权，并在规定的期限内提供早期申请副本、其他文件和证明材料的，则应视此为提交日期。

第四，关于发明专利的审查。埃塞俄比亚科学技术委员会对专利申请进行形式审查。经形式审查后，该申请不符合要求的，埃塞俄比亚科学技术委员会应要求申请人修改该申请。申请人未在 2 个月内按规定进行修改的，该申请视为撤回。如果委员会确定该申请是可接受的，它应承诺或促使对该发明进行实质性审查。

第五，关于发明专利的有效期。专利的有效保护期为 15 年，然而，如果提供证据证明发明在埃塞俄比亚得到了适当的实施，专利的有效期可延长 5 年。

第六，关于引进专利。当一项发明在国外被授予专利且尚未过期但在埃塞俄比亚尚未被授予专利，如有利益相关方声明，并对此负完全责任，可以发放引进专利。引进专利的要求和条件与发明专利相同，并应当办理同样的手续。外国专利所有人，在一年期限届满前，未能提交引进专利；

或引进专利的所有人，未能证明发明的实施或支付年费的，引进专利应视为无效。引进专利的有效期可延长至 10 年。从获得专利后的第三年起，外国专利所有人每年都有义务证明发明的实施情况并支付相关年费。

第七，关于实用新型。如果在申请时，实用新型已经通过出版物发行、公开展示或在埃塞俄比亚公开使用，那么不应被视为具有新颖性。如果对某项技术进行的任何描述或使用发生在申请前 6 个月内，并且是基于申请人的工作，那么这种描述和使用不会使该发明失去新颖性。不受实用新型保护的是：（1）对于专利物品或公共财产进行外形、比例或材料的变更，除非这种变更改变了物品的特性或功能，并从而改进了它的使用或预期功能。（2）仅仅是将已知组合中的元素替换为具有等效功能的其他已知元素，没有由此产生改进使用或预期功能效果的情况。（3）违反公序良俗。实用新型的有效期为 5 年，能够证明其在埃塞俄比亚得到应用实施的，可再延长 5 年。

第八，关于工业品外观设计。工业品外观设计具有新颖性和实用性，将受专利保护。如果工业品外观设计的所有要素总和与埃塞俄比亚或其他国家和地区已知的其他设计不同，并且在申请注册之前或优先权日期之前超过 1 年没有被披露，则认为是创新设计。如果它们的具体特征没有实质区别仅在细节上有所不同，则视为相同。如果工业品外观设计能够用作产品的重复生产，它将被视为具有实用性。

二、商标保护制度的文本梳理

埃塞俄比亚《商标注册和保护条例》为了避免相似商品和服务之间的混淆，通过商标保护来维护从事商品制造、分销以及提供服务的商人的声誉和商誉。鉴于商标自由贸易过程中，商标在引导客户选择和保护客户利益方面发挥着重要作用；商标保护能对国家经济发展，特别是对国家贸易和工业发展产生积极的影响；因此，根据《埃塞俄比亚联邦民主共和国宪法》第 55（1）条，特制定该条例。

第一，关于商标的注册申请。申请人应当按照规定的形式提出，并缴纳一定申请费。申请人填写申请表后，应当附上商标图样（一式三份）；

使用该注册商标的商品和服务类别清单（按照国际商品分类的名称和编号）；如通过代理提交申请，须提供经公证的授权书；费用支付的证明文件或副本以及其他事项。商标申请审核期间，申请人可以随时撤回申请。

若申请人在埃塞俄比亚提出申请的日期距离其在外国首次以同一商标在商品或服务上提出申请的日期不超过 6 个月，且申请人主张优先权并在规定的时间内提供经有关机构认证的先前申请的副本和其他文件或信息的，在外国申请的日期将被视为提出日期。

埃塞俄比亚知识产权局收到商标注册申请后，应先进行形式审查，再进行实质审查。埃塞俄比亚知识产权局认定商标申请可获准的，将在政府知识产权公告或全国发行的报纸上发布商标注册异议的通知，费用由申请人承担。如有必要，还可通过广播、电视或网站进行补充公告。

同时，任何反对商标注册的人，在本条例规定的期限内，按照规定方式支付费用，并以书面形式向埃塞俄比亚知识产权局提出异议申请，说明异议理由并附上证据材料。申请人可在规定的期限内，按规定方式向埃塞俄比亚知识产权局提交支持其申请的反驳陈述。如果未能提交，则视为申请人放弃申请。在审查案件的基础上，按规定期限和方式，埃塞俄比亚知识产权局将向异议申请人提供商标申请人的反驳陈述副本，并作出决定。

第二，关于商标注册和证书颁发。在申请人支付规定的费用后，埃塞俄比亚知识产权局认为其满足获准条件且无人提出异议，或异议被驳回的，将授予注册商标并向申请人颁发注册证书。

注册商标的有效期从提交申请之日起计算，为 7 年。在商标所有人的请求下，商标的注册可以续展 7 年。商标所有人应附上支付规定续展费用的文件。在续展时，除了可以从列表中删除某些商品或服务外，商标、注册的商品或服务列表均不得作出任何更改。商标的续展应在注册期届满后的 3 个月内进行；然而，在 3 个月期满后，可以通过支付额外的罚款续展注册。

第三，关于注册和许可合同授予的权利。注册商标所有人有权使用或授权他人使用其已在商品或服务上注册的商标。商标的注册将使其所有者有权排除他人进行以下行为：（1）商品或服务使用与商标注册相同或相似的商标或标志，误导公众的；（2）无正当理由，使用商标或类似标志可能损害其利益的；（3）其他类似行为。在注册授予的权利限制上，商标所有人无权排除第三方使用商标的如下方面：在任何国家合法销售使用该商标的商品，只要这些商品的注册商标未发生变更。同时，商标所有人无权排除第三方善意地使用其名称、地址、化名、地理名称，或有关种类的确切说明、质量、数量、目的地、价值、产地、生产时间或供应商品、服务的时间，这种使用仅限于识别或提供信息的目的，不得就商品或服务的来源误导公众。另外，在权利的转让上，商标权或商标注册申请可以被全部或部分转让或许可。商标权的转让请求或商标注册申请应以书面形式提交埃塞俄比亚知识产权局，该申请应附有权利转让协议。未经共同所有人同意，合伙中的商标份额不得转让。商标权可以转让给与该商标有关的或无关的业务。除非另有约定，企业转让，附属企业的商标权一并转让给新的所有人。同时，如果埃塞俄比亚知识产权局认为将商标与业务分开使用可能会导致公众混淆或误解，埃塞俄比亚知识产权局可以拒绝该商标的转让申请。商标局在审查权利转移请求并收到费用后，应登记并公布商标的转让。

第四，埃塞俄比亚商标制度采用互惠原则，根据埃塞俄比亚参与的条约，外国人享有与埃塞俄比亚本国人相同的权利和义务。外国申请人须指定一个在埃塞俄比亚居住的代理人，商标代理人应在埃塞俄比亚知识产权局注册，代理注册的条件应由条例确定。

三、版权保护制度的文本梳理

埃塞俄比亚版权制度认为，无论作品的质量和作品创作目的如何，都应受到保护。作者有权出版其作品，在其死亡后，该权利应授予其指定的人，或根据其要求，授予继承人。如果继承人无法就申请的条件达成一致，他们可以向法院提出申请，并由法院作出裁决，以解决争议。作者在世期间有权对他的作品进行授权，改编为戏剧、电影或电视剧，或者进行任何其他形式的改编。如果作品明确涉及第三方作品，或者明显是从第三方作品中获得灵感，那么该作品将被视为对第三方作品的改编。恶搞或讽刺作品将不被视为对原作改编。作者不得反对他人翻译其作品。未经作者授权的翻译，在作品的开头必须注明这一事实；若未声明，将被认为是对作者权利的损害。作者不得禁止其作品在家庭聚会或学校进行免费的私人表演。除非明确保留复制权，报纸和杂志上发表的时事文章，可以在新闻媒体上进行复制和传播，但必须始终清楚地声明来源。时事日常新闻可以自由复制。

《版权及相关权益保护条例》规定，为了使文学、艺术和类似作品在促进国家文化、社会、经济、科技发展方面发挥重要作用，立法对版权和邻接权的承认和保护，可驱动文学、艺术等创作者的创作。版权及相关权益的所有人，可根据本条例向埃塞俄比亚知识产权局申请登记。埃塞俄比亚知识产权局有责任根据本条例对具有版权和邻接权的作品进行登记，并保存其样品。拥有版权和邻接权的作品可按照以下分类进行登记：（1）文学作品或口头作品；（2）艺术作品，如舞台、音乐和视听作品；（3）视觉艺术，如照片、素描、图形和建筑作品；（4）计算机程序；（5）录音；（6）广播。

第一，关于版权登记申请和内容。向埃塞俄比亚知识产权局提交的版权和邻接权登记的申请应包括以下信息：（1）申请人的姓名、地址和国籍；（2）申请人在此作品中的权利属性；（3）作品的类型和描述；（4）作品的名称；（5）作品的语言；（6）作者的名字、地址和国籍；（7）如果作者已故，他去世的日期；（8）作品是否已出版；（9）首次出版的年份和国家，以及如作品已出版，则包括出版商的名称、地址和国籍；（10）后续出版的年份和国家以及出版商的名称、地址和国籍（如果有）；（11）根据埃塞俄比亚知识产权局要求确定的其他信息。同时，版权登记申请还应附以下材料：（1）申请人的身份证或护照副本；（2）如果申请人是法人，附取得法人资格的相关证明材料；（3）委托书（若必须委托的）；（4）如果申请人不是作者本人，获取申请权利的相关证明材料；（5）服务费支付证明；（6）其他要求的材料。版权和邻接权的注册申请均应以阿姆哈拉语或英语提交。申请附件可通过邮寄或电子邮箱发送至埃塞俄比亚知识产权局。如有必要，埃塞俄比亚知识产权局可要求申请人或其代理人亲自到场。关于版权的所有情况不进行实质性审查，申请人通过宣誓保证自己是权利所有人即可。若宣誓书不真实，申请人则应对欺诈行为承担相关法律规定的刑事责任。另外，在版权登记的形式审查上，埃塞俄比亚知识产权局仅核实是否符合规定要求。提出的申请不合格的，应在 1 个月内书面通知申请人或其代理人补正。经审查符合要求的，应当对具有著作权和邻接权的作品进行登记，签发登记证书。

第二，版权登记的有效期和续展。作品的版权登记，自获取之日起 5 年有效，版权所有人可在有效期期满之日起 6 个月内续签注册证书。版权所有人可连续 5 年续展注册证书，直至保护期限届满。

第三，版权的转让登记。若转让版权，受让人可以向埃塞俄比亚知识产权局提出申请，附转让的相关证明材料，进行登记，并支付一定费用。版权转让以受让人名义登记并对其签发登记证书。

第三部分　埃塞俄比亚与中国知识产权制度对比分析

一、埃塞俄比亚与中国版权制度之对比分析

1. 加入国际公约的比较分析

1992 年中国便成功加入《伯尔尼公约》、《世界版权公约》和《保护录音制品制作者防止未经许可复制其录音制品公约》（以下简称《录音制品公约》）。成员国作者可在中国享有国民待遇，受到中国法律保护。除此之外，2001 年中国加入《与贸易有关的知识产权协定》，将最惠国待遇引入版权保护制度。但埃塞俄比亚至今并未加入《伯尔尼公约》《世界版权公约》《录音制品公约》，徘徊于版权国际保护合作，对本国的版权和邻接权保护制度还停留于适用本国法律，缺少最惠国待遇、互惠保护等方面的具体约定。有学者指出，埃塞俄比亚虽不是如上公约的成员国，但在版权和邻接权保护上仍受其影响，如关于国籍、住所、在埃塞俄比亚出版作品和建造建筑作品等的具体规定。[1]可以说，我国作者的作品若需在埃塞

---

〔1〕 See Aschalew Ashagre, "Some Worrisome Issues Surrounding the Ambit of the Copyright and Neighboring Rights Law of Ethiopia: A Comparative Legal Analysis", *Bahir Dar University Journal of Law*, Vol. 4, No. 1, 2013, p. 112.

俄比亚获得版权保护，必须符合埃塞俄比亚相关版权保护要求。

2. 相关法律法规设置的比较分析

中国第一部版权保护法最早可追溯至 1910 年颁布的《大清著作权律》。新中国成立后，1990 年颁布了《中华人民共和国著作权法》（以下简称《著作权法》），现行有效的为 2020 年修正的版本。其间，在版权保护制度上，我国相继出台《中华人民共和国著作权法实施条例》（以下简称《著作权法实施条例》）、《著作权集体管理条例》《实施国际著作权条约的规定》等行政法规，以及《最高人民法院关于审理著作权民事纠纷案件适用法律若干问题的解释》《最高人民法院、最高人民检察院关于办理侵犯著作权刑事案件中涉及录音录像制品有关问题的批复》等多个司法解释，基本形成保护完善、体系化的著作权保护制度。

相对而言，埃塞俄比亚版权保护制度建立较晚，1960 年的《埃塞俄比亚民法典》才对版权保护制度设置相应规定。2004 年发布的《版权和邻接权保护条例》，对版权获得、许可、权利内容等作了较为详尽的规定。整体而言，埃塞俄比亚在版权制度上的日臻完善已表明，其在版权交易中拥有较好的发展前景与国际合作机遇。

3. 版权授权模式的比较分析

中国版权授权模式分为自主获权模式、共同获权模式和集体管理模式。自主获权模式指作品自完成之日起自动获得版权保护权利。共同获权模式则是对数字版权[1]、合作创作等保护，自数字作品在平台发布或合作作品创作完成之日起获得版权保护权利。集体管理模式即著作权人的代理人和作品使用者之间的代理模式。版权授权模式选择上，在尊重私法自治的伦理价值与遵守效率原则的功利价值两个维度内展开。

与此同时，文学和艺术作品在埃塞俄比亚人民的宗教和世俗生活中具有悠久的历史意义。《版权和邻接权保护条例》第 2（8）条将版权定义为存在于作品中的一种经济权利，并在适当情况下包括作者的道德权利。埃塞俄比亚保护在境内拥有主要住所居民的版权，其采用版权授权模式。本

---

〔1〕 参见刘佳欣：《数字时代版权授权的法律风险》，载《中国出版》2019 年第 1 期。

国国民或特定国家公民可成为版权权利人，并受到有关法律保护。

4. 版权保护客体的比较分析

作品是中国版权保护的客体。作品是指在文学、艺术以及科学领域内的一种智力成果，并具有独创性，如音乐、戏曲、影视作品、图形设计、模型设计、计算机软件设计等。

埃塞俄比亚版权保护客体则相对不同。根据《版权和邻接权保护条例》规定，版权属于对文学和艺术作品等创作作品的权利，并包括邻近的权利。可以按照作品著作权和邻接权的分类进行登记注册。其包括：（1）文学或口述作品；（2）艺术作品，例如戏剧、音乐和视听作品；（3）视觉艺术作品，如照片、绘画、图形和建筑作品；（4）计算机程序；（5）音频录音；（6）广播作品。

5. 版权侵权救济途径的比较分析

中国有关版权侵权的救济途径可依据民事、行政、刑事进行划分。其中，民事途径即指侵犯民事权利的情况下，侵权人应当依法承担停止侵权、赔偿损失、公开道歉等民事责任。行政途径则指，由著作权行政管理部门对损害公共利益的侵权行为人依法采取行政措施，包括责令停止侵害、警告、依法没收违法所得、销毁侵权复制品等。其中，对于违法经营数额达到 5 万元以上的，还可适用违法经营额 1 倍以上 5 倍以下的罚款，而对于违法经营数额不足 5 万元或计算不明的，在罚款上则可适用不超过 25 万元的规定。最后，刑事途径指侵权行为严重危害社会安全，达到刑事惩罚标准的，则侵权人应依法承担刑事责任，由刑事司法机关依法展开刑事惩处活动。

埃塞俄比亚在此问题上的制度设计与我国大体一致。根据埃塞俄比亚有关立法，其民事责任包括禁止令、损害赔偿。埃塞俄比亚对版权采用一体化的权利保护，不特别区分财产权或人身权侵权损害，权利人可依法提起诉讼，要求物质损害赔偿的同时，也可一并提出精神损害赔偿。可以说，埃塞俄比亚在民事侵权救济制度设计上已具有一定的完整性，虽然未对财产权和人身权予以区分，但其保护方式已经经过实践检验并趋于完善。

二、埃塞俄比亚与中国专利制度之对比分析

1. 发明专利的专利性要求比较分析

新颖性、创造性和实用性是中国发明专利的专利性要素。新颖性乃指，该发明或实用新型在申请日之前，未经公开发表过，在国内未经公开使用或通过其他方式为公众所知。并且，国家知识产权局未收到过该发明或实用新型的专利申请，在国家已公布的专利申请文件中未被记录。创造性则指非显而易见性。亦即在现有技术领域，从技术人员视角进行逻辑分析或实验获得的技术发明，则不可被评价为具有创造性。易言之，创造性需要具备突出性和不易获得性。最后，实用性系指技术发明的可重复使用抑或可生产性，并可由此产生使用效果。

埃塞俄比亚发明专利的专利性要求与中国的规定具有类似之处。《发明、小型发明和工业品外观设计条例》则将可专利性要求限定为工业实用性、新颖性、创造性。其中，工业实用性指可以制造或用于手工艺品、农业渔业、社会服务和其他方面。随着埃塞俄比亚国内发明生产能力的增长，发明专利的专利性要求将逐步完善。

2. 对专利客体的比较分析

激励理论认为，专利制度设计旨在激励技术创新、驱动技术进步，鼓励知识发展与传播。[1]中国专利客体受专利法保护。专利客体指符合专利授权的创造性技术成果。发明专利、实用新型和外观设计均属于中国专利客体。埃塞俄比亚在专利客体保护上也与中国专利客体保护大致相同。其中，埃塞俄比亚在不受专利法保护范围的划定上，具体规定为：违反公共秩序或道德的发明；研发植物或动物品种或基本生物程序；玩游戏或从事商业和工业活动的方案、规则或方法；发现、科学理论和数学方法；手术或治疗人体或动物身体的方法，以及对人体或动物身体的诊断方法；不受版权保护的其他作品。

---

〔1〕 参见曹新明、马子斌：《基于激励理论的人工智能发明人身份探究》，载《科技与法律（中英文）》2021年第2期。

综上，工业时代将专利客体界定为技术层面的某项智力成果。其强调采用技术创新的手段解决当下技术问题，并由此产生技术制造的良好效果，以此来充分体现专利的新颖性、创造性和实用性。但是，伴随工业信息时代的来临，专利客体将随着工业信息时代的技术革新与市场产品的需求而面临新的挑战，两国现有专利客体界定标准，还需有所适应与变化。

3. 专利取得方式的比较分析

专利取得方式包括专利的申请取得和专利许可实施、专利权转让等间接取得。根据中国专利法相关规定，国家知识产权局自收到发明专利申请之日起，经初步审查符合形式要求的，即应经历为期 18 个月的公示期。形式审查通过后，发明专利申请人应在 3 年内，向国家知识产权局提起实质审查申请，若申请人无正当理由在 3 年内未提起实质审查申请的，即视为该申请被撤回。国家知识产权局在符合法定要求的情况下，享有主动进行实质审查的相关权力。埃塞俄比亚发明专利的取得程序，则要求埃塞俄比亚科学技术委员会对专利申请进行正式审查。申请符合相关规定的，对该发明进行实质性审查。

埃塞俄比亚与中国在发明专利申请审查程序上制度设计存有差异。一方面，埃塞俄比亚在发明专利申请形式审查和实质审查层面上未像中国专利法一样规定详尽。另一方面，二者在实质审查程序方面则存在一定不同。埃塞俄比亚由科学技术委员会促进程序启动，中国则要求国家知识产权局在必要的时候才可依法在职权范围内主动进行实质审查程序。

4. 强制许可规定的比较分析

关于强制许可的规定，中国《专利法》《专利法实施细则》《专利实施强制许可办法》均有详尽阐述。强制许可事由包括以下内容：第一，无正当理由未经实施的专利或未充分实施的专利，必须满足一定的时间要求；第二，属于垄断性的专利行使行为，并且对市场竞争产生不良后果；第三，基于国家紧急情况或特殊情况的强制许可需要；第四，以保护公共利益为目的；第五，后申请的专利的实施对前一发明或实用新型专利具有依赖性，后申请的专利的实施相对前者而言对国家具有重要贡献，如显著经济意义，属于重大技术进步。

埃塞俄比亚则规定：第一，发明不能有效利用的。第二，没有后发明专利不能有效利用的前发明专利。第三，无正当理由未经实施或未经充分实施的专利，必须满足一定的时间要求，具体指自获得专利授权之日起 3 年后，并且在向有关部门提交专利申请之日起 4 年后。专利强制许可是指国家知识产权局在法定的情形下，不经专利权人许可，授权他人实施发明或者实用新型专利的法律制度。两国在专利强制许可层面的规定差异较大。

三、埃塞俄比亚与中国商标制度之对比分析

1. 注册原则的比较分析

目前，国内外有关商标注册原则的制度设计包括以下三种：在先使用、在先注册以及混合原则。中国采用在先注册原则[1]，是指对于商标的权利享有与保护必须依法经过商标注册获准程序。针对同一商标，中国法律保护最先依照商标注册获准程序获得商标权的商标。

根据埃塞俄比亚《商标注册和保护条例》第 10 条规定，申请人在埃塞俄比亚提出申请的日期距离他在外国首次以同一商标在商品或服务上提出申请的日期不超过 6 个月，且申请人主张优先权并在规定的时间内提供经有关机构认证的先前申请的副本和其他文件或信息的，外国申请日期将被视为提出日期。由此可知，埃塞俄比亚商标申请原则同样适用在先申请原则。

在先注册原则，强调对社会秩序的保障和维护，只有遵守规则才能保障个人权利，体现了社会本位的价值观念，有益于社会的稳定，也有利于促使公民积极依法进行商标注册[2]，促进法律实施。

2. 注册申请程序的比较分析

根据中国商标法有关规定，能够向国家商标局申请商标注册的主体为自然人、法人或者其他组织，其可就其提供的商品或服务依法申请商标。

---

[1] 参见张铃：《商标抢注行为中诚信条款的司法适用研究》，载《东北大学学报（社会科学版）》2019 年第 5 期。

[2] 参见党晓林：《从商标注册与使用看中国商标 40 年》，载《中华商标》2023 年第 5 期。

而根据外国人或外国企业所属国家与中国签订的有关国际协议、国际条约或根据对等原则，外国人或外国企业可向中国依法申请商标保护。同时，在商标注册申请的材料提交上，则包括申请书、商标图样、黑白图样。有关商标图样的提交，必须满足清晰性、便于黏贴性以及特定材质呈现的相关要求，关于其长宽尺度必须符合 5 厘米~10 厘米的一般要求。

埃塞俄比亚则规定，商标注册申请，应当按照规定的形式提出，并缴纳一定的申请费。注册申请只能包括一个商标。申请人填写申请表后，应当附上并提交下列文件：商标图样（一式三份）；使用该注册商标的商品和服务类别清单（按照国际商品分类的名称和编号）；如通过代理提交申请，须提供经公证的授权书；费用支付的证明文件或副本；其他事项。外国申请人应指定一个在埃塞俄比亚居住的代理人。

可以说，两国在注册申请所提交文件上差异并不明显。但由于埃塞俄比亚并未加入《商标国际注册马德里协定》（以下简称《马德里协定》），商标注册只能通过单一国家申请。

3. 保护范围的比较分析

1993 年《中华人民共和国商标法》（以下简称《商标法》）和《中华人民共和国商标法实施细则》（以下简称《商标法实施细则》）增加了对服务商标、集体商标和证明商标的立法保护。2001 年《商标法》修正，又将立体商标、驰名商标、集体商标和证明商标保护予以细化和明确。现行《商标法》将商标界定为文字、图形、数字、声音等。自然人、法人或其他组织为了使自己的商品或服务与他人有所区分，便于其在市场交易中获得优势，可在《商标法》允许的范围内，依法申请商标注册。总体而言，中国《商标法》不仅保护三维标志、文字图案的商标，还保护以声音、颜色组合所体现的商标，与国际商标法发展趋势具有同向性。[1]

相对而言，埃塞俄比亚《商标注册和保护条例》第 5 条、第 6 条规定，商标可以黑白或彩色注册。以黑白注册的商标将受到所有颜色组合的保护；以彩色注册的商标只受到其注册颜色组合的保护。有注册资格的商

---

[1] 参见王莲峰、黄安妮：《论我国商标注册审查制度的优化——兼评〈商标法修订草案（征求意见稿）〉的相关规定》，载《知识产权》2023 年第 5 期。

标可能包含非保护元素，除非这些元素削弱了商标的独特性或侵犯了他人权利。但由声音或气味组成的商标不属于商标保护范围。

4. 侵权损害赔偿制度的比较分析

有关商标侵权损害赔偿制度，中国商标法历经制度构建与不断完善发展历程。可以说，随着中国市场经营的高质量发展以及新业态、新模式的涌现和迭代，中国商标侵权损害赔偿制度也随之发生革新，在适应性与适用性上愈加增强。目前，中国《商标法》明确规定，对于商标侵权损害赔偿的认定，以遭受侵权损害数额为基准。若遭受损失难以计算的，则以侵权人非法获利数额为基准。若上述二者均无法计算准确的，则采用商标许可费用的倍数计算模式。对于以上情况均难以计算准确的，法院可根据实际侵害情况，给予 500 万元以下赔偿的处理。对于恶意侵犯商标的，针对情节严重的情况，则可适用 1 倍以上 5 倍数额以下赔偿制度。

埃塞俄比亚《商标注册和保护条例》在此方面规定并不详尽。《商标注册和保护条例》第 40 条规定，对原告造成的损害被告应予以赔偿。赔偿金额应与被告商标使用所获得的净利润相等，或者根据许可合同的商标使用条款，被告应付的一定数量的版税金额，以较高者为准，另外还应包括原告提起诉讼的相关费用。除非被告能够证明部分利润是归因于其他市场因素，否则销售与使用商标相关的商品或服务的净利润将全部归因于商标使用。

第四部分　埃塞俄比亚制度对中国的启示

一、完善中国与埃塞俄比亚知识产权合作保护上的顶层设计

《中非合作 2035 年愿景》提出，要加强中非战略合作、完善合作上的顶层设计及其相关合作措施。在知识产权领域，中非合作可促进双方高质量发展、实现共建"一带一路"以及高水平对外开放、为中国国内国际双循环新发展格局的构建与推进提供重要力量。到 2035 年，《中非合作 2035 年愿景》计划推动年度贸易总额完成 3000 亿美元的目标。可以说，知识

产权国际化既是全球发展趋势，也是中非战略合作的重要内容。国际知识产权规则的设置与革新伴随市场贸易、经营模式、业态发展而呈现正向优化趋势。在中非战略合作的背景下，加强中国与埃塞俄比亚知识产权交流合作、制度研究为当务之急。宣传中国知识产权制度设计与制度构想、制度实践效果的同时，也可借助中国与埃塞俄比亚知识产权合作促进埃塞俄比亚知识产权制度完善，实现中国与埃塞俄比亚贸易的互通与共同进步。

中国在与埃塞俄比亚知识产权合作保护的顶层设计体现在：一是在知识产权管理工作责任体制上有所改革，加强顶层设计，明确各职能部门职责划分，实现一体化领导、一体化战略方针制定，从纵向和横向两个维度加强中国与埃塞俄比亚知识产权的合作共治。二是多方面形成与埃塞俄比亚的知识产权合作协议，包括知识产权法律制度研究、知识产权工作体制机制协同发展、知识产权权利义务协调统一等内容。三是推动知识产权国际合作信息平台的建设，成立中国与埃塞俄比亚知识产权合作专业机构，并建立相关国际性信息交流合作平台，致力于营造中国与埃塞俄比亚知识产权高质量、高水平营商环境。四是积极承办中国与埃塞俄比亚知识产权重要会议。倡导中国与埃塞俄比亚开展知识产权研究会议，包括制度研究、实践研究、理论研究、知识产权贸易研究、治理研究等，拓展中国与埃塞俄比亚知识产权的合作广度，加深合作影响力[1]。五是重视对埃塞俄比亚知识产权专门性人才、高端人才的培养与锻炼。在推进实施知识产权一级学科建设、培养知识产权专业硕士的同时，注重对涉及埃塞俄比亚知识产权制度的相关人才培养。可考虑选择定向培养模式、联合培养模式等，将针对埃塞俄比亚知识产权的高端人才培养目标设置为既懂中国知识产权法、又懂埃塞俄比亚知识产权制度规定，能够灵活应对处理国际化知识产权纠纷的应用性复合型人才。建议制定针对埃塞俄比亚知识产权高端人才培养的近期、中期、远期计划，实现制度与发展的协同进步、人才与实践的共同完善[2]。

---

〔1〕 参见韩海波：《中非合作新标杆——中联农机与埃塞农商集团达成战略合作伙伴》，载《当代农机》2023 年第 7 期。

〔2〕 参见沈晓雷：《中非人才培养领域的合作实践与意义》，载《浙江师范大学学报（社会科学版）》2023 年第 2 期。

二、出台促进技术合作创新的知识产权政策

有观点认为，采用主动式知识产权制度文化推广模式，在国际合作发展与交流中可以产生良好的效果，并由此缔造高级知识产权合作关系。进而在"一带一路"知识产权国际合作中，还可完善有关知识产权制度文化输出的政策，结合与埃塞俄比亚的基建工程、制造业合作贸易、跨境电商平台技术服务等实体产业，为知识产权制度文化输出的政策制定与实施提供对象。[1]还需明确的是，中国与埃塞俄比亚知识产权合作离不开知识产权政策的支持与帮助，协同发展中既需要通过政策保护国家利益、实现国家高水平对外开放和高质量经济发展的目标，也需要通过知识产权保护政策促进共同发展、加深合作交流、增强诚信交易[2]。中国还需从政策层面进一步加深与埃塞俄比亚的知识产权合作、保护。对知识产权的创造、运用、管理等进行统筹规划和宏观指导、激励，确保知识产权国际合作的合法性、高效性、规范性，从利益驱动的角度，合理分配知识资源。

为了深入实施国家创新驱动发展战略，在促进技术合作与技术创新层面也需制定相应的知识产权保护政策。笔者认为以服务产业需求为导向的知识产权创造政策应当鼓励技术创新支持合作。对此，在充分利用税收工具鼓励创新、通过项目资金支持刺激创新的同时，还需兼顾对创新人才培养和引进、基础条件设施以及环境建设等方面的政策优化。因此，有关促进技术创新的知识产权政策应包括以下内容：一是推动中国与埃塞俄比亚的技术创造与运用合作。制定鼓励和支持国际合作创新主体将其科技成果申请知识产权保护，以形成有效的知识产权组合，保护其独特的技术优势。通过减免税收、提供奖励和资金支持等方式促进创新主体进行知识产权保护申请。并且，还可制定知识产权高质量创造政策和国际性产学研合作知识产权政策，加强对知识产权申请过程和质量的监管和指导，在知识产权申请和授权过程中给予更多的支持和优惠，以促进科技成果的转化。

---

〔1〕 参见王立、封颖：《"一带一路"背景下我国知识产权输出政策研究》，载《科技管理研究》2019 年第 9 期。

〔2〕 参见张文宇、雷琳：《政府行为激励、绿色产业政策与企业技术创新》，载《技术经济与管理研究》2023 年第 5 期。

二是制定并完善中国与埃塞俄比亚技术合作下的知识产权运用政策。可以通过简化投资审批程序、加强知识产权保护和纠纷解决机制等方式，吸引更多的外国企业在中国和埃塞俄比亚进行知识产权运用活动。通过提供经费支持、培训和咨询服务，建设知识产权运用平台等方式，提升知识产权运用服务机构的能力和水平，促进知识产权的有效运用和商业化。通过制定相应的投融资政策，鼓励投资者和资本市场参与知识产权相关的融资活动，加强知识产权资产的价值认定和交易，促进知识产权的流通和商业化。三是加快建立涉及埃塞俄比亚知识产权高效一致的司法保护政策体系。加强对知识产权司法保护的监督和评估，确保知识产权的有效保护和维权。制定完善知识产权司法保护和行政执法保护协同政策。加强对国际性知识产权侵权行为的打击和处罚，对违法行为给予严厉的制裁。四是提升中国与埃塞俄比亚技术合作下的知识产权管理能力。加强中国与埃塞俄比亚以及中国国内知识产权管理机构的建设和培训，提升专业水平和效能。加强部门间的协调与合作，建立跨部门的知识产权管理协作机制，实现信息的共享和协同管理。增强对埃塞俄比亚知识产权制度的认识与了解，充分研究中国与埃塞俄比亚技术合作发展规律，有序推进技术合作下的知识产权合作政策制定和实施，促进中国与埃塞俄比亚技术合作的良性发展。

三、建立中国与埃塞俄比亚知识产权信息交流平台

知识产权信息交流平台可以为中国与埃塞俄比亚提供双方知识产权制度的信息。通过建立专门的平台，既能够促进两国知识产权制度的对接与互通，又能够为双方技术合作和知识产权运用提供技术支持和信息、资源便利。平台信息包含已授权的知识产权信息、可比参照物的活跃交易及相关交易信息等必要信息[1]。通过建立信息交流平台，其成本价值、资金人力优势更有利于实现两国知识产权制度信息的及时性和准确性。通过共享信息、交流经验和合作，中国与埃塞俄比亚可以借鉴彼此的实践经验，

[1] 参见韦景竹、操慧子：《供需视角下粤港澳大湾区知识产权公共信息服务平台优化研究》，载《图书馆建设》2022 年第 1 期。

逐步提高知识产权制度的透明度和适用效果。目前，中国与埃塞俄比亚之间存有一定的知识产权信息壁垒。企业因信息不对称及信息获取难而在知识产权保护上产生维权难等困境。通过搭建信息交流平台，可集中、整合和共享知识产权制度信息、实践信息，降低侵权或被侵权风险，提升企业维权效率。这将有助于知识产权创新链条中各主体在创新过程中降低风险成本，综合提升知识产权创新效能。基于已有国际知识产权交流平台的成功经验及其后期形成的丰富资源，搭建知识产权信息交流平台有利于中国和埃塞俄比亚知识产权建立紧密的合作关系，并畅通知识产权资源。平台可以提供在线的知识产权信息服务，使得知识产权的创造、交易和转化更加便捷高效，实现知识产权交易、技术转移的在线对接，加速创新成果的商业化和推广。

在中国与埃塞俄比亚合作的过程中，中国应积极主动参与知识产权合作对话和磋商。加强政府间的合作交流，为知识产权合作提供指导和推动，以确保双方在合作过程中能够明确和共同遵守规则和制度。通过建设具备综合性、国际性、专业性特征的中国与埃塞俄比亚知识产权信息交流平台，其中包括知识产权制度文本、知识产权经营信息、知识产权合作信息、知识产权管理信息等内容，实现便捷式信息查询、全面式制度了解、精确化实践案例检索等功能。

四、强化企业对埃塞俄比亚知识产权风险评估以优化产业布局

随着中非合作的迅速发展，知识产权保护对于促进中国与埃塞俄比亚双方的创新合作和经济交流至关重要。中国企业亟须在埃塞俄比亚市场得到更好的保护，确保其在市场竞争中能够获得合法的权益和利益。激励创新主体继续投入研发和创新活动，提升创新能力和企业价值。企业在走出去的过程中有效识别和防范知识产权风险愈发重要。[1]在强化企业对埃塞俄比亚知识产权风险评估方面，应考虑埃塞俄比亚知识产权法律政策和制度的健全程度、埃塞俄比亚知识产权保护的实际执行情况、知识产权保护

---

〔1〕 参见武伟：《企业"走出去"知识产权风险评估机制研究》，载《科技促进发展》2016年第 6 期。

环境的发展差异和技术贸易的发展潜力等各个方面。市场主体在埃塞俄比亚采取知识产权维权策略需充分判断埃塞俄比亚知识产权制度条件，根据埃塞俄比亚知识产权保护的整体情况，评估知识产权保护环境的稳定性、可靠性和有效性。

企业可根据业务需求，确定需要了解的特定领域或行业的知识产权信息，如在版权方面，因制度差异可能对版权合同中实质权利和义务分配产生的影响。企业需要根据埃塞俄比亚相关法律制定适应该国法律制度的合同条款，这对双方在版权合同中的权利、义务、权益分配以及版权转让、许可等方面进行具体约定是十分重要的。企业需了解埃塞俄比亚当地的知识产权申请对象和申请途径，以及授权标准和流程。例如，企业可通过访问世界知识产权组织（WIPO）的数据库和信息资源，选取埃塞俄比亚作为相关国家或地区的搜索范围，获取相关的知识产权数据信息。其次，企业可通过分析埃塞俄比亚市场的知识产权数据，了解不同技术领域的发展趋势，综合研判竞争对手在特定领域的技术优势和市场地位，预测企业在特定技术领域的成熟度和潜在的市场风险，评估可能存在的知识产权风险，包括侵权风险、争议风险和市场监管风险等，并提供相应的风险评估和建议。

最后，在优化知识产权布局方面，企业可以根据自身的技术或品牌优势，在埃塞俄比亚申请一定数量的专利和商标，以确保其技术和品牌的合法性和独特性，也可以寻求与当地企业进行合作，通过技术转让和交叉许可等方式共同开展业务。针对拥有较强技术创新的企业，在埃塞俄比亚市场中，企业可通过利用其知识产权技术的优势保持竞争地位，也可在埃塞俄比亚市场通过知识产权技术许可，或者将其出售给其他企业，从而获得经济回报。

五、构建与埃塞俄比亚的知识产权国际合作协调机制

国际合作是共谋发展、畅通经济的重要途径。国际合作可以缓解基于技术垄断产生的企业竞争压力。中国与埃塞俄比亚知识产权合作，在共同营造创新氛围、一流营商法治环境的同时，对于技术发展与贸易交往也有

深远意义。加强双方合作，不仅能够促使企业在埃塞俄比亚的技术创新与产品贸易的合规范化，也可以实现与埃塞俄比亚企业的合资。非洲大陆自贸区作为非洲经济的重要组成，其对中国新发展格局构建的意义不容小觑。进而，加强经贸合作的同时，需要以知识产权合作保护为助力。通过非洲大陆自贸区关于知识产权保护的相关经验，可以帮助中国与埃塞俄比亚经贸合作水平提升，为构建中国与埃塞俄比亚知识产权合作机制提供先行经验，在组织保障机制上、资源共享机制上以及人才交流合作机制设置上，均可借鉴并完善设计。

首先，在协作机制、组织保障机制方面，可建设与埃塞俄比亚的知识产权合作保护中心，旨在以共同治理、综合性保护为原则。包括制度咨询、纠纷解决、权利保护、学术研究等合作内容，形成大保护、同保护、严保护合作机制。应当明确的是，受埃塞俄比亚市场经济环境、产业贸易地域特色、知识产权侵权诉讼纠纷等独有因素的影响，协作机制和组织保障机制还需在埃塞俄比亚知识产权市场经营实践上有所体现，对知识产权权利获取、责任划分、权利保护等内容进行明确指导与规范，能够为企业提供制度参考、实践指导，在中国与埃塞俄比亚企业知识产权事务上能够起到促进合作、化解纠纷的作用。

其次，在资源共建共享机制方面，推动合作论坛、知识产权合作交流会议、知识产权制度研究研讨会、经济贸易博览会[1]等定期举办，促进双方就实践、理论、制度展开深入交流。充分利用中国与埃塞俄比亚知识产权国际化信息交流平台，加强理论与实践深度融合、协同发展的同时，为双方提供丰富性信息资源、多元化人才资源、全面化数据资源。同时，鼓励中国搭建涉埃塞俄比亚知识产权服务中心，成立涉埃塞俄比亚知识产权维权联盟、产教融合人才联盟、侵权救济援助基地等组织，致力于推广埃塞俄比亚知识产权制度信息、介绍埃塞俄比亚事件纠纷处置机制、梳理总结埃塞俄比亚知识产权侵权纠纷典型案例，为企业在涉埃塞俄比亚知识产权业务上提供信息、指南。

---

[1] 参见肖皓等：《中非经贸博览会的建设成效与展望》，载《西亚非洲》2023年第3期。

马来西亚知识产权法律制度研究

全小莲[*]

一、马来西亚知识产权法律制度的发展历程

马来西亚是东南亚国家，在历史上曾是英国的殖民地，受英国殖民统治。[1]因此，马来西亚知识产权法律制度的发展主要经历了两个阶段，第一个是独立以前（1957年以前）对英国法律的沿袭与继承，第二个是独立以后的自主发展。马来西亚知识产权立法活动肇始于1936年[2]，并反映出较为明显的英国法律文化与立法理念。[3]例如，马来西亚在独立前颁布的《1950年商标法》就是以英国《1887年联合王国商标法》为蓝本制定的。[4]1957年独立之后，马来西亚在知识产权法领域迅速发展，相继颁布了《1976年商标法》、《1983年专利法》与《1987年版权法》等知识产权基础性法律，并不断进行修订。[5]与此同时，为加强国际合作并改善本国知识产权治理，马来西亚还于1989年加入了世界知识产权组织（WIPO），

* 作者简介：全小莲，西南政法大学国际法学院副教授，法学博士，硕士生导师、外国来华留学生博士生导师。

〔1〕 参见《马来西亚国家概况》，载 https://www.fmprc.gov.cn/web/gjhdq_ 676201/gj_ 676203/yz_ 676205/1206_ 676716/1206x0_ 676718/，最后访问日期：2023年7月4日。

〔2〕 参见《一图看懂系列：马来西亚版权登记程序》，载 http://www.sziprs.org.cn/szipr/hwwq/fxydzy/bjzy/content/post_ 816673.html，最后访问日期：2023年7月4日。

〔3〕 参见杨静、于定明：《东盟国家商标制度之比较》，载《河北法学》2007年第5期。

〔4〕 参见何勤华、李秀清主编：《东南亚七国法律发达史》，法律出版社2002年版，第297页。

〔5〕 See LOCAD, Malaysian Intellectual Property Laws: A Guide For E-Commerce Brand, https://golocad.com/blog/intellectual-property-laws-malaysia/，最后访问日期：2023年7月4日。

并逐步批准了一系列的知识产权国际条约，形成了以条约义务"驱动"本国知识产权法律修订与变动的发展路径。本部分接下来将介绍商标、专利与著作权法律制度的发展历程。

（一）商标法律制度的发展历程

马来西亚独立后第一部商标法律是《1976 年商标法》，该法在 1994 年、2000 年与 2002 年经历过修订，并在近年来为全新的《2019 年商标法》替代。因此，马来西亚商标法律制度的发展历程基本可以以 2019 年为分水岭，分为两个时期。其中，2019 年以前的三次修订可以视为稳步推进商标保护的阶段，而 2019 年颁布的最新商标法则是显著提升商标保护的重要阶段。

1. 马来西亚商标法 2019 年以前的发展。1976 年，马来西亚基于英国的《1938 年商标法》，颁布了本国独立后的第一部商标法律《1976 年商标法》，并于 1983 年 9 月 1 日正式施行。[1]由于英国《1938 年商标法》的规定比较简单，因此以其为范本的马来西亚《1976 年商标法》也逐渐无法适应商标审查与维权实践的需要。为此，马来西亚官方先后三次修订了本国的商标法。[2]1994 年，马来西亚颁布了《1994 年商标法修正案》，首次规定了服务商标，同时细化了有关商标显著性的定义与认定标准。在商标申请上，该修正案还就商标申请人的主体资格、应予提交的商标申请文件、商标异议程序中异议人和被异议人的权利义务等作出了更加细致的规定。[3]2000 年，由于此时马来西亚已经批准了《与贸易有关的知识产权协定》（以下简称 TRIPS 协定）和《保护工业产权巴黎公约》（以下简称《巴黎公约》）[4]，并颁布了《2000 年地理标志法》，因此随后《2000 年商标法修正案》最重要的变动就是新增了对地理标志（Geographical Indication）和驰名商标（Well-known Trade Mark）的保护规定。此外，该修正案还根

---

〔1〕 参见杨静、于定明：《东盟国家商标制度之比较》，载《河北法学》2007 年第 5 期。

〔2〕 参见乔传林：《马来西亚：〈2019 年商标法〉详解》，载 https://www.mondaq.com/china/trademark/973096/%C2%ED%C0%B4%CE%F7%D1%C72019%C4%EA%C9%CC%B1%EA%B7%A8%CF%EA%BD%E2，最后访问日期：2023 年 7 月 4 日。

〔3〕 See Act A881, Trade Marks（Amendment）Act 1994.

〔4〕 See WIPO，"WIPO-Administered Treaties"，https://www.wipo.int/wipolex/en/treaties/ShowResults? code=MY，最后访问日期：2023 年 7 月 4 日。

据 TRIPS 协定的要求新设了边境措施（Border Measures）章节，就假冒商标商品的进口限制、没收、储存与处置、商标被侵权人的救济途径等措施作出规定。[1]马来西亚颁布的《2002 年商标法修正案》则是小修小补，并没有重要变动。[2]

2. 马来西亚商标法 2019 年的重要改动。2019 年，为落实国际条约《商标国际注册马德里协定》（以下简称《马德里协定》）的相关规定[3]，马来西亚颁布了新的商标法即《2019 年商标法》，对《1976 年商标法》进行了全面的修订。新法拓展了商标的定义、允许商标多类别申请、扩大了认定商标侵权的范围并引入有关商标的刑事犯罪等，整体上强化了对商标权利人的保护与商标侵权的打击力度。[4]具体而言，新法在商标定义上增设了新的商标种类，例如声音、全息图（Hologram）、动态序列（Sequence of Motion）、颜色、产品包装或形状、气味，以及上述元素的组合，都能被注册为商标。在多类别申请上，过往法律只允许单一类别的商标注册，而新法则允许商标申请人就多个类别的商品申请注册同一商标。在商标保护上，《2019 年商标法》扩大了对商标侵权的认定，在类似商品或服务（而不仅仅是相同商品或服务）上使用注册商标也视作侵权。同时，新法还引入了商标侵权罪名，假冒商标、进口或销售假冒商标商品等行为构成犯罪的，都将被追究刑事责任。除此之外，新法还确立了商标许可使用制度，不再要求权利人许可他人使用时向有关机关进行登记。新法还强化了对商标权利人的救济力度，允许权利人在主张自身损害的赔偿后，以侵权人的实际获利主张额外赔偿等。[5]

---

〔1〕 Act A1078, Trade Marks（Amendment）Act 2000.

〔2〕 Act A1138, Trade Marks（Amendment）Act 2002.

〔3〕 2019 年 9 月 27 日，马来西亚政府正式向 WIPO 递交加入《马德里议定书》的正式文本。WIPO，"WIPO - Administered Treaties"，https://www.wipo.int/wipolex/en/treaties/ShowResults? code = MY，最后访问日期：2023 年 7 月 4 日。

〔4〕 参见郑芳君：《马来西亚 2019 年商标法令要点解读》，载 https://www.skrine.com/insights/ publications/may - 2020/% E9% A9% AC% E6% 9D% A5% E8% A5% BF% E4% BA% 9A% E6% 80% 9D% E7% BA% AA% E9% BE% 84% E5% BE% 8B% E5% B8% 88% E4% BA% 8B% E5% 8A% A1% E6% 89% 80，最后访问日期：2023 年 7 月 4 日。

〔5〕 See Act 815, Trademarks Act 2019.

（二）专利法律制度的发展历程

马来西亚专利法主要是《1983 年专利法》和《1996 年工业品外观设计法》。其中，《1983 年专利法》分别在 1986 年、1993 年、2000 年、2002 年、2003 年、2006 年与 2022 年经历了修订。《1996 年工业品外观设计法》则在 2000 年、2002 年和 2013 年经历了修订，但总的来说改动并不大。因此本部分主要介绍《1983 年专利法》的数次修订内容。

《1983 年专利法》在历史上经历过多次修订，其中较为重要的是 1986 年、1993 年、2003 年、2006 年和 2022 年的修订工作。具体而言，《1986 年专利法修正案》的主要变动在于新增了实用新型专利，同时建立了一个常设专利委员会（Patents Board），负责颁发授予实用新型的证书、聘用专利审查员等。此外，该修正案细化了不予授予专利的情形，并规范对专利代理人的管理等，例如设置了未经登记而从事专利代理的法律责任等。最后，修正案还新增了公共利益条款，规定专利申请中包含有害国家内容的，不予授予专利等。[1]

此后，《1993 年专利法修正案》的修订则主要分为四点，第一，允许发明专利和实用新型专利互相转换，但也规定对同一项发明创造，不得同时申请发明专利和实用新型专利。第二，新增了同一发明创造的有关条款，规定对同一发明创造同时提出专利申请的，最先提出申请的人为专利权人。第三，完善了专利审查有关规定，修正案新增了专利的初步审查程序（Preliminary Examination）；在实质审查程序中，修正案允许就某项发明创造已在境外申请过专利的，权利人可请求对该发明创造的实质审查程序作出调整，避免重复审查。第四，加大了对专利权人的行政救济力度，修正案允许专利权人向专利登记员申请修改专利证书上的相关信息，如专利证书上存有错漏，权利人还可请求法院强制专利登记员作出修正。[2]

《2003 年专利法修正案》与《2006 年专利法修正案》的主要目的是与马来西亚批准加入的《专利合作条约》接轨。这两部修正案中最重要的变化是第 34 条和第 78 条。修订后的第 34 条保障了公众的知情权，规定公众

---

[1] See Act A648, Patents（Amendment）Act 1986.

[2] See Act A863, Patents（Amendment）Act 1993.

可获取专利申请号、申请日、优先权日、特别是申请书变动及权利人变更等专利信息。《2003 年专利法修正案》还引入了"18 个月公布条款"，规定自发明专利申请日（或优先权日）起满 18 个月，公众可获取所有未决专利申请的专利申请说明书等。[1]《2006 年专利法修正案》则主要对第 78 条作出了修订，增设了有关专利国际申请程序的规定，签署程序应适用《专利合作条约》的相关条款。[2]

2022 年，为满足《区域全面经济伙伴关系协定》（以下简称 RCEP）、TRIPS 协定与《国际承认用于专利程序的微生物保存布达佩斯条约》（以下简称《布达佩斯条约》）等国际条约的协定要求，马来西亚颁布了《2022 年专利法修正案》，主要有四点修订：第一，修正案扩大了专利首次申请的申请人范围，包括马来西亚公民、享有永久居留权或以马来西亚为经常居住地的外国居民、根据马来西亚移民法获取签证的外国居民以及在马来西亚境内成立的法人与非法人团体等。第二，在程序上，根据 RCEP 第 41 条的规定，新增了专利异议程序和专利宣告无效程序。第三，根据《布达佩斯条约》要求，新增了有关微生物保藏的规定，允许权利人为专利申请而向主管机关申请存放微生物。第四，根据 TRIPS 协定第 31 条之二，修正案还新增了有关药品生产、进口与出口的强制许可规定等。[3]

（三）著作权法律制度的发展历程

马来西亚著作权法主要是《1987 年版权法》，该法历经多次修订，分别于 1990 年、1996 年、1997 年、2000 年、2002 年、2003 年、2012 年、2020 年与 2022 年颁布了修正案。由于马来西亚著作权法的修订次数较多，限于篇幅本部分接下来将简要介绍比较重要的修正案。

为履行《保护文学和艺术作品伯尔尼公约》（以下简称《伯尔尼公

---

〔1〕 See Act A1196, Patents（Amendment）Act 2003.

〔2〕 See Act A1264, Patents（Amendment）Act 2006. 参见宋志国、高兰英：《马来西亚知识产权法在 21 世纪的新发展》，载《东南亚纵横》2010 年第 6 期。

〔3〕 Act A1649, Patents（Amendment）Act 2022. 参见王静宇：《马来西亚专利法 2022 修正案的主要内容》，载 http://www.unitalen.com.cn/html/report/16127617-1.htm，最后访问日期：2023 年 7 月 3 日。

约》）的国际义务[1]，马来西亚《1990年版权法修正案》新增了有关版权合理使用的条款，规定为非营利性研究、个人学习、考试题目设置、时事评论与报道、国家档案保存与图书馆存书等目的而复制他人作品的，属于合理使用。[2]《1996年版权法修正案》则将版权法的保护范围延伸至图形作品与模型作品（Design Documents and Models），同时新增了有关版权许可使用的规定。[3]《2000年版权法修正案》完善了有关表演者权利的诸多规定，包括明确表演者受到保护的条件、表演者权利的定义、表演者人身权（moral rights）与主张公平报酬的权利等。[4]《2012年版权法修正案》的修订要点有三，一是新增了"版权自愿通知与登记"（Voluntary Notification of Copyright and Register of Copyright）制度，更加充分地保障了版权人的合法权益；二是进一步完善了有关版权许可使用的相应规定；三是新增了有关"盗摄"的章节，以打击在电影院盗摄影片的侵权行为。[5]

近年来马来西亚著作权法也做了重要修订，新颁布的《2022年版权法修正案》有两大要点：第一，为无障碍格式版作品设置豁免，保护阅读障碍者合法权益。2022年马来西亚批准了《关于为盲人、视力障碍者或其他印刷品阅读障碍者获得已出版作品提供便利的马拉喀什条约》（以下简称《马拉喀什条约》），为确保本国法律满足条约义务，新的版权法允许复制并传播任何作品的无障碍格式副本，专供阅读障碍者使用。第二，加强对流媒体（Streaming Technology）版权侵权的打击，重点规制利用电视机顶盒盗播的违法行为。新法规定个人制造、进口、销售、持有或提供流媒体设备并侵犯版权的，应承担2500美元至50 000美元不等的罚款，刑期最长可达20年。[6]总的来说，马来西亚版权法历次修订逐步扩大了受保护作品的范围，不断强化对版权的保护程度与侵权行为的打击力度。

---

〔1〕 马来西亚于1990年批准了该公约。

〔2〕 See Act A775, Copyright（Amendment）Act 1990.

〔3〕 See Act A952, Copyright（Amendment）Act 1996.

〔4〕 See Act A1082, Copyright（Amendment）Act 2000.

〔5〕 See Act A1420, Copyright（Amendment）Act 2012.

〔6〕 See Act A1645, Copyright（Amendment）Act 2022. Wong Jin Nee, Teo, "Malaysia: The Copyright（Amendment）Act 2022", https://www.mondaq.com/copyright/1241598/the－copyright－amendment－act－2022－caa，最后访问日期：2023年7月5日。

综上所述，随着时代的发展，马来西亚知识产权法律不断得到修订与完善，逐步扩大了知识产权的保护范围，便利了知识产权的申请程序，加大了对知识产权侵权行为的打击力度。同时可以看出，马来西亚知识产权法律的发展不仅基于改善本国知识产权环境的需要，其法律的重大变动往往也受到国际条约的影响，反映出马来西亚以条约义务"驱动"本国法律发展的现实路径。

二、马来西亚知识产权法律的主要框架及重点内容

马来西亚知识产权法律主要包括《1976 年商标法》《1983 年专利法》《1987 年版权法》《1996 年工业品外观设计法》《2000 年地理标志法》《2000 年集成电路布图设计法》及相对应的行政法规等。目前，马来西亚知识产权的主管机关是马来西亚知识产权局（Intellectual Property Corporation of Malaysia，以下简称 MyIPO），主要负责专利与商标申请的审查等知识产权监管工作。[1]马来西亚还建立了专门的知识产权法庭，包括 15 个享有知识产权刑事管辖权的地方法院（Sessions Courts）与 6 个享有知识产权民事管辖权的高等法院（High Courts）。[2]

总的来说，马来西亚知识产权法律较为完善，在东南亚国家中相对先进，近年来其关于知识产权的法律也做了不少调整与更新，一定程度上适应了知识产权保护逐步强化的国际趋势。本部分将从知识产权的权利客体、权利人、权利保护期限与延期、申请程序、审查标准、办理期限、异议程序、被否决后救济、费用、刑事责任、刑事追责以外的救济手段等规定介绍马来西亚商标法、专利法和著作权法的重要条款。

（一）商标法律制度的主要内容

马来西亚商标法主要是《1976 年商标法》及《1997 年商标条例》（Trade Mark Regulation 1997）。如前所述，马来西亚商标法历经多次修改，

---

〔1〕 MyIPO 的职权与中国国家知识产权局近似。See MyIPO，"ABOUT MYIPO"，https://www. myipo. gov. my/en/about/，最后访问日期：2023 年 7 月 5 日。

〔2〕 See ITA，"Malaysia – Country Commercial Guide：Protecting Intellectual Property"，https://www. trade. gov/country-commercial-guides/malaysia-protecting-intellectual-property，最后访问日期：2023 年 7 月 5 日。

并颁布了新的《2019 年商标法》。本部分将结合具体条款，介绍马来西亚商标法律的主要内容。

1. 商标的定义。根据《2019 年商标法》第 2 条、第 3 条和第 147 条第（2）项第（c）款，商标是指任何能够将自然人、法人或者其他组织的商品或服务与他人的区别开的标志，包括字母、词语、签名、数字、图形、品牌、标题（Heading）、标签、票据（Ticket）、商品形状及其包装、颜色、气味、全息图、位置、动态序列等，以及上述要素的组合，均可以作为商标申请注册。[1]

2. 注册商标的申请程序。商标申请应提交至马来西亚知识产权办公室审查，申请程序按阶段分为形式审查、实质审查、结果公示、异议期间与最终决定。根据《2019 年商标法》第 29 条规定，商标审查机关收到注册申请后应先实施形式审查，确认商标申请人是否符合法定要求[2]，是否提交了相应材料与费用[3]，并确认申请注册的商标是否侵犯在先商标等。如果审查机关发现存在纰漏，则申请人应在审查机关通知的期限内补全，否则该申请将被视作撤回（Withdrawal）。[4]而后进入实质审查阶段，如果审查机关拒绝商标注册的，申请人可在该决定发布后的 1 个月内向马来西亚高等法院提起诉讼。[5]《2019 年商标法》第 34 条和第 35 条，以及《2019 年商标条例》第 23 条至第 34 条详细规定了异议程序，利害关系人可在商标注册申请公布后的 2 个月内提交异议意见，并陈述理由。相应地，申请人也应当在收到异议的 2 个月内提交声明。双方均应在相应期限内提交证据以支持自身主张。[6]一旦商标最终注册成功，则根据《2019 年商标法》第 39 条的规定，商标的有效期为 10 年，自商标成功注册之日起算。

---

〔1〕 See Article 2, 3, 147（2）（c），Trademarks Act 2019.

〔2〕 根据《2019 年商标法》第 17 条规定，任何在商业活动中使用或意欲使用商标的人都可以自行，或委托他人来申请注册商标。Trademarks Act 2019.

〔3〕 根据《2019 年商标法条例》第 7 条规定，申请文件应当包含对商标性质的描述、商标的图形表示与商标的颜色（因为马来西亚是伊斯兰国家，黄色商标不被允许）等信息。See Trademarks Regulations 2019.

〔4〕 See Article 29, Trademarks Act 2019.

〔5〕 See Article 17, Trademarks Regulations, 2019.

〔6〕 See Article 34, 35, Trademarks Act 2019. Article 23-34, Trademarks Regulations, 2019.

权利人可支付续展费以续展 10 年，次数不限。

3. 注册商标的审查标准。注册商标的审查主要判断商标是否具有显著性与相似性，并考虑注册商标是否侵犯在先权利、引起公众混淆或违反法律等。根据《2019 年商标法》第 23 条和第 24 条规定，注册商标审查的理由可分为绝对拒绝（Absolute Grounds for Refusal）与相对拒绝（Relative Grounds for Refusal）。从绝对拒绝的理由来看，如果商标存在"无法与其他企业区分""缺乏显著特征""单纯由指代商品的各类元素组成"等缺乏显著性的情况，则不予注册。此外不予注册的绝对理由还包括"造成公众混淆、误解或受骗""仅由国家名称或公认地理标志组成""违反公共利益与法律、存有冒犯性内容"等。不予注册的相对理由则主要是指侵犯其他商标权人的在先权利这种情况。[1]

4. 注册商标的保护。未经商标注册人许可而使用注册商标的，被侵权人可提起商标侵权诉讼，并可主张赔偿、消除影响、销毁侵权商品或向法院申请保全措施等。《2019 年商标法》第 54 条列举了侵犯商标权的行为（Acts Amounting to Infringement of Registered Trademark），包括未经商标权人许可在相同或相似的商品或服务中，使用与注册商标相同或相似的商标，具体的使用情形可包括"将注册商标运用在包装上""向公众提供或展览、投入市场、存储以供出售、进出口或在广告中使用带有注册商标的商品或服务"等。第 99 条至第 102 条则对此规定了法律责任条款，包括假冒商标、故意在商品或服务中篡用注册商标、进口或销售篡用商标的商品等。[2]

在权利人救济上，《2019 年商标法》规定了多项措施，例如权利人可依第 56 条提起商标侵权诉讼，并申请采取保全措施，或主张损害赔偿等。法院还可综合考虑侵权行为的严重性、侵权人的违法获利额度等因素，决定是否给予权利人额外的损害赔偿。此外，第 58 条至第 60 条还允许权利人向法院申请发布命令（Order），要求侵权人在特定商品或服务上涂销商标、向权利人移交侵权商品、销毁或没收侵权商品等。[3]可以说，马来西

---

[1] See Article 23, 24, Trademarks Act 2019.

[2] See Article 54, Article 99-102, Trademarks Act 2019.

[3] See Article 56, Article 58-60, Trademarks Act 2019.

亚商标法对权利人的救济方式是比较多样的。

（二）专利法律制度的主要内容

马来西亚专利法主要是《1983 年专利法》及《1986 年专利条例》。此外，《1996 年工业品外观设计法》单独对外观设计作出规定。《1983 年专利法》历经多次修订，《1996 年工业品外观设计法》则变动不大。因此部分主要介绍《1983 年专利法》的重要条款。

1. 专利的类型及定义。根据马来西亚专利法律，专利主要包括发明专利与实用新型专利，外观设计亦可申请相应权利。根据《1983 年专利法》第 3 条、第 12 条和第 17 条规定，发明是指可以解决技术领域特定问题的新型方案，一般来说与产品或工艺有关。实用新型（Utility Innovation）则指创造新产品或新工艺，或改善现有产品或工艺的，适于实用的新型技术方案。[1]《1996 年工业品外观设计法》第 3 条规定，工业品外观设计（Industrial Design）是指通过工业方法，应用于产品形状、结构、图案或装饰的设计。[2]

2. 专利申请的程序。专利申请流程主要分为提交申请、形式审查、实质审查、专利授予、公众评议和专利异议程序等。首先，专利申请人应向审查机关提交申请，根据《1986 年专利条例》第 5 条至第 16 条规定，该申请应包含请求书、说明书及其摘要、权利要求书和图纸（如需要）等，并附上申请人和发明人的姓名、住址等信息。[3]随后，审查机关将依据《1983 年专利法》第 29 条及《1986 年专利条例》第 26 条启动初步审查（Preliminary Examination），若有纰漏，申请人应在审查机关告知纰漏后的 3 个月内将材料予以补全。[4]接下来审查机关将应请求开展实质审查，从实践来看实质审查的周期一般为 3 年至 4 年。[5]如果专利通过审查，则审

---

〔1〕 See Article 3, 17, Patents Act 1983.

〔2〕 See Article 3, Industrial Designs Act 1996.

〔3〕 See Article 5-16, Patents Regulations 1986.

〔4〕 See Article 29, Patents Act 1983; Article 26, Patents Regulations 1986.

〔5〕 See Practical Law, "Intellectual Property Rights in Malaysia: Overview", https://uk. practicallaw. thomsonreuters. com/w-018-1378? transitionType = Default&contextData = （sc. Default）&firstPage = true #co_ anchor_ a847420，最后访问日期：2023 年 7 月 5 日。

查机关应根据《1986 年专利条例》第 29 条授予专利，授权证书上专利号、申请人与发明人姓名住址、优先权日、授予日等信息。[1]最后，根据《1983 年专利法》第 55A 条规定，在专利授权后还可启动专利异议程序，利害关系人应在专利授权公告之日起的规定期限内提出异议并支付费用。[2]

授予专利后，根据《1983 年专利法》第 35 条规定，专利的有效期分为两种情况：2001 年 1 月 20 日以前授予的专利，有效期为 15 年；2001 年 1 月 20 日以后授予的专利，有效期为 20 年，不可续展。至于实用新型的保护期则为 10 年，但可续展 5 年，最多续展 10 年。根据《1996 年工业品外观设计法》第 25 条，工业品外观设计初始保护期为 5 年，可续展 4 次，每次 5 年，保护期最长为 25 年。在专利有效期内，专利权人应当支付专利年费，但不需要通过使用专利来维持专利权的效力。[3]

3. 专利申请的审查与宣告无效。发明专利的申请应当满足新颖性、创造性与实用性要件。根据《1983 年专利法》第 11 条、第 13 条和第 17 条规定，发明创造和实用新型具有新颖性，涉及创造性步骤（Inventive Step）并可在工业上可操作（Industrially Applicable），可以授予专利。但科学发现、动植物品种、商业或游戏规则、治疗与诊断方法等不得申请专利。[4]如果某项专利不属于发明或实用新型，不满足新颖性、创造性或实用性要求或者专利的申请材料不符合程序规定的，利害关系人可依《1983 年专利法》第 55 条和第 56 条向法院请求宣告该专利无效。[5]就工业品外观设计而言，根据《1996 年工业品外观设计法》第 12 条和第 13 条，工业品外观设计的申请应当满足新颖性，但违背公序良俗者不予授权。[6]

4. 专利的保护。根据《1983 年专利法》第 36 条和第 58 条规定，未经专利权人许可而制造、进口、销售或协助销售、使用专利产品的，均属

---

[1] See Article 29, Patents Regulations 1986.

[2] See Article 55A, Patents Act (Amendment) 2022.

[3] See Article 35, Patents Act 1983. Article 25, Industrial Designs Act 1996.

[4] See Article 11, 13, 17, Patents Act 1983.

[5] See Article 55, 56, Patents Act 1983.

[6] See Article 12, 13, Industrial Designs Act 1996.

专利侵权行为。[1]对此,专利权人可依《1983 年专利法》第 59 条和第 60 条,自侵权行为发生之日起 6 年内[2]提起专利侵权诉讼,请求法院采取保全措施或主张损害赔偿等。[3]相较于商标侵权诉讼中计算赔偿数额的方法,专利侵权诉讼的计算方法比较简单,并未涉及恶意侵权时的惩罚性赔偿,也未有结合被告的违法获利数额来确认赔偿的规定。

(三)著作权法律制度的主要内容

马来西亚著作权法主要是《1987 年版权法》,该法历经多次修订,分别于 1990 年、1996 年、1997 年、2000 年、2002 年、2003 年、2012 年、2020 年与 2022 年颁布了修正案。总的来说,马来西亚版权法历次修订逐步扩大了受保护作品的范围,不断强化对版权的保护程度与侵权行为的打击力度。

1. 作品与表演者的定义。根据《1987 年版权法》第 7 条与第 8 条规定,作品主要包含文字作品、音乐作品、艺术作品、电影作品、录音与广播及其衍生作品(Derivative Works),包含翻译、改编、整理与汇编作品等。作品应具备独创性并以物质形式(Material Form)表现。第 10 条规定的"受保护作品"主要指在马来西亚或在《伯尔尼公约》缔约方境内创作或首次发表的作品。[4]《1987 年版权法》同样保护表演者,第 3 条规定的表演者包含从事表演、演唱、演绎或其他形式表演的人,例如演员、歌手、音乐创作者与舞蹈家等。第 10A 条规定"受保护的表演者"主要指马来西亚公民或常住居民,或者是非马来西亚公民或常住居民,但表演发生在马来西亚,或者该表演者是录音制品或广播作品的制作方,也可以获得马来西亚版权法的保护。[5]

2. 作品与表演者权的保护期。根据《1987 年版权法》第 17 条至第 23A 条规定,版权与表演者权的保护期限一般为 50 年,起算时间根据作品的类型确定,不得续展。下表为不同作品的保护期限:

---

[1] See Article 36, 58, Patents Act 1983.

[2] 原为 5 年内,2022 年修正案调整为 6 年内。See Article 59, Patents Act 1983.

[3] See Article 60, Patents Act 1983.

[4] See Article 8, 9, Article 10, Copyright Act 1987.

[5] See Article 3, 10A, Copyright Act 1987.

表 1　马来西亚作品类型及版权法保护期限

作品类型	保护期限
文学、音乐和艺术作品（第 17 条）	（1）保护期为作者终身，及其逝世后 50 年 （2）作者逝世以前未发表的，自作品首次发表次年起算，保护 50 年
录音制品（第 19 条）	（1）自发表后的次年起算，保护 50 年 （2）未发表的，自首次完成创作后的次年起算，保护 50 年
广播作品（第 20 条）	自首次完成创作后的次年起算，保护 50 年
电影作品（第 22 条）	自发表后的次年起算，保护 50 年
政府、政府组织与国际组织作品（第 23 条）	自发表后的次年起算，保护 50 年
表演者权利（第 23A 条）	自表演发生或固定为录音制品后的次年起算，保护 50 年

3. 版权人与表演者的权利。根据《1987 年版权法》第 13 条和第 25 条规定，版权人享有作品的复制权、传播权、表演权、转让权和出租权等财产权，加之署名权、修改权和保护作品完整权等人身权。在版权的合理使用上，第 13 条亦规定为非营利性研究、个人学习、考试题目设置与教学、时事评论与报道、国家档案保存与图书馆存书、听障者使用等目的而复制他人作品的，属于合理使用。[1]就表演者权而言，第 16A 条规定表演者享有传播权、录制权[2]、录制品复制权、录制品转让权和出租权等财产权，也享有表明表演者身份、保护表演形象不受歪曲等人身权。[3]

4. 版权的保护。根据《1987 年版权法》第 36 条和第 41 条规定，任何未经版权人许可，妨害版权人行使其权利的行为均属违法，具体可包括

---

〔1〕　See Article 13, 25, Copyright Act 1987.

〔2〕　将表演以录像、录音等方式固定下来的权利。

〔3〕　See Article 16A, Copyright Act 1987.

非用于个人在马来西亚国内使用的进口、商业性展览他人作品，或制作用于侵权的产品等行为。从事版权侵权行为的，应当承担相应的行政罚款乃至刑事监禁等处罚。[1]根据《1987 年版权法》第 37 条规定，版权人可对侵权行为提起诉讼，要求法院采取保全措施并主张赔偿。就赔偿而言，版权人可根据自身损失、侵权人违法获利的数额（An Account of Profits）或法定赔偿，任选其一主张赔偿。其中每件作品的法定赔偿额不得超过 25 000 林吉特（约合人民币 38 000 元），总计不得超过 50 万林吉特（约合人民币 77 万元）。此外，法院还可综合考虑侵权行为的严重性与侵权人违法获利的数额等其他因素，给予版权人以额外赔偿（Additional Damages）。[2]上述规定均比照适用于表演者权。[3]

马来西亚允许版权登记，以强化对版权人的保护。《1987 年版权法》第 26A 条和第 26B 条规定，版权人可向知识产权主管机关发送"版权自愿通知（Voluntary Notification of Copyright）"，载明权利人姓名住址、作品类型、作品名称、作者姓名、发表时间等信息。而后，主管机关可就此制作《版权登记册》及其摘录（Extracts），此份摘录可在涉及版权归属与效力的诉讼中作为初步证据（Prima Facie Evidence）为法院采用。[4]此外，根据《1987 年版权法》第 28 条，马来西亚还建立了专门的版权法庭（Copyright Tribunal），就表演者主张公平报酬（Equitable Remuneration）、版权人或集体组织许可使用、复制与发行翻译作品的许可等事项作出裁决。[5]

三、中国与马来西亚知识产权法律制度之比较

中国与马来西亚均建立了较为完善的知识产权法律制度，并在逐步深

---

［1］ See Article 36, 41, Copyright Act 1987.

［2］ See Article 37, Copyright Act 1987.

［3］ See Article 39A, Copyright Act 1987.

［4］ See Article 26A, 26B, 42, Copyright Act 1987. 参见《一图看懂系列：马来西亚版权登记程序》，载 http://www. sziprs. org. cn/szipr/hwwq/fxydzy/bjzy/content/post_ 816673. html，最后访问日期：2023 年 7 月 4 日。

［5］ See Article 28, Copyright Act 1987. MyIPO, "Copyright Tribunal", https://www. myipo. gov. my/en/copyright-tribunal/? lang＝en，最后访问日期：2023 年 7 月 6 日。

化的合作中（尤其是 RCEP 对各方生效后）走向协同发展。尽管"一带一路"倡议下中马两国不断实现规则"软联通"的新突破，但也要注意到因经济发展水平、法律习惯与政治体制存在显著不同，中马两国的知识产权法律制度也反映出明显的区别，具体表现为知识产权保护力度、保护取向与制度设计的不同。本部分将从商标、专利与著作权法律制度的比较进行分析。

（一）中国与马来西亚商标法律制度之区别

自颁布《2019 年商标法》并批准 RCEP 以来，马来西亚逐步强化了对商标知识产权的保护力度，中马两国的商标法律制度也应合作的不断深化而走向共同发展。尽管两国商标法律制度并无显著差异，但在商标的类型与限制、驰名商标保护、侵权赔偿计算等规定仍有差别。总的来说，马来西亚对商标的定义更加广泛，但计算侵权赔偿的方法相较中国更少。

1. 商标的类型与限制。对比中国法律规定，马来西亚对商标的定义更加宽泛，可注册的商标类型更多，但对注册商标的颜色存有更多限制。根据《中华人民共和国商标法》（以下简称《商标法》）第 8 条的规定，商标可包括文字、图形、字母、数字、三维标志、颜色组合和声音等，以及上述要素的组合。相较之下，马来西亚《2019 年商标法》允许注册的商标还包括标题（Heading）、标签（Label）、票据（Ticket）、气味、全息图（Hologram）、位置（Positioning）、动态序列（Sequence of Motion）等，以及上述要素的组合。[1] 鉴于马来西亚是君主立宪制国家与宗教国家[2]，因此商标法对颜色的限制也比中国法律更多。根据《2019 年商标条例》第4 条规定，商标的颜色不得使公众产生误解，不当地与国花大红花（Bunga Raya）、皇室及其建筑（如皇宫）等相联系。[3] 此外，由于马来西亚是伊斯兰教国家，因此在商业实践中也不得将黄色作为商标颜色来使用。[4]

2. 驰名商标保护。与中国商标法律一样，马来西亚商标法也保护驰名商标（Well-known Trademarks），但对驰名商标的保护有较多限制。根据

---

〔1〕 See Article 2, 3, 147（2）（c），Trademarks Act 2019.

〔2〕 参见《马来西亚国家概况》，载 https://www.mfa.gov.cn/web/gjhdq_676201/gj_676203/yz_676205/1206_676716/1206x0_676718/，最后访问日期：2023 年 7 月 8 日。

〔3〕 See Article 4, Trademarks Regulation 2019.

〔4〕 参见杨静、于定明：《东盟国家商标制度之比较》，载《河北法学》2007 年第 5 期。

《2019 年商标法》第 4 条和第 76 条规定，马来西亚商标法保护公约缔约方[1]公民或法人在马来西亚具有知名度的商标，无论该公民或法人是否在马来西亚经营业务。另根据第 76 条规定，驰名商标所有人可向法院申请宣布侵权商标无效。[2]尽管有关驰名商标的规定并无显著不同，但值得注意的是马来西亚有英美法系之传统，因此在实践中更加注重商业秩序的稳定，一定程度上限制了驰名商标所有人的权利。例如马来西亚《2019 年商标法》第 76 条第（6）项规定，除非侵权人恶意（Bad Faith）使用，如果侵权人使用驰名商标，而驰名商标人在连续 5 年都默许（Acquiesced）该使用的，则驰名商标人不得主张侵权人混用其驰名商标，并向法院申请保全措施。《2019 年商标法》第 77 条进一步规定了受许可的驰名商标使用方式，包括使用个人姓名、当前营业地、既往营业地，或指明商品特性与生产周期的任何指示等；还包括对驰名商标的非营利性使用、新闻报道使用或受到驰名商标所有人明示或默许同意的其他使用行为等。[3]

3. 侵权赔偿计算。从计算侵权赔偿的方法来看，中国商标法的保护力度要强于马来西亚商标法。根据我国《商标法》第 63 条规定，计算商标侵权赔偿数额主要可通过权利人的实际损失、侵权人所获利益、该商标许可使用费的合理倍数来确定，并可在情节严重时给予惩罚性赔偿。相较之下，马来西亚《2019 年商标法》第 56 条主要规定了两种计算赔偿的方法，即权利人实际损失（损害赔偿金 Damages）与侵权人所获利益（An Account of Profit），没有商标许可使用费的计算方法。马来西亚《2019 年商标法》第 56 条第 7 项、第 8 项还规定，如果侵犯商标权的行为包含了使用侵权商标的盗版商品或服务，则法院可综合考虑侵权行为的严重性、侵权人的违法获利额度、是否需要给予侵权人惩罚等因素，决定是否给予权利人额外的损害赔偿（Additional Damages）。[4]这一条款类似中国法律的惩罚性赔偿条款，但惩罚性并不强，没有设置法定的赔偿倍数。

---

〔1〕 根据《2019 年商标法》，该公约指的是马来西亚加入的有关商标保护的多边条约。See Article 2, Trademarks Act 2019.

〔2〕 See Article 4, 76, Trademarks Act 2019.

〔3〕 See Article 76（2）（6），Article 77, Trademarks Act 2019.

〔4〕 See Article 56, Trademarks Act 2019.

表 2　中国与马来西亚商标法律之区别

法律规定	中国	马来西亚
商标类型	《商标法》第 8 条规定，文字、图形、字母、数字、三维标志、颜色组合和声音等，以及上述要素的组合	根据《2019 年商标法》第 2 条、第 3 条和第 147 条第（2）项第（c）款规定，字母、词语、签名、数字、图形、品牌、标题、标签、票据、商品形状及其包装、颜色、气味、全息图、位置、动态序列等，以及上述要素的组合
驰名商标保护的限制	无法定限制	《2019 年商标法》第 76 条、第 77 条规定，①权利人默许使用；②诚信工商业实践；③非营利性使用；④新闻报道使用
侵权赔偿计算方法	《商标法》第 63 条规定，①权利人实际损失；②侵权人所获利益；③商标许可使用费的合理倍数；④惩罚性赔偿	《2019 年商标法》第 56 条规定，①权利人实际损失；②侵权人所获利益；③额外赔偿

（二）中国与马来西亚专利法律制度之区别

1. 专利保护期限。中马两国对专利的保护期限各有不同，总的来说马来西亚对实用新型和外观设计的保护期限更长。根据《中华人民共和国专利法》（以下简称《专利法》）第 42 条规定，发明创造、实用新型和外观设计分别为 20 年、10 年和 15 年。而根据马来西亚《1983 年专利法》第 35 条和《1996 年工业品外观设计法》第 25 条规定，发明创造、实用新型和外观设计的保护期最长可达 20 年、20 年和 25 年。其中实用新型的初始保护期为 10 年，但最多可续展 10 年至 20 年；外观设计初始保护期为 5

年，但也可续展 20 年至 25 年。〔1〕

2. 外观设计宣告无效。中马两国对外观设计的宣告无效程序规定存在不同，马来西亚并未规定外观设计宣告无效的程序。根据中国《专利法》第 2 条和第 45 条，外观设计可被授予专利，并在授予专利权后可被宣告无效。马来西亚的专利法律也规定了专利的宣告无效制度，但外观设计受《1996 年工业品外观设计法》规制，后者并没有相应制度。马来西亚对外观设计的单独规定造成了这一显著的区别。

3. 强制许可。中马两国有关专利强制许可的规定有相似的部分，也存在区别。就实施强制许可的理由而言，根据中国《专利法》第 53 条、第 54 条与马来西亚《1983 年专利法》第 49 条、第 84 条规定，中马两国均允许政府出于公共利益考量，或者专利权人使用专利的行为违反竞争法时，对某些专利实施强制许可。相较之下，中国《专利法》还规定当专利权人无正当理由未实施或未充分实施专利的，亦可对其专利实施强制许可，而马来西亚无此规定。不过马来西亚也有自己的特殊规定，即强制许可申请人可依据在马来西亚生产并在国内市场销售的专利产品，无正当理由而不能满足公众需求，或在马来西亚生产并出口药品至符合条件的进口国，以解决其公共卫生问题等理由，申请授予强制许可。〔2〕

表 3　中国与马来西亚专利法律之区别

法律规定	中国	马来西亚
专利保护期限	《专利法》第 42 条规定， ①发明创造：20 年； ②实用新型：10 年； ③外观设计：15 年	《1983 年专利法》第 35 条、 《1996 年工业品外观设计法》 第 25 条规定， ①发明创造：20 年； ②实用新型：最长可达 20 年； ③外观设计：最长可达 25 年
外观设计宣告无效	存在此项制度	没有规定此项制度

〔1〕　See Article 35, Patents Act 1983. See Article 25, Industrial Designs Act 1996.

〔2〕　See Article 49, 84, Patents Act 1983 and Patents（Amendment）Act 2022.

续表

法律规定	中国	马来西亚
强制许可的实施	《专利法》第53条、第54条规定， ①无正当理由未实施或未充分实施专利； ②专利权的使用违反竞争法； ③公共利益需要	《1983年专利法》第49条和第84条规定， ①专利权的使用违反竞争法； ②公共利益需要； ③无正当理由，专利产品的供给不能满足公众需要； ④出于公共健康，为制造并出口药品至符合条件的用药国

（三）中国与马来西亚著作权法律制度之区别

1. 作品类型。中国与马来西亚著作权法律制度对作品的分类基本一致，但马来西亚并不保护口述作品。根据《中华人民共和国著作权法》（以下简称《著作权法》）第3条规定，受著作权法保护的作品包括文字作品、口述作品、音乐作品等9种。根据马来西亚《1987年版权法》第7条和第13A条规定，结合第3条的定义条款，马来西亚保护的作品也基本涵盖了中国法律的内容，例如摄影作品、建筑作品、图形作品和模型作品、计算机程序等，但并不保护口述作品。[1]

2. 职务作品的著作权归属。马来西亚法律受英美法影响，因此在职务作品的著作权归属上偏向于保护雇主。中国《著作权法》第18条规定，职务作品的著作权原则上由作者享有，除非法人或非法人组织给予了较大的物质帮助等。马来西亚《1987年版权法》第26条则规定职务作品的版权原则上归雇主，除非另有约定。[2]

3. 版权法庭。马来西亚法律专门设立了版权法庭以处理有关版权的部分事项，中国著作权法并未有此类规定。如前所述，根据马来西亚《1987年版权法》第27条至第35条，马来西亚建立了专门的版权法庭，可就表演者主张公平报酬、版权人或集体组织许可使用、复制与发行翻译作品的

---

〔1〕 See Article 2, 7, 13A, Copyrights Act 1987.

〔2〕 See Article 26, Copyrights Act 1987.

许可等事项作出裁决。[1]

表 4　中国与马来西亚版权法律之区别

法律规定	中国	马来西亚
作品类型	《著作权法》第 3 条规定， ①文字作品； ②口述作品； ③音乐、戏剧、曲艺、舞蹈、杂技艺术作品； ④美术、建筑作品； ⑤摄影作品； ⑥视听作品； ⑦工程设计图、产品设计图、地图、示意图等图形作品和模型作品； ⑧计算机软件； ⑨符合作品特征的其他智力成果	《1987 年版权法》第 3 条、第 7 条规定， ① 文字作品（含计算机程序）； ②音乐作品； ③艺术作品（含美术、戏剧、舞蹈、建筑、摄影作品）； ④电影作品； ⑤图形作品与模型作品
职务作品著作权归属	《著作权法》第 18 条规定，原则上由作者享有	马来西亚《1987 年版权法》第 26 条规定， 原则上由雇主享有
版权法庭	无专设法庭	马来西亚《1987 年版权法》第 27 条至第 35 条规定， 专设版权法庭

四、马来西亚知识产权法律制度对中国的启示

（一）中国与马来西亚知识产权合作概况

自 2013 年习近平总书记提出"一带一路"倡议以来，中国始终坚持共商共建共享原则，推动共建"一带一路"倡议高质量发展，取得了显著与辉煌的成就。[2]2023 年是习近平总书记提出"一带一路"倡议的 10 周年，也是中国与马来西亚建立全面战略伙伴关系 10 周年。[3]近年来中马

---

〔1〕　See Article 27-35, Copyrights Act 1987.

〔2〕　参见《习近平出席第三次"一带一路"建设座谈会并发表重要讲话》，载 https://www.gov. cn/xinwen/2021-11/19/content_ 5652067. htm，最后访问日期：2023 年 6 月 4 日。

〔3〕　参见《中国马来西亚去年双边贸易额首度突破 2000 亿美元》，载 https://chinanews. com. cn/gj/2023/01-17/9937191. shtml，最后访问日期：2023 年 6 月 4 日。

双边的经贸合作关系不断深化，马来西亚逐步成为我国企业贸易投资的重要国家之一。[1]在马来西亚加入"一带一路"倡议后，中马两国加速了在知识产权领域合作的进程，主要可分为知识产权主管机关的合作、专利领域的合作与商标等其他领域的合作。

1. 机构合作。2015年8月，中马两国知识产权局之间签署了《知识产权领域合作协议》，同意就知识产权战略、法规政策的制定与实施、国际知识产权重大问题等交流信息和经验。此外，双方同意在知识产权审批与授权、人员培训、知识产权金融服务、信息技术开发与应用、数据和文献交换、专利信息公共服务、知识产权宣传，以及遗传资源、传统知识和民间文艺等方面开展合作。[2]此份合作协议涵盖的范围十分广泛，为中马两国知识产权领域的合作奠定了基础。

2. 专利合作。中马两国为彼此建立了专利审查高速公路（以下简称PPH），以加快对方专利在本国的审查速度。2018年7月1日，中马两国知识产权局签署《在专利审查高速路领域开展合作的意向书》，启动了为期2年的PPH试点项目。根据该项目，在中国的专利权人可按相关流程[3]向马来西亚知识产权局提出PPH请求，以加快专利在马审批进程、节约费用并提高审查通过率。[4]2022年，根据中马两国知识产权共同决定，PPH试点项目自2022年7月1日起延长5年，有关申请要求和流程维持不变。[5]

3. 商标合作与其他。2015年11月23日，中马两国政府签署了《市场

---

[1] 参见《马来西亚总理：中国是马来西亚重要经济伙伴》，载 https://www.yidaiyilu.gov.cn/xwzx/hwxw/310317.htm，最后访问日期：2023年6月4日。

[2] 参见《知识产权局与马来西亚知识产权局签署合作协议》，载 https://www.gov.cn/xinwen/2015-08/26/content_2919880.htm，最后访问日期：2023年7月3日。

[3] 参见《在中马专利审查高速路（PPH）试点项目下向马来西亚知识产权局（MyIPO）提出PPH请求的流程》，载 https://www.cnipa.gov.cn/2018-06/20180628144141211463.pdf，最后访问日期：2023年10月28日。

[4] 相应地，在马来西亚的专利权人也可按照相应流程向中国国家知识产权局提出PPH要求。参见《马来西亚知识产权发展概况》，载 http://www.chinaipmagazine.com/ipfirm-country-show.asp? 30-2.html，最后访问：2023年7月4日。

[5] 参见《中马（来西亚）专利审查高速路（PPH）试点项目延长》，载 https://www.cnipa.gov.cn/art/2022/6/29/art_340_176285.html，最后访问日期：2023年7月7日。

主体准入和商标领域合作谅解备忘录》，鼓励并推动市场主体准入和商标领域的合作，合作措施包括就法律法规与政策交换信息、根据需要举行高层会晤以共商关切、根据需要举办研讨会、探讨人员互访与培训的方案等。[1]此外，2018 年 8 月中马两国发表联合声明，表示将鼓励在信息通信技术、数据分析、设计研发、物联网、云计算和人工智能等高价值领域开展技术转移等合作。[2]2022 年 3 月 18 日起，RCEP 正式对马来西亚生效。[3]由于 RCEP 在知识产权领域的规定涵盖了商标、专利、著作权、地理标志等，因此马来西亚加入 RCEP 一定程度上也反映了中马两国在知识产权规则和改善营商环境上逐步形成共识，为未来进一步开展知识产权合作奠定了重要的"软联通"基础。[4]

（二）中国企业在马经营的知识产权风险及应对

1. 专利侵权风险及应对。由于发达国家和地区在部分"一带一路"国家和地区的专利布局已经较为完备，中国企业出海经验面临着较大的专利侵权风险。[5]从实践来看，中国企业在"走出去"的过程中往往要面临海外大型企业专利诉讼带来的市场壁垒。[6]根据 WIPO 统计的《2021 年度马来西亚知识产权数据概况》，美国和日本在马来西亚申请的专利数量，其比例合计高达所有外国专利申请数的 47.7%，相较之下中国仅有 13.5%。[7]中美两国在马专利数量的悬殊，使得中国企业在马经营面临着较大的专利侵权风险，因此有必要采取一系列措施例如识别潜在侵权专利、建立内部

---

〔1〕 参见《中华人民共和国和马来西亚联合声明》，载 https://www.gov.cn/xinwen/2015-11/24/content_ 2971234.htm，最后访问日期：2023 年 7 月 3 日。

〔2〕 参见《中华人民共和国政府和马来西亚政府联合声明》，载 https://www.gov.cn/xinwen/2018-08/20/content_ 5315190.htm，最后访问日期：2023 年 7 月 3 日。

〔3〕 参见《RCEP 对马来西亚正式生效》，载 https://www.gov.cn/xinwen/2022-03/18/content_ 5679772.htm，最后访问日期：2023 年 7 月 8 日。

〔4〕 参见张佩东：《RCEP 鼎助，中马迈向更美好未来》，载 http://chinawto.mofcom.gov.cn/article/e/s/202105/20210503058530.shtml，最后访问日期：2023 年 7 月 8 日。

〔5〕 参见季景书、孙力舟：《关于"一带一路"专利区的设想及简要论证》，载 http://www.igcu.pku.edu.cn/info/1950/2174.htm，最后访问日期：2023 年 7 月 9 日。

〔6〕 参见《"一带一路"专利保护的新思考》，载 http://ip.people.com.cn/n1/2017/1120/c136684-29656335.html，最后访问日期：2023 年 7 月 9 日。

〔7〕 See WIPO, "Malaysia: Intellectual property statistical country profile 2021", https://www.wipo.int/edocs/statistics-country-profile/en/my.pdf，最后访问日期：2023 年 7 月 9 日。

专利侵权风险预警与处置体系，并积极与当地主管机关和律所开展交流等，以应对外国企业可能提起的专利侵权诉讼。

从法律应对手段来看，中国企业可妥善运用马来西亚专利法提供的专利诉讼抗辩事由来维护自身权益。根据《1983 年专利法》第 49 条、第 56 条（专利宣告无效的事由）和第 84 条（强制许可条款），专利诉讼被告人可主张的抗辩包括：（1）请求保护的专利不具有新颖性；（2）专利说明书或权利要求书不够明确；（3）没有提供用于理解专利内容的必要图纸；（4）该专利权不属于原告；（5）专利权人故意向审查机关提供不完整或不正确的材料等。其他的抗辩事由还可包括基于强制许可的行为、专利权人许可的行为、专利权已经失效的情况等。[1]

2. 商标被侵权风险及保护措施。相较于专利申请数量，中国企业在马注册商标的数量最多，占外国在马注册商标总数的 19%；美国和日本名列第二和第三，分别为 15.2% 和 9.7%。[2]因此，不同于在专利领域面临的来自其他企业的侵权指控，中国企业在马来西亚经营应注重切实保护自身的商标合法权益，通过一系列法律或技术手段来监控并制止相应的侵权行为。如前所述，马来西亚《2019 年商标法》第 56 条规定了商标权人提起侵权诉讼的权利，第 58 条至第 60 条还允许权利人向法院申请发布命令（Order），要求侵权人在特定商品或服务上涂销商标、向权利人移交侵权商品、销毁或没收侵权商品等。[3]此外，在实践中商标权人还可采取一系列措施以监控侵权行为，具体可包括定期核查马来西亚知识产权局商标数据库、网络调查、行业调查、聘请律师定期监控或聘请私家侦探开展调查等。[4]

最后，不论是参与专利侵权诉讼抑或是商标侵权诉讼，均属于中国企

---

〔1〕 See Article 49, 56, 84, Patents Act 1983.

〔2〕 See WIPO, "Malaysia: Intellectual property statistical country profile 2021", https://www. wipo. int/edocs/statistics-country-profile/en/my. pdf，最后访问日期：2023 年 7 月 9 日。

〔3〕 See Article 56, Article 58-60, Trademarks Act 2019.

〔4〕 See Skrine, "Intellectual Property Rights in Malaysia: Overview", https://uk. practicallaw. thomsonreuters. com/w-018-1378? transitionType = Default&contextData = (sc. Default) &firstPage = true，最后访问日期：2023 年 7 月 9 日。

业的海外知识产权维权活动。2020 年 6 月，中国国家知识产权局发布了《关于进一步加强知识产权维权援助工作的指导意见》，强调应从预警防范、信息共享和应对指导等方面完善海外维权援助服务。[1]为此，中国国家知识产权局于 2023 年 2 月制定了《知识产权维权援助工作指引》。[2]在海外涉诉的中国企业可依据该指引，向知识产权维权援助机构（一般为国家知识产权局与地方共建的知识产权保护中心、知识产权快速维权中心、知识产权维权援助中心等）提交《知识产权维权援助申请表》，申请提供有关法律法规、纠纷处理或取证方法的咨询指导服务、知识产权侵权判定参考意见、知识产权纠纷解决方案等知识产权维权服务。[3]

---

〔1〕 参见《关于进一步加强知识产权维权援助工作的指导意见》，载 https://www.cnipa.gov.cn/art/2020/6/16/art_ 75_ 115834.html，最后访问日期：2023 年 7 月 9 日。

〔2〕 参见《〈知识产权维权援助工作指引〉解读》，载 https://www.cnipa.gov.cn/art/2023/2/28/art_ 66_ 182357.html，最后访问日期：2023 年 7 月 9 日。

〔3〕 参见《知识产权维权援助工作指引》，载 https://www.cnipa.gov.cn/module/download/downfile.jsp？classid＝0&showname＝％E7％9F％A5％E8％AF％86％E4％BA％A7％E6％9D％83％E7％BB％B4％E6％9D％83％E6％8F％B4％E5％8A％A9％E5％B7％A5％E4％BD％9C％E6％8C％87％E5％BC％95.pdf&filename＝f09e070c8bf44bd08ca76484e4f75ea2.pdf，最后访问日期：2023 年 7 月 9 日。

孟加拉国知识产权法律制度研究报告

范小渝[*]

一、绪　论

（一）研究背景

2023 年是共建"一带一路"倡议提出 10 周年，5 月 24 日习近平主席应邀以视频方式出席欧亚经济联盟第二届欧亚经济论坛全会开幕式并致辞时指出，这个倡议的根本出发点和落脚点，就是探索远亲近邻共同发展的新办法，开拓造福各国、惠及世界的"幸福路"。[1]孟加拉国是第一个加入共建"一带一路"倡议的南亚国家，2016 年国家主席习近平访问孟加拉国，中孟关系提升为战略伙伴关系。访问期间，孟加拉国正式加入"一带一路"倡议并与中国签署《中华人民共和国政府与孟加拉人民共和国政府关于开展"一带一路"倡议下合作的谅解备忘录》。"一带一路"六大经济走廊在南亚有两大主要走廊：一个是连接中国西部和巴基斯坦港口城市瓜达尔的中巴经济走廊；另一个则是孟中印缅经济走廊。孟加拉国是一个具有战略意义的海运国家，在孟中印缅经济走廊提供通往孟加拉湾和印度洋的通道方面发挥着重要作用。孟中印缅经济走廊全长 2800 公里，由中国云南省的昆明市，经缅甸连接印度东北部和孟加拉国，最终到达加尔各答。通过走廊的连通性为商品和服务的交换带来巨大的机会，并带动海上运输和贸易活动的增加。

---

[*] 作者简介：范小渝，重庆理工大学知识产权学院讲师，法学博士，硕士生导师。

[1] 参见《习近平出席欧亚经济联盟第二届欧亚经济论坛全会开幕式并致辞》，载 http://www.xinhuanet.com/world/2023-05/25/c_ 1129643616.htm，最后访问日期：2023 年 11 月 9 日。

2017 年，国家知识产权局副局长何志敏在孟加拉国访问期间，与孟加拉国专利、外观设计和商标局局长穆罕默德·萨诺瓦·侯赛因举行了会谈。双方围绕两国知识产权管理体制及其运行情况进行了充分交流，并签署了两局间首个合作谅解备忘录，正式建立了合作关系。不过，由于孟加拉国是一个农业大国，全国 80% 以上的人口从事农业生产，政府对知识产权关注不足，这导致其国内的知识产权侵权现象较多。在中孟两国积极推进"一带一路"倡议建设和孟加拉国知识产权法律制度不健全的双重背景下，研究其知识产权法律制度，有助于更加全面地了解其营商环境，保护我国企业在孟的投资，促进双边经济和技术的发展，促进孟中印缅经济走廊的建设。

（二）研究现状

孟加拉国的知识产权法律制度相对落后，但近年来政府和相关机构已经开始加强对知识产权保护的重视和力度，2022 年 4 月孟加拉国议会颁布了《2022 年专利法》，旨在使有百年历史的专利法更符合时代要求，并保障本国知识产权。目前，关于孟加拉国知识产权法律制度研究的成果较少，相关内容主要集中在以下几个方面。第一，对孟加拉国知识产权法律制度的概括介绍。詹芮（2020）在讨论中国企业对孟加拉国投资的劳动法律风险及应对时，从整体营商环境角度对孟加拉国的知识产权法律制度有所涉及。Abdul Azim（2022）从南亚国家国际直接投资国有化保护的法律视角对印度、巴基斯坦和孟加拉国进行比较研究，其中也部分涉及孟加拉国知识产权法律制度的介绍。第二，对孟加拉国专利法律制度的研究。现有研究主要是对孟加拉国《1911 年专利和工业品外观设计法》翻译及解读（郝小燕、冯媛、张建宏等，2019）。第三，对孟加拉国商标律制度的研究。唐永春（1983）在对南亚和南太平洋各国的商标保护进行整体介绍时对孟加拉国的商标保护有所涉及，并进行了比较分析。第四，对孟加拉国生物多样性的研究。Haradhan Banik（2005）分析了孟加拉国药用植物的前景、贸易、研究以及生物多样性保护，其指出孟加拉国盛产药用植物，其国土约 12% 为山地，山地在生态上不同于其他地区，药用植物多样性丰富，是重要的药物资源产地。孟加拉国人民将药用植物作为首要的保健产品，生活在乡村的人们对当地药用植物的生态环境和物种特性具有丰富的专业知识。孟加拉国现有约 722 种药用植物，其中有 305 种草本植物、150 种灌木、160 种乔木和 107 种其他种类植物。生长地点的减少，林地的侵蚀，林地向农用地和宅地的转化，轮种和单一耕种，其他物种的入侵，直接从森林和大自然收集药用植物及过度使用药用植物等都是药用植物多样性衰减的主要原因。该国在药用植物的发展和保存方面几乎没有做什么研究，但该国的土壤、水源和环境都是各种药用植物生长的有利条件。Mohammad（2008）分析了棕榈在孟加拉国乡村传统利用，认为如果能更科学地管理棕榈，加上农民的智慧，棕榈业将会对当地经济发展起到重要作用，也会丰富当地生物多样性。甘爱冬、张世均缓和白珍（2011）在分析孟加拉国现代化进程中的环境保护对策及其对我国的启示时对生物多样性有所讨论，其认为孟加拉国在向经济现代化迈进中造成了耕地和动植物种类减少、空气和地下水污染、自然灾害频繁等环境问题。孟加拉国采取制定环保法案、控制环境污染源、增加环保投入、提高环保意识、实施国际环保合作等保护环境的措施，并取得了一定的成效。从中吸取经验与教训，可为我国的经济现代化建设提供有益的帮助。肖戈（2020）则以孟加拉虎为例，分析了生物多样性之美，其认为需要促进和鼓励对保护生物多样性的重要性及所需要的措施的理解，通过大众传播工具进行宣传并将这些题目列入教育课程，酌情与其他国家和国际组织合作制定关于保护和持久使用生物多样性的教育和公众认识方案。第五，对孟加拉国非物质文化遗产的研究。黄磊（2017）分析了孟加拉国保护和振兴民间传统手工艺的措施与启示，孟加拉国丰富多彩的民间传统手工艺是该国文化遗产的重要组成部分，自 1971 年独立以来，孟加拉国历届政府都将保护和振兴民间传统手工艺作为国家文化遗产保护的重要内容，积极鼓励民间组织和个人参与，并取得了令人瞩目的成绩，其政策和措施值得我们参考和借鉴。王靖洲（2022）通过对孟加拉国非物质文化遗产与可持续发展培训班测记，全面回顾了 2021 年 11 月 23 日~11 月 25 日，联合国教科文组织亚太地区非物质文化遗产国际培训中心与联合国教科文组织达卡办事处合作在线举办"孟加拉国非物质文化遗产保护能力建设培训班"的背景、过程，并对孟加拉国非物质文化遗产保护工作现状、相关项目在可持续发展方面的贡献进行梳理与分析，对于在孟加拉国进一步开展的非遗保护能力建设工作具有一定的启发。

现有研究对于孟加拉国的知识产权法律制度的不同方面都有所涉及，对于了解孟加拉国的知识产权法律体系很有意义。但是，现有研究多为介绍性成果，对于知识产权法律制度本身没有深入分析，对相关法律制度的内容、实施情况等亦有必要更加深入地研究。

（三）孟加拉国知识产权法律制度概述

孟加拉国工业化程度不高，经济发展水平较低。2021 年 11 月 24 日，联合国大会通过了关于孟加拉国、老挝和尼泊尔脱离最不发达国家行列的决议，根据该决议，按照联合国发展政策委员会的提议，考虑到疫情冲击因素，给予这 3 个国家 5 年"毕业准备期"。所以，孟加拉国目前仍是世界最不发达国家之一。总体而言，孟加拉国的知识产权法律制度还不够全面，曾经在很长一段时间，所使用的法律为殖民地时期继承的英国知识产权法，近年来该国政府和相关机构已经开始加强对知识产权保护的重视和力度，制定或修订了一系列的知识产权法律。

目前，孟加拉国的知识产权法律覆盖了专利、商标、著作权、地理标志和商业秘密等主要的知识产权类别。主要包括以下法律[1]：一是《2022 年专利法》，这是孟加拉国最新颁布的知识产权法律，针对发明专利而制定。二是《1911 年专利和工业品外观设计法》（2003 年修订版），该法律长期以来是其规范专利和工业品外观设计的主要法律，在 2022 年制定专门的专利法之后，目前主要规制工业品外观设计相关问题。三是《2000 年版权法》（最新于 2005 年修订），规定了版权与邻接权相关内容，由于该法的颁布，孟加拉国废除了《1962 年版权条例》。根据该法，在孟加拉国版权注册是自愿和非强制性的，在因版权问题发生纠纷时，版权注册起到证明作用。该法与《保护文学和艺术作品伯尔尼公约》（以下简称《伯尔

---

[1] 由于关于孟加拉国知识产权法律制度的文献较少，文中相关数据来源于孟加拉国专利、外观设计和商标部的官网（http://www.dpdt.gov.bd），后文关于孟加拉国专利法律制度、著作权法律制度和商标法律制度的分析均根据该网提供的法律文本而得，在此一并说明。

尼公约》）和《与贸易有关的知识产权协定》（TRIPS 协定）的规定相一致，其包含与计算机程序和数字媒体版权、数据库、出租权、广播权、表演者权，以及录音制品权利相关的内容。四是《2009 年商标法》，该法律共 11 章 124 条，内容详细，体系完备，对商标相关主要内容均进行规范。五是《2013 年货物地理标志（登记和保护）法》，这是一部专门为商品地理标志的登记和保护作出规定的法案，该法共 10 章 46 条。六是《2008 年信息权条例》，该法主要是保障信息的自由流动和公众的信息权，但其中也涉及知识产权的内容，第 7（c）和（d）条，对于未披露的信息（商业秘密）和版权与相关权利（邻接权）均有所涉及。除了上述专门的知识产权法律之外，孟加拉国还制定了部分法律的实施规则，例如《2006 年版权规则》《1933 年专利和工业品外观设计规则》（1946 年 6 月 15 日修订）等。此外，在其刑法典、民事程序法和海关法等法律中也有着与知识产权执行或监管相关的规定。

此外，孟加拉国于 1985 年 5 月 11 日加入了世界知识产权组织（WIPO），并陆续签署了《保护工业产权巴黎公约》（以下简称《巴黎公约》）、TRIPS 协定、《伯尔尼公约》、《保护非物质文化遗产公约》、《保护和促进文化表现形式多样性公约》和《生物多样性公约》等国际公约，其中的知识产权条款对其具有约束力，对其知识产权法律制度的完善和执行具有一定的作用。

总体而言，孟加拉国当前的知识产权法律制度规定了专利、工业设计、商标、版权等知识产权的保护范围、权利和义务等方面的内容，知识产权立法水平在不断提高，但是尚不能满足当前对知识产权保护的要求，尤其对某些方面（如计算机软件等）缺少明确细致的保护措施。当然，世界知识产权保护的历史也是从无到有，从弱保护到强保护，从部分保护到全面保护，知识产权法律制度是逐渐完善的。且每一个国家和地区的知识产权法律制度一般与其经济发展水平相关，孟加拉国作为世界最不发达国家之一，其知识产权法律制度不够完善是可以理解的。下面对其知识产权法律制度的主体，专利法、著作权法、商标法和地理标志法进行分别介绍：

二、孟加拉国专利法律制度

孟加拉国是典型的农业国，在独立建国之初，农业生产约占国内生产总值（GDP）的 60%。由于工业和服务业所占比重很小，其知识产权法律制度特别是专利法律制度不够健全，很长一段时间内采用的是英国殖民时期制定的《1911 年专利和工业品外观设计法》。经过 50 多年发展，其经济经历了重大的结构转型，目前农业占比已降至 13.6%，且仍有大约 40%的劳动力从事农业生产，但工业和服务业占比则分别上升至 34.6% 和 51.8%，工业部门中制造业占主导地位，占比从 1972 年的 4%上升到了现在的 23.3%，工业已成为孟加拉国就业的主要领域[1]。随着经济结构的变化，特别是工业的发展，孟加拉国对于专利法律制度也逐渐重视。适时对《1911 年专利和工业品外观设计法》进行修订，2016 年该法被分为两部分，即专利法和外观设计法。2022 年 4 月，为了适应社会发展和履行 TRIPS 协定的义务，孟加拉国议会颁布了《2022 年专利法》，以期更贴合国际化的专利标准。自此，孟加拉国的专利法律制度由专利法和外观设计法两部分组成，下面围绕两者分别介绍。

（一）专利法

2022 年 4 月，孟加拉国议会颁布了《2022 年专利法》，旨在使有百年历史的专利法更符合时代要求，并保障本国知识产权。该法律与之前的《1911 年专利和工业品外观设计法》相比有着诸多改进，吸收了 TRIPS 协定和其他与专利和创新有关的全球标准，另外将专利的有效期从 16 年延长到 20 年。这些改变加强了对专利权的保护，有利于吸引外国投资，这也是制定该法的重要目的之一。《2022 年专利法》一共 42 条，对专利申请与授予、专利权的使用等主要内容进行了规定，具体包括 6 章，分别是总则、专利创新与保护、专利申请提交并授予、专利权与专利许可、注册办公室及其权力、诉讼和程序，其中总则部分共两条，第 1 条规定了该法的简称，第 2 条对法律中一些术语的加以定义，例如优先权日、优先权要求、创新、

---

[1] 参见《从经济"小透明"成功翻身，孟加拉国做了什么?》，载 https://baijiahao.baidu.com/s? id=1697035281068129350&wfr=spider&for=pc，最后访问日期：2023 年 11 月 9 日。

专利、强制许可和注册官等。其主体条款则在后面几章，下面根据章节顺序分述其主要条款。

1. 专利创新与保护

专利制度具有保护和激励创新的功能，孟加拉国《2022 年专利法》首先在总则中将创新定义为发明人关于产品或者工艺有助于解决具体技术问题的任何想法，紧接着即设立了"专利创新与保护"专章，创新在法律文本中的位置凸显出《2022 年专利法》对于创新的重视程度。

本部分为法条的第 3 条至第 5 条，分别规定专利创新、发明人的专利权和专利保护的范围。第 3 条是对于专利创新的规定为任何技术产品或者方法的发明，如果包含新颖和创新性并适用于该行业，则应获得专利，这是从新颖性、创新性和实用性三个角度对专利创新提出了具体标准。同时，该条对于现有技术的排除作出了明确规定。第 4 条规定了发明人专利权的享有方式，特别是对于二人以上共同发明专利权的享有进行了详细规定，并明确规定专利权可以继承和转让。此外还规定了订立合同的指定发明、雇主根据合同而指定形成产生的专利权利益等内容。第 5 条为专利的保护范围，主要以列举的方式规定了不属于专利保护范围的，主要包括发现、科学理论和数学方法、商业方法、执行纯脑力劳动或运动的规则或方法以及任何此类计算机程序，将不会受到专利保护。同时，该条还特别规定了关于药品和农用化学品专利保护的豁免，这将进一步促进孟加拉国的仿制药行业的发展，但是该豁免特权是世界贸易组织针对最不发达国家的特殊优待，该国部分专家已经建议提前修法应对孟加拉国脱离最不发达国家行列之后的国际贸易环境，故该条款在接下来几年里很有可能会进一步修订。

2. 专利申请与授予

专利申请与授予直接关系到发明人的发明能否被授予专利，进而影响其后续权利行使，故而受到发明人的关注。《2022 年专利法》的相关部分由第 6 条至第 18 条组成，共 13 个法条，详细规定了专利申请的条件和程序。

专利申请的条件和程序规定于第 6 条，即单独或者共同发明人或法定代表人需要按照规则规定的形式和方法缴纳费用，向注册官索取专利说明书，同时提交的材料需要包括：（1）发明人的姓名和身份的完整信息；（2）创新名称；（3）对所请求专利清晰和不言自明的描述；（4）在申请的具体部分对发明的描述；（5）权利要求；（6）创新总结；（7）优先权债权的数目和日期。第 7 条为与微生物相关的应用，要求申请人将提交申请的微生物存放于国际公认的部门当局，同时提交该部门当局的文件副本作为证明。这对于孟加拉国微生物的利用是一种保护。第 8 条规定了专利申请中的撤回等其他事项。余下条款主要为具体的程序性或条件规定：第 9 条规定了创新的统一性，第 10 条为应用分工，第 11 条为国家专利申请的优先权问题，第 12 条为外国专利申请文件信息，第 13 条为提交专利申请的日期，第 14 条为专利申请材料的公布，第 15 条规定于国家安全相关的专利申请，第 16 条为申请的驳回，第 17 条为专利申请的测试，第 18 条为注册官对于专利申请审查结果规定，即授予专利或驳回申请，并明确规定了授予专利的具体步骤。通过以上条款的可知，孟加拉国的专利申请和授予的流程总体比较清晰、完整。

3. 专利权与专利许可

专利制度的本质是法律承认发明人的专有权利并予以一定时间的保护，同时平衡社会利益的一种制度，故而专利权及其行使最为权利人所关注。《2022 年专利法》第 19 条到第 26 条对此进行了比较全面的规定，特别是对于专利的强制许可进行了非常详细的规定。

该法第 19 条界定了专利权的性质和行使条件，明确规定专利权是一种禁止性权利，即专利人有权在未经其同意的情况下，禁止孟加拉国的第三方使用专利发明。第 20 条则规定了专利权的保护期限、年费和专利恢复等事项，其中专利保护期为专利申请提交之日起 20 年内有效。第 21 条为专利许可的规定，除了一般专利许可之外，对于专利强制许可进行了非常详细的规定，包括专利强制许可的范围、申请程序、听证程序以及强制许可的具体使用方式及其限制等。该法第 22 条具有创新性，是对非法使用基因和遗传资源情况下的专利转让情形，并且特别规定就遗传资源专利而言，如果由于违反本法第 6 条第 10 款的规定而强烈引起公共秩序和道德问题，申请的专利被授予之后，注册官可以撤回或放弃该专利，这些被撤回或放弃的专利应纳入共有领域，这体现出孟加拉国对于遗传资源保护的重视。第 23 条规定了专利的撤销问题，包括申请主体、申请程序和条件等。余下几条则规定了专利许可违约责任、临时禁令以及相关程序问题。

4. 专利诉讼与注册官办公室

法谚云"无救济则无权利"，概因权利行使过程中不可避免地会出现各类侵权情形，此时需要国家法律予以救济，从而保护权利，专利权的行使亦是如此。故而《2022 年专利法》在权利行使章之后即规定了"诉讼和程序"专章。专利诉讼存在民事和刑事之别，该法第 27 条规定，在专利民事诉讼中适用该国民事诉讼法，第 28 条则规定了专利侵权的罚款和可能的刑事诉讼程序，具体参照该国《1898 年刑事诉讼法》第 190 条的规定将罪行提交具有管辖权的法院进行审理。第 29 条规定了专利诉讼中法院和上诉问题。

该法最后一部分为注册办公室及其权力，注册办公室是专利申请中进行审查和授予专利的机构，具有授予和取消专利的权利。在该部分，对于实用新型专利进行了特别规定，包括其保护期（10 年）、申请条件和授予标准等。此外，还规定了专利在网站上的注册与发布、专利代表、卫生部门强制许可有关的特别规定、专利平行进口、因研究而获得的豁免、国际专利条约、规则制定权等内容。

（二）工业品外观设计法

孟加拉国很长一段时间里专利和外观设计均适用《1911 年专利和工业品外观设计法》的规定，该法除总则之外，总体包括专利和外观设计两个部分。随着《2022 年专利法》的颁布，两者分别为不同的法律所规制。《1911 年专利和工业品外观设计法》对于工业品外观设计的规定主要包括三个方面的内容，一是外观设计的申请、授予和注销等程序，二是外观设计侵权救济，三是以外观设计审查中注册官的相关规定。鉴于相关程序与《2022 年专利法》有着相似性，故简略介绍。总体而言，外观设计申请相关程序包括外观设计注册申请、注册新类别的外观设计、注册证书、外观设计注册、注册时的版权、销售交付前的要求、披露对版权的影响、注册外观设计的检查、注销登记和关于展览的规定等内容。根据该法第 47 条规定，该外观设计的注册所有人应在注册之日起 5 年内对该外观设计享有版权，也即孟加拉国对于外观设计采取版权的方式予以保护。此外，根据该法最后的总则部分条款，外观设计审查中注册官有着诸多审查权限，申请外观设计需要符合这些审查标准方能被最终授予。

三、孟加拉国著作权法律制度

孟加拉国现有的著作权法律体系由国内法和加入的国际公约或协定两个方面构成，其中以国内法为主。相关国内法以《2000 年版权法》（最新于 2005 年 5 月 18 日修订）为主，《2006 年版权规则》是对《2000 年版权法》的细化，《2008 年信息权条例》对版权与相关权利（邻接权）也有所涉及，另外在其宪法、刑法典中也有著作权相关的条款。孟加拉国当前的著作权法律制度在内容上与《伯尔尼公约》和 TRIPS 协定的规定相一致，包含与计算机程序和数字媒体版权、数据库、出租权、广播权、表演者权、录音制品权利相关的内容，保护了孟加拉国国内和国际上的所有类型的著作物，包括文字、艺术、音乐、电影等各种形式的创意作品。整体而言，孟加拉国的著作权法律体系比较完善，特别是最新修订的版权法规定了保护期限、适当的创新门槛和种类、维护措施等方面，切实为著作权产权人保护其作品权利提供了法律保障。不过，由于监管能力和法律意识不足，孟加拉国的著作权在实践中还存在一些问题，如假冒伪劣、盗版等问题还时有发生，需要孟加拉国政府加强管理和监管。

这里主要以《2000 年版权法》为主，对孟加拉国的著作权法律加以介绍。《2000 年版权法》分为 17 章 104 条，内容丰富、体系完备。和孟加拉国《2022 年专利法》类似，《2000 年版权法》的第一章为总则，一共 6 个法条，第 1 条规定了法律可简称为《2000 年版权法》，并规定了法律的有效范围（整个孟加拉国）和生效时间（政府籍宪报公告指定的日期起生效）。第 2 条对复制品、复制设备、摄影复制品、独家许可、侵权复制品、手稿、书籍、作者、雕塑作品、合作作品、注册官、艺术作品、政府作品、表演者、广播、文学作品、建筑作品等在文本中出现的重要概念加以定义。第3条规定了作品未经所有权人同意不得被公开。第4条规定了作品被视为首次在孟加拉国出版的标准。第5条规定了某些争议的解决方式。第6条则规定了住所和法人团体的条件。整体而言，该部分主要对法律的诸多重要概念和事项加以规定。该法第二章为"版权、版权局注册处处长及版权委员会"，一共4个法条，主要规定了与版权相关的管理部门与运作程序。第7条规定了版权局的职责，第8条规定了版权注册官和副注册官的职责，第9条对版权委员会的组成和选拔加以规定，第10条则规定了版权委员会的权力和程序。下面对《2000年版权法》的主要章节加以梳理，从而了解孟加拉国著作权制度的体系。

（一）版权以及相关权利

《2000年版权法》第三章至第六章主要规定了版权以及相关权利，具体第三章为"版权"，第四章为"著作权归属与所有者权利"，第五章为"著作权期限"，第六章为"广播机构和表演者的权利"。

第三章"版权"共3个法条，第11条从反面规定了"无版权"的情形，即根据本法或当时有效的任何其他法律的规定外，任何人都无权获得任何作品的版权或任何类似权利，无论是出版的还是未出版的。第12条则从正面规定了版权含义和类型，其版权是指对作品或其实质部分进行或授权进行以下任何行为的任何权利，并以列举的方式对文学、戏剧或音乐作品、计算机程序、艺术作品、电影胶片、声音记录的标准进行了分类界定。第13条再次列举版权的类别，具体包括原创文学、戏剧、音乐和艺术作品，电影胶片和录音，并对建筑作品和电影作品进行了特殊规定，即电影影片或录音的版权，不影响该影片或录音（视属何情况而定）所关乎的任何作品或其相当部分的单独版权，就建筑作品而言，版权仅存在于艺术特征和设计中，不得延伸至施工过程或方法。需要注意的是，该法与《1911年专利和外观设计法》关于外观设计的版权规定有所变化，即根据《1911年专利和外观设计法》注册的任何外观设计的版权均不存在，且根据《1911年专利和外观设计法》可以注册但尚未注册的任何外观设计的版权，应在版权所有人或任何其他人通过工业过程复制该外观设计的任何物品超过50次后立即终止。

该法第四章为"著作权归属与所有者权利",明确规定作品的作者应为作品版权的第一所有者,并对雇主作品、政府作品等特殊情形下的第一作者进行了明确的界定。第14条至第16条规定了版权转让事宜,第14条规定现有作品的版权所有人或未来作品的版权潜在所有人可将版权全部或部分转让给任何人,并可在版权的整个期限内普遍转让或受限制转让,但如转让任何未来作品的版权,则该项转让只在该作品存在时生效。第15条规定了版权转让的方式,除非转让人或其正式授权的代理人以书面形式签署,否则任何作品的版权转让均无效,要求以书面形式授权转让,而且任何作品的版权转让应确定该作品的权利,并应规定转让的权利以及转让的期限和地域范围,任何作品的版权转让还应规定在转让货币期间应向作者或其合法继承人支付的版税金额(如有),转让应根据双方共同商定的条款进行修订、延期或终止。在第16条"与版权转让有关的争议"中规定如果被指定的受让人未能行使转让给他的权利,并且这种未能行使不是由于转让人的任何作为或不作为造成的,则董事会在收到转让人的申诉并进行其认为必要的调查后,可撤销该转让,而且如就任何版权的转让产生任何争议,委员会在接受获屈一方的投诉后,并在进行其认为需要的研讯后,可通过其认为适当的命令,包括追讨任何应付专营权费的命令,当然也做出一定限制——但董事会不得根据本小节通过任何命令撤销指定转让,除非董事会确信转让条款对转让人苛刻,如果转让人也是作者。第17条规定了通过遗嘱处分的方式传输手稿中的版权,第18条规定了所有者放弃版权的权利,第19条规定了转售原始副本中的股份权利。

该法第五章为"著作权期限",第20条规定除下文另有规定外,在作者生前出版的任何文学、戏剧、音乐或艺术作品(照片除外)的版权应存续至作者去世年份的下一个日历年开始后的60年,第21条特别按作品类型对遗作的版权期限加以规定,如属文学、戏剧或音乐作品或版画,而其版权在作者去世当日存在,或如属任何该等共同作者作品,则在最后去世的作者去世当日或紧接去世前存在,但该作品或其任何改编本在该日前尚未出版,版权应自作品首次出版年份的下一个日历年开始起持续60年,如果作品的改编作品在任何更早的年份出版,则自该年度的下一日历年开始为止。第 26 条至第 32 条则分别对电影版权期限、录音版权期限、计算机程序的版权期限、匿名和假名作品的版权期限、政府作品的版权期限、地方当局作品的版权期限和国际组织作品的版权期限予以规定。

在第六章"广播机构和表演者的权利"中规定了与版权相关两类邻接权。第 33 条规定了"广播复制权"，指出每一广播机构就其广播享有被称为"广播复制权"的特殊权利，广播复制权应存续至广播年份下一个日历年开始后的 25 年，并以列举方式规定了该权利主体享有的一系列禁止权，如未经许可重播该广播、制作任何未经许可的录像等。在第 35 条规定了"表演者权"，即表演者出席或者参加演出的，享有被称为"表演者权利"的特殊权利，表演者的权利应持续到作品首次表演年份的下一个日历年开始后的 50 年，同时也规定了权利主体所享有的禁止性权利。当然，为了平衡社会利益，也对相关权利进行了一定的限制，在第 36 条规定了未侵犯广播复制权或表演者权利的行为，包括纯私人使用、纯粹为真诚教学或研究的目的而制作、报道时事或进行政治审查、教学或研究时使用表演或广播的摘录等。

（二）版权合作、许可、登记和国际版权

该法第八章到第十二章对版权合作、版权许可证、版权登记和国际版权等内容进行了规定。第八章"版权合作"包括版权协会注册、版权协会对所有者权利的管理、版权协会支付报酬、权利人对版权协会的控制、退货和报告、账目和审计等内容。第九章为"许可证"，对版权的许可问题进行了系统规定。第 48 条规定，任何现有作品的版权所有者或任何未来作品的版权潜在所有者可通过其或其正式授权代理人签署的许可证授予版权的任何权益。第 49 条至第 52 条分别规定了扣留公众作品的强制许可证、未出版作品的强制许可、制作和出版翻译的许可证、为特定目的复制和出版作品的许可证等具体的许可证，第 54 条则规定了许可证的终止条件。

第十章"版权登记"主要规定了与版权登记相关的事宜。在第 55 条版权登记册、索引、表格和登记册检查中规定，注册官应按照规定的格式在版权局保存一份名为"版权登记册"的登记册，其中应记录作品的名称或标题、作者、创作者、出版商和版权所有人的姓名和地址以及其他详细信息，同时注册官还应保留版权登记册中可能规定的索引，而且版权登记册及其索引应在任何合理时间开放供检查，任何人都有权在支付规定的费用和条件后复制或摘录任何此类登记册或索引。紧接着在第 56 条即将版权登记定义为任何作品的作者或出版商，或版权所有人，或其他对版权有利害关系的人，可按规定的表格向注册处提出申请，并附上规定的费用，以便在版权登记册中输入作品的详细信息。第 57 条至第 60 条则对版权转让等的登记、版权登记簿中的条目和索引等的更正、版权委员会对登记册的更正、版权登记簿应作为登记详情的表面证据等内容予以规定。

第十一章为向国家图书馆运送书籍和报纸的规定，该章颇具特色，其要求在孟加拉国出版的作品和报纸需向其国家图书馆提供，即本法生效后在孟加拉国出版的每本书的出版商应自担费用交付，自该书出版之日起 60 天内，将该书的一份副本交给国家图书馆（第 61 条）在孟加拉国出版的每份期刊或报纸的出版商应自费，此类期刊或报纸在国家图书馆出版后，每期一份（第 62 条），当然，对于已交付书籍应当提供书面收据（第 63 条）。如果违反该规定则会被处以罚款，即任何出版商违反本法的任何规定或根据本法制定的任何规则，将被处以最高 1000 塔卡的罚款，也应处以相当于该书或期刊价值的罚款，审理该罪行的法院可指示将从他身上获得的全部或部分罚款作为补偿支付给该书、期刊或报纸（视情况而定）本应交付的国家图书馆（第 64 条）。

第十二章"国际版权"主要是关于国际组织相关的版权规定，例如关于某些国际组织工作的规定、将版权扩展到外国作品的权力等内容。

（三）版权侵权及救济

版权侵权是比较典型的侵权行为，为了加强对版权的保护，《2000 年版权法》第七章、第十二章到第十七章对版权侵权及其救济进行了非常全面的规定，相关条款占了该法 1/3 的比例，一定程度反映出孟加拉国加强版权保护的决心。第七章的第 38 条和第 39 条规范著作出版事宜时规定了侵权行为的界定和相应的罚款，即"如果一个人未能在第 1 款和第 2 款规定的时间内向 B. FA 交付电影胶片拷贝，则应处以 6 个月以下的监禁或50 000（五万）塔卡以下的罚款，或两者兼而有之。第十三章"版权注入"

中，分别规定了侵权（第 70 条）、不构成侵权的行为（第 71 条）和进口侵权复制品（第 72 条）的具体情形。第十四章和第十五章分别规定了民事救济和刑事救济以保障版权所有者的权利，其中第 74 条特别规定了侵犯版权的民事补救措施，即如果任何作品的版权或本法赋予的任何其他权利受到侵犯，版权或该等其他权利的所有者（视情况而定），除非本法另有规定，有权通过禁令、损害赔偿、账目和其他方式获得法律赋予的或可能授予的所有此类权利侵权补救措施。在十六章"上诉"中，规定了对某些命令的上诉、对注册官的命令提出上诉和对委员会命令提出上诉，并规定了上诉的时间和规则。

四、孟加拉国商标法律制度

孟加拉国的商标法律制度主要由《2009 年商标法》和《2013 年货物地理标志（登记和保护）法》两部分构成，前者是商标基本法律，全面规定，内容详细，体系完备；后者专门为商品地理标志的登记和保护作出规定。下面分别从这两部法案的角度来考察孟加拉国的商标法律制度。

（一）商标法

《2009 年商标法》是孟加拉国最新颁布的专门商标法律，该法共 11 章 124 条，内容详细，体系完备，对商标相关主要内容均有所规范。与专利法、版权法一样，商标法的第 1 条也为总则性条款，规定了该法律的简称和重要概念的定义。其将"商标"定义为注册商标或与货物有关的标记，以表明在贸易过程中货物与作为所有人有权使用该标记的人之间的联系，就服务而使用的标记，以显示该人有权作为所有人在营商过程中使用该标记，也即包括了货物商标和服务商标两类，同时将证明商标单列。此外，还对优先权日、许可使用、国际分类、虚假商品说明、商品说明、标记、包装、集体商标、关联商标等加以定义。

《2009 年商标法》第 24 条明确规定未注册商标侵权不予起诉，即任何人无权提起任何诉讼，以防止未注册商标受到侵犯，或要求赔偿损失，商标注册是商标的受法律保护的重要依据。是故该法第二章和第三章对商标注册进行了非常全面的规定。在第二章首先规定了注册的机构"商标注册处"，其设立渊源为《1911 年专利和工业品外观设计法》。紧接着规定了商标注册处的职责，如保存一份名为"商标注册簿"的账簿或记录，其中包括所有人的姓名、地址和描述、转让和传输通知、注册用户的姓名、住址和描述、免责声明、条件，与注册商标有关的限制和其他事项应以规定的方式书面记录。任何商标注册均需要提交申请书，孟加拉国注册申请书要求商标至少包含以下一项基本信息，否则不得在注册簿中注册：（1）以特殊或特定方式代表的公司、个人或公司的名称；（2）注册申请人或其业务前任的签名；（3）一个或多个虚构的单词；（4）一个或多个与商品或服务的性质或质量（视情况而定）没有直接关系的单词，根据其通常含义，该单词不是孟加拉国的地名、姓氏或人名或其任何常见缩写或教派、种姓或部落的名称；（5）任何其他独特的标记。此外，对于商标的注册也作出了一些限制性规定，包括关于使用颜色的限制（不受限制）、禁止对某些事项进行登记（包括或包含任何丑闻或淫秽内容、违反法律、可能会造成欺骗或混乱、包含任何可能损害孟加拉国任何阶层公民宗教敏感性的事项）、禁止使用化学材料的名称、禁止注册相同或看似相似的商标。另外，还对商标中使用活人或死人的名字、注册部分商标和系列商标、将商标注册为关联商标、受免责声明约束的商标注册等事项进行了比较详细的规定。按照第三章"注册程序、期限"的规定，其程序主要包括注册申请、撤回承兑、反对登记、校正和登记等环节，当商标注册后，注册官会向申请人颁发一份规定的注册证书，并加盖商标注册处的印章。成功注册的商标有效期为 7 年，但可根据不同情况而进行续期，也可因未缴纳续期费而被注销的效力。

注册商标之后法律赋予登记的效力，即可依法行使相应的权利。第四章"登记效力"从"未注册商标侵权不予起诉"和"注册赋予的权利"两个角度来加以展现。其中注册赋予的权利即在符合本法其他规定的情况下，任何人在注册处注册为任何商品或服务的商标所有人，如果有效，则应授予该人就该等商品或服务（视情况而定）使用该商标的专属权利，以及以本法规定的方式获得商标侵权救济。另外，规定任何人非该商标的注册所有人或注册使用人，在其自己的贸易商品或服务方面，使用与任何商标相同或看似相似的商标，即视为侵犯注册商标。

商标的转让是常见的商业行为，《2009 年商标法》第五章对其进行专门规定。首先明确肯定注册商标所有人具有转让及发出收据的权力，注册商标也具有可转让性，即注册商标应可转让和传播，无论是否有相关企业的商誉，以及就其注册的所有商品或服务，或仅就其中一些商品或服务而言，而未注册商标则不一样，未注册商标不得转让或传播，除非与相关企业的商誉一起转让或传播。除了转让之外，商标还具有多种其他使用方式，在该法第六章"商标和注册用户的使用"中有专门规定，比如拟成立公司使用拟议商标、驰名商标的防御性注册、注册用户及其权利（注册用户即商标注册所有人以外的其他人可就其注册的所有或部分商品、服务注册为商标注册用户，但不作为防御商标）等。

《2009 年商标法》第九章"关于纺织品的特殊规定"颇具特色，在其他国家和地区比较少见，这种特殊性在于纺织品除了适用商标的一般规定外（本法的其他规定应适用于此类商标，如同适用于与订单类别商品有关的商标一样），增加一些特别规定。首先是对纺织品注册限制，该法规定，就纺织品为计件商品而言：（1）任何仅由一行标题组成的商标均不得注册为商标；（2）行标题不得被视为适于区分；（3）商标注册不应授予线条任何排他性使用权，同时就任何纺织品而言，字母或数字的注册，或两者的任何组合，均须受订明的条件及限制所规限。随后在第 66 条和第 67 条专项规定了计件、棉纱、线长度冲压、计件货物报关，并对纺织品抽样特性的测定等细节予以规定。

注册商标常常会遭遇侵权，权利的救济十分必要，同时也可能存在违法注册的情形，为了维护商标法律秩序，《2009 年商标法》第十章"违法行为、处罚和程序"对商标侵权或其他违法事项予以规制。具体包括伪造和冒用商标、销售使用虚假商标或商品说明的商品的处罚、搬运或计件货物等的罚款、对虚假注册商标的处罚、不恰当地将营业地点描述为与商标局有关的处罚、对在登记册中伪造条目的处罚、没收货物、故意违反有关标记和说明的法律、公司的违法行为、惩罚在孟加拉国境外犯下的任何罪行等。当然，侵犯注册商标权的前提是该商标为有效注册，故法律允许被告以登记无效作为辩护理由并规定了具体程序。此外，该章还规定了辩护或起诉的费用、起诉时效（在犯下指控的罪行后的下一个 3 年期满后，或检察官发现该罪行后的 2 年期满后，不得对本法规定的罪行起诉，以先期满者为准）和政府发布指示要求刑事法院遵守该的规定的权力。《2009 年商标法》最后的"其他"一章，规定了一些前面没有纳入的内容，如标记商品销售的默示保证、注册官的程序和权力、诉讼当事人死亡、延期、高等法院分庭制定规则的权力、要求商品或服务显示原产地的权力和关于互惠的规定等。

（二）地理标志法律制度

《2013 年货物地理标志（登记和保护）法》，是孟加拉国关于商品地理标志的登记和保护作出规定的专门性法案，该法共 10 章 46 条。和其他法律一样，其第一章也主要规定法律的简称和重要概念的定义，如生产者、通用名称或标志、审裁处、货物、货物地理标志、看似相似的地理标志、同名地理标志、巴黎公约和包装等。其中，"货物地理标志"是指农产品、天然产品或制成品的地理标志，该地理标志标识其原产国或领土，或该国或领土的一个地区或地点，货物的声誉或其他特征主要可归因于其地理来源，如果此类货物是制成品，则相关货物的生产、加工或准备活动之一可想象地发生在视情况而定的领土、地区或地方。"看似相似的地理标志"则是指与另一种商品的地理标志相似并可能造成欺骗和混淆的地理标志。第二章为"地理标志单位"，根据规定，专利、设计和商标部应设立一个地理标志单位，专门负责履行该法规定的与货物地理标志有关的所有职能。

虽然《2009 年商标法》对于商标的注册和保护做出了统一的规定，鉴于货物地理标志的特殊性，《2013 年货物地理标志（登记和保护）法》的第三章、第四章专门规定了货物地理标志的保护和注册，第五章"与商标有关的特别规定"中对作为商品地理标志的商标注册的限制，第六章"注销登记"整体与一般商标类似。鉴于货物地理标志的特殊性，在"犯罪与审判"部分对侵犯受保护的地理标志、伪造或谎报地理标志及处罚、使用看似相似的地理标志和处罚、对生产、运输、储存和销售虚假地理标志货物的处罚、对未续期的营销进行处罚、对违反登记条件的处罚、对伪造登记册条目的处罚、对第二次或以后犯罪的处罚、没收货物、公司或机构犯下的罪行、犯罪的认定、对教唆在孟加拉国境外犯罪的惩罚等行为也予以特别规定。最后第十章"其他"里则规定了对销售印有商品地理标志的默示担保、显示货物地理标志的原产地等、接纳习惯商业惯例和费用以及附加费等事项。

五、结语

通过前文梳理可知，虽然孟加拉国的工业水平不高，但是近年陆续通过颁布新法或者修订法律等形式，建立起比较全面的知识产权法律制度，对专利权、著作权、商标权和商业秘密等主要的知识产权均有所规制。孟加拉国的知识产权法律制度整体符合其社会经济发展水平和当前的主要国际贸易规则，有利于促进本国科技创新能力和外商的贸易投资，对其社会经济的发展具有重要促进作用。当然，这并不意味着孟加拉国的知识产权法律制度已经非常完善，相反，其与世界上大多数国家和地区相比还存在一定差距，部分法律文本的内容比较粗疏，有进一步完善的必要，而且其知识产权执法水平有待进一步提高，营商环境有待进一步优化。不过，需要注意的是，任何国家和地区的法律均有其演变的过程，孟加拉国正在经历这个过程，通过学习其他国家和地区特别是中国的历史经验，或许有助于其包括知识产权在内的法律制度继续完善，进而促进社会经济的发展。这正是"一带一路"倡议在孟加拉国和其他许多国家和地区受到欢迎的重要原因，也是该倡议能够继续高质量深入推进的内在根据。

德国体育赛事直播节目的著作权保护研究报告

张　颂*

一、研究背景

　　信息网络技术的出现，让体育赛事直播节目本身蕴含了巨大的经济价值，体育赛事直播节目也因此成为著作权侵权的高发领域。体育赛事直播节目的著作权侵权主要体现为利用网络信息技术，实施盗播、盗摄（录）等行为。由于其侵权途径的多样性和隐蔽性，使得其侵权成本较低，严重侵犯了体育赛事直播节目权利人的相关权益，造成高额经济损失，加之学界对于体育赛事直播节目的法律属性仍旧莫衷一是、众说纷纭，因而亟须从立法上进一步明确体育赛事直播节目的法律属性，以便为司法实践中有效保护体育赛事直播节目相关著作权益提供明确法律依据和保障。

　　德国在体育赛事直播节目的著作权保护研究上起步较早，自 1967 年起就出现了相关判例，并对之后的学术和司法观点都产生了深远的影响。近年来，欧盟其他成员国也出现多起体育赛事直播节目著作权侵权案件，再一次引发了德国学者的关注和研究。从我国著作权相关法规与《德国著作权与邻接权法》（以下简称《德国著作权法》）的比较来看，德国对体育赛事直播节目的保护要相对周全一些。本研究报告以德国体育赛事直播节目相关法律文本和司法判例为研究对象，结合德国学界对体育赛事直播节目法律性质的界定，着重考察《德国著作权法》中对于体育赛事直播节目的著作权认定规则，以及德国司法实践中关于体育赛事直播节目著作权侵权纠纷的判决理由，

---

　　* 作者简介：张颂，重庆理工大学重庆知识产权学院讲师，法学博士，硕士生导师。

从而为我国体育赛事直播节目的著作权学术理论和司法实践提供有益参考。

二、德国著作权法的立法历程及历史

德国在著作权领域的相关立法起步较早，早在 1837 年 11 月 6 日就颁布了第一部现代版权法——《普鲁士版权法》（das preußische UrhG）[1]。由于受制于时代背景和技术水平，那时候还并未有电影作品问世[2]，因此，在 1837 年还没有电影作品的概念，这部法典中自然也不会有对电影作品或活动图像的著作权或邻接权保护的规定，更不存在从著作权的角度来定义体育赛事直播节目。

直到 20 世纪初期，随着电视和电信媒体的普及，电视直播节目出现在人们的视野中，其著作权侵权问题也随之而来，当时的德国司法界出现了保护电视直播节目著作权的司法实例。为尽快适应社会发展，规范电视直播节目的著作权益，德国分别于 1901 年 6 月 19 日和 1907 年 1 月 9 日出台了《与文学作品与音像作品有关的著作权法》和《与造型艺术作品及摄影作品有关的著作权法》，[3]而之前 1837 年的《普鲁士版权法》也随即废止。新颁布的两部法律丰富了包括通过摄影形成的作品等多种作品类型，扩大了摄影作品等著作权保护的客体和范围。虽然，两者都没有直接明文规定关于体育赛事或电影作品的著作权保护，但在德国的司法实践中，均是依照《与造型艺术作品及摄影作品有关的著作权法》，以摄影作品的著作权保护方式来裁决体育赛事直播节目著作权的相关案件。[4]这两部法律的出台，也为体育赛事直播节目的侵权案件提供了有益的司法指导和参考。20 世纪中后期，德国还处于分裂时期，此时的联邦德国（德意志联邦共和国）于 1965 年出台了两部著作权法，其中一部一直沿用至今，而另一部的效力只及于 1990 年 10 月之前，即德意志统一后即宣告失效。

到目前为止，1965 年颁布的《德国著作权法》共经历了 8 次修订，

---

〔1〕 *Schake H. Urheber- und Urhebervertragsrecht*，7. Auflage，2015，p. 62.

〔2〕 参见孙莹：《电影艺术研究与经典赏析》，云南大学出版社 2016 年版，第 4 页。电影的正式诞生以 1895 年 12 月 28 日卢米埃尔兄弟公开售票放映其自行摄制的影片为标志。

〔3〕 Schake H. Urheber- und Urhebervertragsrecht，7. Auflage，2015，p. 63.

〔4〕 BGH, GRUR 1962, 470.

2013 年 3 月 22 日，德国联邦参议院作出立法决议，通过了《德国著作权法修正案》，并于 2013 年 5 月 14 日在《联邦法律公报》（BGBl）上公布，同年 8 月 1 日生效。《德国著作权法修正案》涵盖了包括电影作品在内的多种著作权保护客体类型，特别是扩大了邻接权保护客体的法定范围，增设了活动图像（das Laufbilder），对尚未达到作品高度的音像以活动图像的名义给予著作权保护。该法案的出台在一定程度上改变了早期德国联邦最高法院要求的作品具有一定的艺术水平的标准[1]，并将司法实践中对作品要求的标准向"小铜币理论"进行引导，"小铜币理论"是指对于不同作品的创作高度采取不同程度的要求，对于一般的文学、科学作品，要求平均水准较高的创作性标准，称之为"特别个性"；而对于电脑程式等的独创性则被称为"单纯的个性"，司法上适用"小铜币理论"。[2]换句话说，对各类电脑程序、地址簿、表格、数据库、菜单、比赛规则等独创性相对于文学、科学较低的作品，只要其创作水平达到了"一枚小铜币的厚度"，就可以认定其满足了一定要求的创作水平，符合"小铜币理论"则均可以作为作品得到保护。但"小铜币理论"的适用范围依然有限，

此外，德国在著作权法领域的发展还注重与国际条约或指令的融合，自 1965 年起，陆续加入了各项著作权相关的国际条约或指令，如《保护文学和艺术作品伯尔尼公约》（以下简称《伯尔尼公约》）、《世界版权公约》《保护表演者、录音制品制作者和广播组织的国际公约》《欧洲关于反对对电视播放进行剽窃的公约》《发送卫星传输节目信号布鲁塞尔公约》、欧盟《协调适用卫星广播和有线转播的著作权和邻接权规定的指令》（已于 1998 年第四次修正转化）等，并将其转化为国内法。[3]

三、德国著作权法意义上的作品分析

（一）德国立法上对作品的著作权保护条件解构
在《德国著作权法》采著作权与邻接权的二分式立法，德国学界的观

---

[1] 参见李伟文：《论著作权客体之独创性》，载《法学评论》2000 年第 1 期。
[2] 参见骆电、胡梦云：《作品独创性对著作权司法的影响》，载《人民司法》2010 年第 21 期。
[3] 参见李红锦：《论德国著作权法对体育赛事直播节目的保护》，中南财经政法大学 2019 年硕士学位论文。

点认为一切经摄像机摄制或者类似于摄像机所摄制的图片序列（die Bild-folge）或音像序列都属于音像（der Film）[1]，类似体育赛事直播节目这样由连续画面与相对应配音组成的形式，被认定为音像（der Film）的一种。在《德国著作权法》中音像可以被划分为电影作品和活动图像两大类。而体育赛事直播节目根据其保护程度的不同，同样分为电影作品（das Filmwerk）和活动图像（das Laufbilder）两种类型进行保护，一种为具有一定独创性的音像，则根据现行《德国著作权法》第2条第1款第6项对电影作品提供著作权保护，而另一种则是针对独创性较低尚未达到作品标准的图像，依据《德国著作权法》第95条规定对活动图像以邻接权的方式进行保护。也就是说，不具备著作权法意义上的作品标准的体育赛事直播节目，同样可以作为邻接权意义上的活动图像受保护。

由上述分析可知，德国著作权法上电影作品（das Filmwerk）和活动图像（das Laufbilder）的主要区别在于作品的标准。因此，在判断体育赛事直播节目的著作权属性上，究竟是基于电影作品进行保护还是基于活动图像进行保护的关键，在于分析作品的标准。

（二）德国著作权法上"作品"的构成要件

现行《德国著作权法》第2条第2款对著作权法意义上的作品进行了明确界定，即作品是个人的智力创造物，指文学、科学及艺术领域的独创性智力成果。[2]按照德国学者的观点，要能够被认定为《德国著作权法》上的"作品"，需要具备四个方面的标准：第一，体现作者的思想内容；第二，其思想内容可被感知和表达；第三，必须经由人的创造产生；第四，具有独创性。[3]

就第一个方面来说，作品之中的智力创造必须体现出新的思想内容。换言之，如果在创作这个作品的过程中，如果没有体现出作者自己的思想内容，则难以成为著作权法上的作品。但就这一点来说，要求较高，具有

---

〔1〕 Dreier, Schulze, Schulze, Urheberrechtsgesetz, 5. Auflage, 2015, §2, Rn. 204.

〔2〕 Rehbinder /Peukert, Urheberrecht, 17. Auflage, 2015, §10, Rn. 205.

〔3〕 Loewenheim, Der Schutz der kleinen Münze im Urheberrecht, GRUR, 1987, 761. Lutz, Peter, Grundriss des Urheberrechts, 2. Auflage, 2013, §3. 2, Rn. 41

一定的主观性，也比较难判定。从第二个方面来看，其实是第一个方面的承续，即作者的思想内容需要能够被他以外的人所感知。单纯的思想情感不能构成作品，而是需要借助于某种载体，虽不要求以物质性为前提，但要以之为媒介将其思想内容传递出去。第三个方面也是《德国著作权法》所明文规定的。这里的"人"即自然人，作品须通过自然人的行为而产生，这也排除了各类系统或软件的自动生成物。而第四个方面"独创性"，也是《德国著作权法》乃至世界各国著作权法当中，认定作品构成要件中最为核心的标准。前文提到"小铜币理论"已成为德国学界对于"独创性"的主流标准，也被德国联邦最高法院广泛适用于司法裁判当中。但对于作品的"独创性"标准，德国学界也存在不同的声音，有的学者基于《德国著作权法》第 2 条第 1 款之规定，认为作品应当具有显著的独创性才能受到法定保护。[1]还有的学者认为"小铜币理论"的标准在司法案件中应当根据作品的类型决定是否采纳，视具体实际情况判断适用。[2]

（三）德国著作权法电影作品的特殊认定标准

《德国著作权法》第 2 条第 1 款列举了文学、科学及艺术领域内受到保护的 7 种作品，其中第 6 种为电影作品，包括以类似电影作品的方式所创作的作品。电影作品指的是一系列图片序列（die Bildfolge）或音像序列（die Bildtonfolge），这些图片序列以及音像序列彼此间具有固定、有机的联系及排列顺序。如果按一定顺序播放这些图片序列或音像序列，观众可以通过这样的动态再现获得一定的感知印象。[3]相较于《德国著作权法》上的一般"作品"，电影作品在一般作品的基础上有其特殊的构成要件，主要体现在电影作品的表现形式与创造性程度上：

1. 表达形式

在德国学界，电影作品被归类于音像的一个类别，所谓音像，是一系

---

〔1〕 Wandtke/Bullinger/Bullinger, Praxiskommentar zum Urheberrecht, 4. Auflage, 2014, § 2, Rn. 24.

〔2〕 BVerfG, ZUM 2005, 387; BGHZ 138, 143, 147; Wandtke/Bullinger/Bullinger, Praxiskommentar zum Urheberrecht, 4. Auflage, 2014, § 2, Rn. 25

〔3〕 Wandtke, Bullinger, Praxiskommentar zum Urheberrecht, 4. Auflage, 2014, § 2, Rn. 120.

列经摄像机或类似摄像机的设备摄制而成的动态图片序列或音像序列。[1]《德国著作权法》上的电影作品也并不限制摄制技术或摄制方法。因此，从这个意义上讲，包括两个方面内容，一方面为制作音像所用到的摄制设备没有特别限制，另一方面为摄制音像制品的方式也没有专门的限制。也就是说，在当前智能手机普及的时代，如果仅使用手机或其他数码产品，以类似摄制电影的方式制作而成的音像制品，或者经由某种电脑软件或数字处理设备形成的图片序列[2]，依据《德国著作权法》均能受到同等的保护。

2. 创造性程度

前文已提到，《德国著作权法》对于电影作品的形式要求并不算严格，而在创造性要求上，根据《德国著作权法》和《欧盟版权指令》的规定，电影作品同样适用于"小铜币理论"。对于图片序列或是音像序列，如果能够通过特定的剪辑、选择、安排、组合或者编排等方式，体现出其精神内容[3]，反映出个人的精神创造，则可以视为满足了电影作品的创造性要求。例如，在体育赛事直播节目的录制过程中，可因其摄影编导、图片导演以及点评而以电影作品的形式获得著作权保护。[4]但对于图片序列或音像序列的机械性排序则被排除在《德国著作权法》的创造性标准之外。[5]

四、德国著作权法对体育赛事直播节目的权属界定

（一）视为电影作品

1. 《德国著作权法》出台前的权属界定

在早期，有相当一部分德国学者认为体育赛事直播节目由于其创新性不足，还不足以作为作品成为著作权法保护的客体。当然，受制于技术发

---

〔1〕 Schulze/ Dreier/ Schulze, Urheberrechtsgesetz, 5. Auflage, 2015, §2, Rn. 204.

〔2〕 OLG Karlsruhe, CR 1986, 723, 725. Rehbinder /Peukert, Urheberrecht, 17. Auflage, 2015, §14, Rn. 305.

〔3〕 Rehbinder /Peukert, Urheberrecht, 17. Auflage, 2015, §14, Rn. 302.

〔4〕 Dreier, Schulze, Schulze, Urheberrechtsgesetz, 5. Auflage, 2015, §2, Rn. 210; OGH, MR 2014, 75, 78.

〔5〕 Rehbinder /Peukert, Urheberrecht, 17. Auflage, 2015, §14, Rn. 304; BGHZ 90, 219.

展，机械单一的摄制技术也是体育赛事直播节目创新性不足的一大因素。体育赛事直播节目不能作为著作权法上的作品是早期德国学界的主流观点。

直到 1962 年"现实电影院（AKI）诉北德及西德广播联盟案"的出现，德国最高法院的判例支持了体育赛事直播节目的著作权保护，这也开始让德国学界对体育赛事直播节目的权属发生了改观。该案发生于 1958 年足球世界杯期间，一家名为"现实电影院（AKI）"的影剧院以有偿的方式（向进入影剧院的观众收取入场费），公开放映了北德及西德广播联盟的电视节目中直播的一场世界杯比赛，随后北德及西德广播联盟以侵权为由对现实电影院（AKI）提起诉讼。该案发生时，由于尚未颁布现行的《德国著作权法》，同时，电视也并未得到广泛普及，因此，立法上对于电视（活动）图片还没有纳入著作权保护的客体当中。德国最高法院最终援引摄像作品的相关规定对体育赛事直播节目提供了著作权保护。在最高法院的判决理由中，法院认为体育赛事直播节目形成的电视图片是以类似摄影作品的方式拍摄的，这并不受该图片的载体（固定的胶片或者是磁带）的影响，该电视图片是通过技术设备被创造，并由技术设备反映而为公众所感知。换句话说，电视图片与一般照片的区别在于储存的形式或载体与呈现给公众的方式两个方面，就一般照片而言，其存储的形式上被永久地固定在胶卷底片上，且不需要借助外在设备即可直接通过胶卷底片感知到该照片。而电视图片则不同，其存在于无形的电磁波当中，其呈现的形式也是必须通过特定的技术设备将电磁波转化为能够为公众感知和识别的动态图片。而法院认为，无论是否具有永久性的、物质化的固定载体，并不影响其获得著作权的保护。因为著作权法保护的是作为智力、精神创造的作品，并不以物质化或无形化为前提，且这种作品自产生之时就受到著作权法的保护。现实电影院（AKI）诉北德及西德广播联盟一案，从司法实践上使体育赛事直播节目成为作品，并得到著作权法的承认。

2. 《德国著作权法》出台后的权属界定

自"现实电影院（AKI）诉北德及西德广播联盟案"之后，德国司法实践中大多数判决将体育赛事直播节目作为作品予以保护。随着《德国著作权法》的出台，电影作品成为著作权法的作品类别写入立法当中，其中第89条第4款的规定还确立了将"相片和摄影作品"作为电影使用的相关权利，使体育赛事直播节目也自然而然作为电影作品受到保护。

在"'O.L'餐厅著作权侵权案"中，不莱梅州法院第7民事法庭对体育赛事直播节目的电影作品权属做了较为详细的论证。2013年5月，在德国不莱梅州经营的"O.L"餐厅，因未经许可向其客人播放了正在直播的德甲联赛而被指控侵权。

在不莱梅州法院的判决中，对电影作品的内容和独创性标准进行了分析，即《德国著作权法》第2条第1款第6项所称的电影作品，是需要以连续画面或者连续画面与声音的组合为内容的创作，为观看者带来一种再现动态赛事的感受。只要该连续画面或连续画面与声音的组合不是对真实场景的简单再现，也没有以固定摄像机对一个固定的真实场景的拍摄作为主要内容，则可以认为其并非缺乏独创性。以此为标准，适用到本案当中，不莱梅州法院认为将德甲联赛的画面通过剪辑、编排，把特写、慢动作、比赛次序的回放和短视频组合起来，这不单纯是信息的传输，还有美学上的创造，是一种独创的行为，构成著作权法上的电影作品。除此之外，体育赛事直播节目属于向公众放映的电视节目，因而事先还需要制作相关的评论、准备采访、摄影机架设位置选点等工作。基于此，法院最终认定该案中所涉德甲联赛节目构成著作权法中的电影作品。

随后的多个案件中，德国各州法院都做出了类似的判决。2015年6月，德国法兰克福州法院第3民事法庭收到了来自SKY公司的临时禁止令申请，请求禁止非法转播其直播的德甲联赛和德乙联赛。法兰克福法院的判决认为，SKY公司对比赛直播的基础信号进行了剪辑工作，并制作了评论和赛前、赛中、赛后采访报道的内容，这一系列工作都会因导演对不同机位、不同角度的选择而具备创造性，因而应视为《德国著作权法》中的电影作品。2016年7月，德国科隆州法院对一家餐厅的著作权侵权案件进行了裁判，与"'O.L'餐厅著作权侵权案"类似，该餐厅同样是在未经权利人许可的情况下，擅自向其客人转播了德甲联赛的直播节目。科隆州法院第14民事法庭在判决中引用了"O.L"餐厅和SKY公司著作权侵权案判决中对于体育赛事连续画面的作品认定，认为编导能够自主决定各摄像机的画面插入、场景切换剪辑、镜头的运用，因此符合《德国著作权法》第2条第2款所定义的独创性成果。

无独有偶，在与德国相邻的奥地利，其最高法院在2018年的一起案件中，同样将体育赛事直播节目认定为电影作品。该院判决中的理由是体育赛事直播节目具备图像剪辑、不同视角的切入、切出和慢动作的重复场景等元素，这些元素的组合使得体育赛事直播节目具备独创性，构成著作权法意义上的电影作品。[1] 这一观点与德国各法院的判决也基本一致。

纵览上述案件，自《德国著作权法》颁布以后，德国司法实践在对于体育赛事直播节目的认定上，大多数认为体育赛事直播节目的连续画面具备独创性，以《著作权法》第2条第1款第6项所述的电影作品给予著作权保护。这也对德国学界在体育赛事直播节目权属界定的观念上产生了深远的影响。

（二）视为活动图像

1. 德国著作权法对活动图像的立法规定

前文已提及德国在司法实践中，大部分法院将体育赛事直播节目定性为电影作品，但在学界，仍有以Dreyer、Rehbinder等为代表的一部分学者认为，对体育赛事的录制，仅仅属于单纯地录制比赛，不具备著作权法意义上电影作品的创造性，因此，只构成非作品性的活动图像。[2] 还有的学者认为，鉴于体育赛事直播节目只是对体育比赛的场景再现，虽然达不到电影作品的构成要件，但如果其达到了著作权法意义上作品的条件，可以作为活动图像予以保护。[3]

根据《德国著作权法》第三部分"关于电影的特殊规定"第二节（第95条）的表述，活动图像是指那些不能作为电影作品进行保护的图片序列和音像序列。根据该条的规定，本条所称"活动图像"准用于本法第

---

〔1〕 ÖOGH, GRUR Int. 2014, 697.

〔2〕 Rehbinder/Peukert, Urheberrecht, 17. Auflage, 2015, § 10, Rn. 205. Dreier, Schulze, Schulze, Urheberrechtsgesetz, 5. Auflage, 2015, § 2, Rn. 139.

〔3〕 Rehbinder/Peukert, Urheberrecht, 17. Auflage, 2015, § 10, Rn. 205. Dreier, Schulze, Schulze, Urheberrechtsgesetz, 5. Auflage, 2015, § 2, Rn. 139.

88 条、第 89 条第 4 款、第 90 条、第 93 条和第 94 条中不能作为电影作品保护的连续画面或者连续音像。关于"活动图像"的概念，属于《德国著作权法》特有的一种表述，其与电影作品最大的区别就在于是否具备独创性。换句话说，当连续画面或连续音像足以达到著作权保护的独创性时，就可以视为电影作品，否则就只能按《德国著作权法》规定中的活动图像进行保护。因此，在德国并不能说所有体育赛事直播节目都可以作为《德国著作权法》中的电影作品进行保护，也不能说如果不能构成电影作品，则体育赛事直播节目就不能受到《德国著作权法》的保护。

因此，当体育赛事直播节目无法被认定为《德国著作权法》上的电影作品时，如果具备以下条件，则可以寻求作为活动图像的保护。首先，依据《德国著作权法》第 95 条的表述，活动图像是以图片序列或音像序列作为基本的组成单位，所以单张图片或是单一的音像、声音是不能作为活动图像予以保护的，[1] 而是需要将多个动态图片或者声音组合排列在一起形成序列，才能构成活动图像。其次，制作活动图像往往会使用到音像制作技术（Filmtechnische Mitteln）。关于这一点，要区别于电影作品所使用的音像创作技术（Filmgestalterische Mitteln），音像制作技术（Filmtechnische Mitteln）一般是指音像的处理，音像材料的选择，图片主题、摄影机位的选择等，[2] 音像创作技术（Filmgestalterische Mitteln）通常包括配音、剪辑、声效和特效的制作、场景和灯光布置等，二者还是有一定的差别。由于活动图像只是单纯对现时的场景、风景等客观音像的再一次呈现，其制作者不会施以有创造性或目的性的加工，难以体现制作者的主观思想。因而，活动图像仅仅采用音像制作技术（Filmtechnische Mitteln）。相反，在电影作品中，不但会用到音像创作技术（Filmgestalterische Mitteln），同时还可能会采用音像制作技术（Filmtechnische Mitteln）。

2. 两类构成活动图像的体育赛事直播节目

在现实生活中，有两类体育赛事直播节目虽不构成电影作品，但可能

---

[1] Rehbinder/Peukert, Urheberrecht, 17. Auflage, 2015, §10, Rn. 205. Dreier, Schulze, Schulze, Urheberrechtsgesetz, 5. Auflage, 2015, §2, Rn. 139.

[2] Straßer R. Die Abgrenzung der Laufbilder vom Filmwerk, 1995, Rn. 51.

构成活动图像。一类是摄制和剪辑方式单一的体育赛事直播节目，这类节目通常以小型体育赛事直播为主。因为大多数小型体育赛事的直播，多采用机械的录制方式，不论在画面的切换，还是机位放置位置都没有太多的独创性，因此，对这类体育赛事直播节目采取活动图像的形式予以保护。另一类则是由非专业或非官方的个人录制的体育赛事直播节目。随着数字网络的飞速发展，当前许多数字设备都具有录音录像功能，最为常见的就是手机。在一些体育比赛场所，难免会有个别观众会使用便携式数字设备对体育赛事进行直播录制。而这一类音像通常因其摄制机位单一固定，且几乎没有画面选择或切换，更不存在剪辑或后期字幕、采访等制作，仅仅是在客观地记录一场体育赛事。因此，这一类体育赛事直播节目完全谈不上电影作品，只能视为活动图像。当然，这并不包括那些已经事先录制好，并经过后期加工制作的体育赛事节目。

因此，按照德国学界的通说观点，凡是经由摄像机摄制或者类似于摄像机所摄制的图片序列（die Bildfolge）或音像序列都属于音像（der Film）。[1]结合《德国著作权法》的相关规定，体育赛事直播节目属于这里所称的音像（der Film），如果其能够达到电影作品的构成要件，那么就参照电影作品的相关规定进行保护。反之，如果体育赛事直播节目不能够达到作品的标准，那么可以视为活动图像，参考电影作品的相关规定予以保护。

五、我国著作权法与德国相关制度的比较

（一）立法对比

《中华人民共和国著作权法》（以下简称《著作权法》）所规定的作品类型当中，与体育赛事直播节目相关的当属视听作品。除此之外，在法条中还规定了录像制品这一邻接权利。

1. 从"电影作品或类电作品"向"试听作品"的转变

我国早期《著作权法》中，将电影作品或类似电影作品作为作品的一

---

〔1〕 Dreier, Schulze, Schulze, Urheberrechtsgesetz, 5. Auflage, 2015, §2, Rn. 204.

种分类，我国作为《伯尔尼公约》的成员国，这种对"影视作品"的定义实际上是借鉴了《伯尔尼公约》的规定。《伯尔尼公约》在第 2 条第 1 项列举受著作权保护的对象时，当中就提及电影及以类似摄制电影的方法创作的作品。[1]其第 2 条中规定"电影以及以类似电影的方法表现的作品"属于电影作品。[2]然而，当前国际立法和学界观点的主流是以"视听作品"替代"影视作品"，因为随着时代的发展，电影作品和以类似摄制电影的方法创作的作品已经难以满足著作权保护的要求，一定程度上还会增加立法的困难。[3]因此，根据 2020 年 11 月 11 日第十三届全国人民代表大会常务委员会第二十三次会议通过的《关于修改〈中华人民共和国著作权法〉的决定》，并参考了世界知识产权组织（WIPO）在 1989 年 4 月主持缔结的《视听作品国际注册条约》中对于"视听作品"的定义，一系列镜头伴随或不伴随声响而固定在一定介质上的，可以复制、可以供人们视、听的作品，统称视听作品，对我国《著作权法》进行了第三次修正，当中一条重要的修改内容就是在著作权法意义上认定的作品中，将原来的"电影作品和以类似摄制电影的方法创作的作品"修改为"视听作品"。根据我国最新修订的《著作权法》第 17 条的规定，将电影作品归类于了视听作品当中，换句话说，我国立法上将电影作品或类电作品视为视听作品的一种。根据《中华人民共和国著作权法实施条例》（以下简称《著作权法实施条例》）第 4 条第（十一）项规定，电影作品和以类似摄制电影的方法创作的作品，是指摄制在一定介质上，由一系列有伴音或者无伴音的画面组成，并且借助适当装置放映或者以其他方式传播的作品。

然而，从著作权保护来说，我国学界对于体育赛事直播节目能否获得著作权保护仍然存在争议。支持体育赛事直播节目能获得著作权保护的学者与德国学者的观点大同小异，认为赛事导播从摄影画面的切换，到摄影机位的选择，再到后期的制作剪辑、评论解说等全过程，都贯穿着独创

---

〔1〕 参见曲三强：《论影视作品的著作权》，载《中外法学》2006 年第 2 期。

〔2〕 参见胡云红：《著作权法中电影作品的界定及作者精神权利的保护——以中日著作权法制度为中心》，载《知识产权》2007 年第 2 期。

〔3〕 参见孙国瑞、刘玉芳、孟霞：《视听作品的著作权保护研究》，载《知识产权》2011 年第 10 期。

性。因此，体育赛事直播节目应被归入视听作品的范畴。而一部分学者认为，独创性只不过是作品成立的必要条件，而非充分条件，加之就观众对体育赛事的预期和直播的常规来说，形成独创性特征是极为有限的。[1]更遑论后期的剪辑和解说了。因而在这一点上和德国学界将"独创性"作为认定著作权保护客体的核心构成要件的观点就完全不同了。此外，与德国不同的是，我国《著作权法》还要求电影作品采用特定的摄制技术或摄制方法，且需要采取物质性的或永久性的固定方式。

2. "录像制品"的邻接权保护

从邻接权保护来说，我国著作权法明确了录像制品。对于录像制品，根据我国《著作权法实施条例》第5条第（三）项的定义，录像制品，是指电影作品和以类似摄制电影的方法创作的作品以外的任何有伴音或者无伴音的连续相关形象、图像的录制品。录像制品是基于对已有作品进行必要的技术加工而形成的，在录制过程中，一般来说并没有新的创造性成果产生，在我国法律中，表述为"与著作权有关的权益"，故称"邻接权"。[2]按照《著作权法》第44条及相关规定，录像制品制作者仅享有复制权、发行权、出租权、信息网络传播权和许可电视台播放权这5项权利。

而反观德国，在其现行著作权法中将不能被认定为电影作品的体育赛事直播节目，且具有较低独创性的活动图像，而给予邻接权保护的做法，这一点和我国采录像制品给予邻接权保护的立法规定有点类似，但德国给予"活动图像"很高程度的邻接权保护，其保护程度与电影作品几乎无异，而且对于体育赛事直播节目，由于其创造性较高可以认定为电影作品并予以保护。如此一来，当权利人的著作权受到侵害时，其有一定的选择权，根据实际情况既可以"电影作品"进行起诉，也可以"活动图像"起诉要求保护。[3]

---

[1] 参见王迁：《论体育赛事现场直播画面的著作权保护——兼评"凤凰网赛事转播案"》，载《法律科学（西北政法大学学报）》2016年第1期。

[2] 参见王宝卿：《体育赛事直播节目的著作权保护》，载《学习时报》2019年1月9日，第3版。

[3] 参见王宝卿：《体育赛事直播节目的著作权保护》，载《学习时报》2019年1月9日，第3版。

总的来说，与《德国著作权法》相比，我国《著作权法》在条文中虽然明确了"视听作品"和"录像制品"，但在与体育赛事直播节目的权属上，还是存在争议。

（二）司法对比

我国著作权法学界和司法实践普遍将体育赛事直播节目分为"视听作品"和"录像制品"两大类别。司法实践中有相当一部分被盗播、盗录的体育赛事直播节目都难以被法院认定为著作权法意义上的作品，仅视为录像制品予以保护。[1]但事实上，与学术界一样，我国体育赛事直播节目的著作权认定和保护问题在司法实践中存在很多的分歧和争议。

在2015年3月，新浪互联信息服务有限公司（以下简称新浪）与北京天盈九州网络技术有限公司（以下简称天盈九州）、乐视网信息技术股份有限公司（以下简称乐视）就体育赛事转播产生著作权侵权纠纷。新浪作为中超联赛网络领域合法持权转播商，对中超联赛的网络直播享有独家播放权，而天盈九州和乐视在未经许可的情况下，对相关比赛进行了转播，新浪以侵犯其体育赛事节目作品著作权，且构成不正当竞争为由起诉到北京市朝阳区人民法院。案件经过一审、二审和再审，最终北京市高级人民法院认定新浪直播的中超联赛构成著作权意义上的作品。但该案的审理过程极为曲折。北京市朝阳区人民法院作出的一审判决认为体育赛事直播节目构成作品。2018年3月，北京知识产权法院作出二审判决，推翻了一审判决，认为新浪对其并不享有著作财产权，其理由是涉案赛事整体比赛画面尚未被稳定地固定在有形载体上，因而此时的赛事直播公用信号所承载画面并不满足电影作品中的固定的要求。同时也基本不存在独创性劳动，故该体育赛事直播节目并不构成作品，新浪对其并不享有著作财产权。[2]最终，2020年9月，经北京市高院再审作出判决，维持了一审判决，认为涉案赛事直播画面作品属性的讨论，更重要的在于独创性的有无，而非独创性程度的高低，也就是说，独创性是作品成立的充要条件。体育赛事直播

---

〔1〕 参见王宝卿：《体育赛事直播节目的著作权保护》，载《学习时报》2019年1月9日，第3版。

〔2〕 北京天盈九州网络技术有限公司等与北京新浪互联信息服务有限公司不正当竞争纠纷案，北京知识产权法院民事判决书（2015）京知民终字第1818号。

节目的制作过程充分体现了导播独具匠心的设置和安排，由是这一客体因具有独创性而被认定成是著作权法意义上的作品。这一判决结果成为我国首例认定体育赛事画面为受著作权保护作品的判决，对体育赛事直播节目相关案件的判定具有里程碑的意义，该案也被称为"中国体育赛事转播著作权第一案"。

但是，近年来随着在我国最新修正的《著作权法》的出台，在我国目前的司法实践中，也开始倾向于将体育赛事直播节目认定为著作权上的作品（电影作品）予以保护。例如，2022 年，陕西省高级人民法院在审理未来电视有限公司（以下简称未来电视）与百视通网络电视技术发展有限责任公司（以下简称百视通公司）著作权侵权及不正当竞争纠纷一案时，指出未来电视主张其受保护的连续画面包括比赛活动、现场氛围、慢动作回放、射门集锦等，这些画面是通过多机位拍摄画面之间切换、组合而成，体现出赛事节目制作中拍摄场景的选择、镜头的切换、画面的选取剪辑和编排、赛场内外解说等，这一系列编排蕴含着大量的拍摄技巧、剪辑手法，体现了摄像、编导等对体育赛事的个性选择和安排，符合独创性要求。[1]

其他同类案件也作出了类似的判决：2023 年 4 月，体奥动力（北京）体育传播有限公司获得亚足联比赛的公共信号授权，并最终形成标准的视频信号，北京知识产权法院做出二审判决将直播视频画面因导演及团队选取各机位拍摄的画面素材[2]而认定其为类似摄制电影的方法创作的作品。2022 年 10 月，北京知识产权法院在受理一起体育直播节目著作权上诉案件中，对一审法院体育赛事节目系以多机位设置采集、选择镜头，以镜头切换、回放，捕捉精彩瞬间方式呈现比赛画面，其形成的连续画面已达到类电影作品独创性所要求的一定程度，故应认定已构成类电影作品的判决理由予以认可。[3]2022 年 1 月，上海知识产权法院在二审判决中认可一审法院的判决理由：涉案足球赛事节目通过多机位的设置、镜头的切换、慢

---

〔1〕 陕西省高级人民法院民事判决书，（2022）陕知民终 299 号。

〔2〕 北京知识产权法院民事判决书，（2023）京 73 民终 511 号。

〔3〕 北京知识产权法院民事判决书，（2022）京 73 民终 2560 号。

动作的回放、精彩镜头的捕捉、故事的塑造，并加以导播创造性的劳动，充分体现了创作者在其意志支配下的对连续画面的选择、编辑、处理，属于文学艺术领域的"独创性的表达"，具有独创性。同时，从涉案足球赛事直播节目的摄制过程来看，在节目进行过程中，球场上一旦出现犯规、进球，导播通常立即插播犯规、进球的回放镜头，该回放镜头亦可充分说明涉案足球赛事节目在摄制同时即实现了固定。故一审法院认为，涉案足球赛事节目符合我国著作权法对类电影作品"摄制在一定介质上"即固定性的要求。[1]2021 年，北京知识产权法院在二审中对北京市海淀区人民法院作出的一审判决予以确认，判决中基于两点理由认定涉案体育赛事节目构成我国著作权法所保护的电影类作品：其一，运动员比赛活动的画面以及现场观众的画面是通过对多个机位拍摄的画面切换、组合而成，这些画面由预先设置在比赛现场的多台摄像机从多个机位进行拍摄形成，制作过程中，大量运用了镜头技巧、蒙太奇手法和剪辑手法，在机位的拍摄角度、镜头的切换、拍摄场景与对象的选择、拍摄画面的选取、剪辑、编排以及画外解说等方面均体现了摄像、编导等创作者的个性选择和安排，故具有独创性；其二，赛事画面在由不同摄像机采集拍摄后的选择、加工、剪辑及对外实时传送的过程，实质上就是选择、固定并传输赛事节目内容的过程，否则直播观众将无从感知和欣赏赛事节目内容。因此，足以表明其已经通过数字信息技术在相关介质上加以固定并进行复制和传播，故符合作品一般定义中"可复制性"的要求和电影类作品定义中"摄制在一定介质上"的要求。[2]

　　总的来看，我国与德国在司法给予体育赛事直播节目的保护较为类似，如果满足独创性要件，则可以将其认定为著作权意义上的作品（视听作品），如果不能达到独创性，在我国视为录像制品，在德国则视为活动图像。不同的是《德国著作权法》中的"活动图像"获得的保护程度较高，给予类似于著作权保护水平的邻接权保护。

---

〔1〕 上海知识产权法院民事判决书，（2021）沪 73 民终 495 号。
〔2〕 北京市海淀区人民法院民事判决书，（2019）京 0108 民初 21315 号。

六、对我国立法和司法的启示

（一）立法保护的完善建议

1. 明确体育赛事直播节目法律性质

当前我国在判定体育赛事直播节目的独创性方面还存在较大争议，很大程度上在于独创性的标准模糊。然而，独创性的标准并非能做到完全客观，不同人对此有不同的看法，并且，不同的作品也有不同的独创性认定标准。从前述我国与德国的司法实践中可以看出，体育赛事直播节目的独创性认定本身就是一个非常复杂的过程。因此，需要从立法上明确体育赛事直播节目的法律性质，避免过多地在独创性问题上争论。从德国司法实践和学界的观点来看，针对体育赛事直播节目的著作权法意义上的定性，首先以电影作品的定性进行著作权作品的判定，如果不能达到作品标准，则退而求其次，以活动图像的定性给予其邻接权的保护。我国著作权立法当中，与体育赛事直播节目相关的著作权概念有视听作品（电影作品或"类似电影作品"）和录像制品两类，这与《德国著作权法》中的电影作品和活动图像相似。但是，我国并没有从立法上给体育赛事直播节目明确定性。因而，我国可以尝试借鉴德国对体育赛事直播节目的著作权保护模式，从立法上明确其视听作品或录像制品的法律类别，以便为体育赛事直播节目提供更好的著作权保护，促进体育赛事直播行业的良性运转。

2. 为司法实践提供明确参考依据

我国最新修正的《著作权法》第 3 条明文规定，"作品"要能够"以一定形式表现"，而在《著作权法实施条例》第 4 条中规定，"电影作品"需要满足"固定在一定介质上"的构成要件。从立法上看，要求视听作品需要有一定的有形载体才能成立，但是体育赛事直播节目往往以无形直播信号的形式通过网络传播。然而，在当前司法实务中，多数法院却以"直播信号能够转化为视频画面被观看"为由将体育赛事直播节目认定为视听作品中的"类似电影作品"。从平衡各方利益来说，法院的做法有一定的可取性，但是在立法上依然缺乏明确的参考依据。因而，有学者认为，将"介质"理解成"信号"显然不可取，因为广播信号更像是一种传输媒介，而介质顶多可以理解成一种物质载体，二者无论从概念还是形态上都十分不相吻合。[1]

因此，建议借鉴《德国著作权法》的相关规定，就体育赛事直播节目而言，如果能达到视听作品的标准，则予以著作权保护。否则，可以适用录像制品的相关规范予以邻接权保护。如此一来，在立法中对体育赛事直播节目的作品类型给予明文规范，为后续司法过程提供明确的参考依据。

（二）司法保护的完善建议

从德国各州法院的司法判例可以发现，在各个时期，各州法院在认定体育赛事直播节目的作品性质上都较为一致，这都得益于德国在体育赛事直播节目的著作权保护问题上，以高一级法院的判例形成统一裁判。例如，1962 年"现实电影院（AKI）诉北德及西德广播联盟案"中，德国最高法院的判例直接改变了学界的观点，并对之后一段时期统一的司法判例产生了深远的影响。

我国本身也有最高人民法院定期发布指导性判例的传统，就体育赛事直播节目给予司法实践的专门性指导，对遏制当前网络信息社会层出不穷的网络直播侵权具有重要司法实践意义。一方面，由于在一定时期内体育赛事直播节目的侵权基本样态相似，作为参考标准的指导性案例的存在，有利于督促各级法院在审判体育赛事直播节目著作权纠纷案件时，能够秉持审慎的态度，统一司法裁判和司法尺度，防止"同案不同判"现象的出现。另一方面，随着网络技术的飞速发展，必然会出现新型体育赛事直播节目的侵权类型，鉴于立法固有的滞后性，对新类型的案件难免会出现无法适用或难以规制的情况，而定期发布指导性案例将有效避免此类情况的发生，对审判也将产生积极的引导作用。

---

〔1〕 参见王迁：《体育赛事现场直播画面著作权保护若干问题——评"凤凰网赛事转播案"再审判决》，载《知识产权》2020 年第 11 期。

印度版权法上的限制与例外制度研究

贾　科　肖明明[*]

版权[1]是创作者对作品所享有的一系列专有权利，但这些排他性权利也需要受到一定的限制，以保护特定的对版权的合理使用行为。版权的限制与例外是各国、各地区版权法上通行的一项制度，并为多项版权国际条约所确认，但在不同的法律体系和法律传统中，其规制模式也不尽相同。[2]印度是"一带一路"国家的典型代表，其版权法不仅具有自身特色，在打击版权盗版领域甚至还被称为"世界上最严厉的版权法"[3]之一。2012年，印度版权法经过较大程度的修订，在扩张版权权利范围和保护力度的同时，也强化了权利保护的限制与例外规则，促进版权的合理使用，并着力维持权利保护和合理使用之间的平衡，更好地发挥版权制度的社会功能。基于此，本文将全面梳理和分析印度版权法中限制与例外制度的基本框架的主要规则，以期有利于促进我国著作权法的发展与完善，进而为深化国际经贸合作提供更好的法律制度保障。

---

　　* 作者简介：贾科，重庆两江新区（自贸区）人民法院副院长，法学硕士，全国审判业务专家。肖明明，重庆两江新区（自贸区）人民法院综合审判第一庭副庭长，法学博士。

　　[1] 随着国际版权制度的发展，版权与著作权两个概念所指称的内涵虽然已越来越相近，但通常情况下，英美法上多使用"版权"，而指称大陆法系国家相关制度和权利时则多使用"著作权"。参见王迁：《著作权法》，中国人民大学出版社2015年版，第2~3页。印度版权法总体上属于英美法系，故本文使用版权的概念表述。

　　[2] 参见薛虹：《论开放的版权限制与例外》，载《中国版权》2012年第6期。

　　[3] 参见余成峰：《全球化的笼中之鸟：解析印度知识产权悖论》，载《清华法学》2019年第1期。

一、印度版权法的演变历程与基本框架

印度版权法上的限制与例外规则是与其整体的版权保护制度模式密切相关的，因此，我们需要首先对印度版权法的立法沿革和基本制度框架进行梳理和对照分析。

（一）印度版权法的演变历程

由于历史上印度作为英国殖民地，印度版权法主要源自对英国法的移植和模仿。[1]1847 年，东印度公司统治时期的印度即制定了第一部版权法。1914 年，印度颁布其第一部现代意义上的版权法，该法基本上是对英国 1911 年《版权法》的照搬，也是第一次将全部艺术和文学领域作品纳入版权保护范围的立法。

印度独立后，制定了《1957 年版权法》（The Copyright Act 1957），并于 1958 年 1 月 21 日生效。为保障该法案实施，印度还制定了《1958 年版权规则》（The Copyright Rules 1958）。基于《1957 年版权法》第 14 条的规定，版权是指对作品或其任何实质性部分实施或授权实施复制、传播、翻译等行为的专有权。在组织实施层面，该法还规定设立版权局，由版权登记官管理，负责登记版权书籍和其他艺术作品。此外，依据该法还设立版权委员会，[2]负责处理与版权有关的纠纷。

《1957 年版权法》出台后，分别于 1983 年、1984 年、1992 年、1994年、1999 年和 2012 年进行过修订。其中，2012 年修订力度最大，尤其是涉及版权的限制与例外规则方面，更加强化了合理使用原则的适用范围，影响颇为深远。在此次法律修订之后，印度还于 2013 年制定颁布了《2013 年版权规则》（The Copyright Rules 2013）。

《2012 年版权法修正案》出台的背景和动因主要有两项。[3]一是在以

---

〔1〕 See Monika, Parmod Malik, "Historical Development of Copyright Law", *International Journal of Law Management & Humanities*, Vol. 5, No. 1, 2023, p. 561.

〔2〕 2021 年 7 月，印度撤销知识产权上诉委员会，由德里高等法院设立的专门知识产权法庭管辖与版权、专利等知识产权相关的案件上诉和裁决事务。

〔3〕 参见王清：《镜鉴印度版权法：中国应当学习什么》，载《电子知识产权》2013 年第 4期。

宝莱坞为代表的电影业发展迅速的背景下，有着家族资本背景的制片人通常以合同的方式要求音乐人、歌手等转让作品的全部版权，且印度最高法院在判例中也认可当合同无约定时相应作品版权也归属于制作人，这就造成了电影制作人与表演者之间的版权冲突。[1]二是由于《1957 年版权法》规定音乐作品广播权由作者与音乐公司和版权协会之间自由协商许可，而事实上印度仅有的两家协会组织——PPL 和 IPRS 却主要代表着唱片公司以及宝莱坞电影制作公司的利益。为改变上述状况，《2012 年版权法修正案》扩张了表演者权利范围，在权利转让及其方式上注重保护作品作者的利益，同时还通过扩大合理使用和强制许可的适用范围，进一步完善了版权限制与例外制度的内容。[2]

（二）印度版权法的基本框架

印度《1957 年版权法》共设 15 章，除序章和附则外，其余各章分别规定了：（1）设立版权局，并由中央政府任命版权登记官和副登记官。虽然作品一经创作完成，版权即存在并归属于创作者，但版权管理部门仍要求进行版权登记，且登记簿上的版权记录也具有证据功能。[3]（2）作品的范围和版权的定义。根据《1957 年版权法》第 13 条第 1 款的规定，可以取得版权的作品包括：原创文学、戏剧、音乐和艺术作品；计算机程序；电影胶片；录音。第 14 条则对版权的含义作了明确规定：根据本法规定，对作品或其任何实质性部分实施或授权实施本条列举的任何行为的专有权。该条分别列举了原创文学、戏剧、音乐和艺术作品、计算机程序、电影胶片和录音作品版权的具体内容。（3）版权的归属和权利人的权利。第 17 条~第 21 条分别规定了第一版权所有者的认定，版权转让的权利、方式和纠纷解决机制以及作者放弃版权的权利等内容。第 37 条~第 39 条则规

---

〔1〕 See Ghanashyam Hegde, "Frame-Work of Copyright Law in India-Proposed Changes in the Copyright (Amendment) Bill, 2010 and Impact on the Media & Entertainment Industry", *International In-House Counsel Journal*, Vol. 4, No. 15, 2011, pp. 1-8.

〔2〕 参见王清：《镜鉴印度版权法：中国应当学习什么》，载《电子知识产权》2013 年第 4 期。

〔3〕 See George SK, Jay SK, "The Indian Copyright Law Structure", Court Uncourt, Vol. 6, No. 8, 2019, p. 14.

定了广播组织和表演者的权利范围。（4）版权期限。第 22 条~第 29 条规定了各类作品的版权期限，该期限通常为 60 年，但不同作品类型的起算时间并不相同。（5）版权许可制度。除授权许可使用外，《1957 年版权法》第六章规定了多种情形的强制许可和法定许可，这也是版权限制与例外制度的基本内容之一。（6）版权协会。该法第 33 条第 1 款规定，《1994 年版权法修正案》生效后，任何个人或团体不得开展对任何涉及版权的作品颁发许可证的业务。（7）侵犯版权行为的认定及救济机制，尤其是第 52 条详细列举了各种权利例外情形，并由此在判例法上演化出对合理使用原则的解释适用规则。

此外，《2013 年版权规则》进一步对版权的放弃、强制许可和法定许可、版权团体、版权登记等作了详细规定。其中，版权的强制许可和法定许可规则又构成其最核心的内容。由此可见，限制与例外制度在当代印度版权法体系中有着不可或缺的作用。

（三）限制与例外制度的基本结构与类型

英美法系和大陆法系尽管在规制模式上存在区别，但在版权法体系上都规定有权利的限制与例外情形。具体而言，大陆法系国家的著作权法多采用封闭列举式的立法模式，即法律以明确列举的方式规定权利的限制与例外情形，典型代表如法国《著作权法》第 122 条、德国《著作权法》第 45 条至第 63 条以及欧盟《关于信息社会协调版权及相关权利某些方面的 2001/29/EC 号指令》第 5 条等。[1]而英美法系国家则多采用列举与原则并存的体例模式，例如，英国和美国的版权制定法在列举各种限制与例外情形的同时，也吸收判例法的经验，通过"合理处置"（Fair Dealing）和"合理使用"（Fair Use）原则来调整其他需要限制权利人的权利行使或范围的情形。

印度版权法虽是在移植英国法基础上发展演化的，但在限制与例外规则的体系模式上却有自身的独特之处。例如，在合理使用原则上，英国《1911 年版权法》第 28 条至第 50 条以列举方式规定了各种版权限制情形，同时在第 29 条、第 30 条中亦规定"合理处置"原则的适用情形，即为非

---

〔1〕 参见李明德：《两大法系背景下的作品保护制度》，载《知识产权》2020 年第 7 期。

商业性研究、批评、评论、引用、讽刺、戏仿、滑稽模仿的目的而合理处置作品，不构成侵权。[1]印度《1957 年版权法》第 39 条、第 52 条则更多的是明确列举各种具体的不构成侵犯版权的使用情形，仅在第 39 条（a）项和第 52 条第 1 款（a）项中使用了"合理处置"的表述。不过，在判例法层面，印度法院在司法实践中则同时在使用"合理处置"和"合理使用"两个术语，[2]由此可见，美国版权法上的合理使用原则也对印度法的发展有着重要影响。

在限制与例外的体系框架上，综合制定法规定和判例法实践，印度版权法上的版权限制与例外类型主要包括强制许可、法定许可和合理使用三种。[3]其中，强制许可和法定许可属于对版权的限制规则，而合理使用则是对作者版权保护的例外原则。

二、印度版权法上的版权限制制度

一般而言，合理使用、法定许可、强制许可和保护期限等均属于版权限制制度的外延类型，分别从权利内容、权利行使方式和权利期限等角度对版权进行限制。[4]在版权限制方面，印度《1957 年版权法》中以较大篇幅明确规定了强制许可和法定许可两项制度。

（一）强制许可制度

印度《1957 年版权法》规定了多种强制许可情形，包括针对未向公众公开作品的强制许可、未发表或已发表作品的强制许可、为残疾人利益的强制许可、翻译许可以及为特定目的而复制和出版许可。

1. 针对未向公众公开作品的强制许可。根据印度《1957 年版权法》第 31 条的规定，对于已出版或者已公开表演的作品，在其版权期限内，基

---

〔1〕 参见李明德：《两大法系背景下的作品保护制度》，载《知识产权》2020 年第 7 期。

〔2〕 See William Patry, "Limitations and Exceptions in the Digital Era", Indian Journal of Law and Technology, Vol. 7, No. 1, 2011, p. 1.

〔3〕 See Lawrence Liang, "Exceptions and Limitations in Indian Copyright Law for Education: An Assessment", Law and Development Review, Vol. 3, No. 2, 2010, p. 198.

〔4〕 参见崔国斌：《著作权法：原理与案例》，北京大学出版社 2014 年版，第 577 页。

于以下两种情形，使用人可以向上诉委员会[1]提出强制许可申请：（1）作品的版权所有者拒绝重新出版或允许重新出版该作品，或者拒绝允许公开表演该作品，且因此而导致该作品无法向公众公开；（2）作品的版权所有者拒绝允许以申请人认为合理的方式向公众传播该广播作品或录音作品的内容。在给予作品版权所有者合理的听证机会并进行必要调查后，上诉委员会如果确信此类拒绝的理由不合理，可以指示版权登记官向申请人颁发重新出版、公开表演或广播该作品的许可。同时，申请人必须向作品的版权所有者支付报酬，并遵守上诉委员会所可能附加的相关条件。版权登记官应当根据指示，向上诉委员会确认具有相关资格且已支付规定费用的人员颁发许可证。[2]

另外，根据《2013 年版权规则》第 10 条的规定，存在如下三种情形的，上诉委员会可以取消强制许可：一是被许可人未能在许可期限或批准延长期限内重新出版、公开表演或广播被许可作品的；二是通过欺诈或虚假陈述而获得许可证的；三是被许可人违反许可的任何条款和条件的。[3]

2. 未发表或已发表作品的强制许可。印度《1957 年版权法》第 31A 条针对未发表作品或者已发表或公开传播作品，规定了可以申请强制许可的情形。具体包括：作品在印度不向公众公开，作者已去世、无法确定或者无法查找，或者作品的版权所有者无从联系。[4]可见，本条主要是对"孤儿作品"的版权限制与例外规定。对于上述作品，任何人均可向上诉委员会申请出版或向公众传播该作品或其译本的许可。在程序规则方面，申请人在提出申请前，应在该国主要地区发行的英文日报上刊登其请求内容，并在提交申请时将该广告副本作为附件。颁发许可后，版权登记官可以通过命令方式指示申请人将上诉委员会确定的特许权使用费存入印度公共账户或上诉委员会指定的便于版权人或其继承人、遗嘱执行人等可以随

---

[1] 印度在 2021 年已取消上诉委员会，而将相应职能调整至德里高等法院下设的知识产权法庭，但由于立法尚未正式修订，故为行文方便，仍表述为上诉委员会，下同。

[2] Indian Copyright Act 1957, s31.

[3] The Copyright Rules 2013, s10.

[4] Indian Copyright Act 1957, s31A（1）.

时提取的其他账户。[1]

另外，在不违反本条前述规定的情形下，对于原作者已去世的作品，中央政府如果认为出版该作品符合国家利益，可以要求作者的遗嘱执行人或法定代表人在规定的期限内出版该作品。如果未在中央政府规定的期限内出版作品的，上诉委员会可以根据申请，在听取有关当事人意见以及确定相应的特许权使用费后颁发许可证。[2]

3. 为残疾人利益的强制许可。在残疾人利益保护方面，印度《1957年版权法》同时规定了合理使用例外规则和强制许可限制规则两种权利限制方式，前者是关于非营利性出版作品的例外规定，而后者是关于商业性出版作品的限制情形。[3]印度《1957年版权法》第31B条以强制许可的方式规定了涉及残疾人利益保护的版权限制规则。具体而言，在不能适用第52条第1款第zb项规定的版权例外规则的情况下，任何为残疾人利益而工作或从事营利活动的人，在依照规定形式并缴纳相应费用后，可向上诉委员会申请强制许可出版那些能够有助于保护残疾人利益的作品。[4]强制许可证中应明确载明作品的出版期限、制作和出版作品的媒介和格式、副本数量、向残疾人出售该作品复制品所应向版权人支付特许权使用费的比例以及支付主体。[5]《2013年版权规则》第21条还特别规定了，如果版权人以相同格式、相同或较低价格出版经强制许可的出版物并满足残疾人需求的，上诉委员会可以撤销强制许可。[6]

4. 翻译许可。自作品首次出版7年后，任何人均可向上诉委员会申请制作和出版任何语言的文学或戏剧作品译本的许可。如系出于教学、学术或研究目的而需要翻译非印度作品的，则可在该作品首次出版3年后，申请通过印刷或类似复制的形式制作和出版以印度通用语言翻译的文学或戏

---

〔1〕 Indian Copyright Act 1957, s31A (2) (3) (5).

〔2〕 Indian Copyright Act 1957, s31A (6) (7).

〔3〕 参见王清：《印度〈版权法〉：一个理念和三个制度值得借鉴》，载 http://www.nipso.cn/onews.asp? id=18207，最后访问日期：2023年8月3日。

〔4〕 Indian Copyright Act 1957, s31B (1) (3).

〔5〕 The Copyright Rules 2013, s18 (4).

〔6〕 The Copyright Rules 2013, s21 (d).

剧作品的许可；但如果译本采用的是非发达国家通用语言的，则可在作品出版 1 年后提出许可申请。[1]此外，广播机构为教学目的或者向特定领域的专家传播专业性、技术性或科学研究成果的，可以申请制作和出版以下两种类型的翻译许可：一是第 32 条第 1A 款所规定的以印刷品或类似复制品形式出版的作品；二是仅出于系统教学活动的目的而制作和出版任何包含于视听录制品内的文本。并且，用于广播的翻译许可还必须满足特定的限制条件，包括：翻译的对象是合法获得的作品；需通过录音和录像媒介进行广播；录音是申请人或其他广播机构为了在印度广播的目的合法且专门制作的；翻译和传播该译本不得用于任何商业目的。[2]

5. 为特定目的而复制和出版作品的许可。若在文学、科学或艺术作品版本首次出版之日起的相关期限届满后，该版本的副本无法在印度获取，或者该副本已超 6 个月未在印度销售，则任何人均可申请以印刷或类似方式复制和出版该作品的许可，但应按照该版本的销售价格，或者当用于系统教学活动时以更低的价格复制和出版。这里的"相关期限"需要区分不同作品类型分别确定，即小说、诗歌、戏剧、音乐或艺术类作品自首次出版之日起 7 年；自然科学、物理科学、数学或技术类作品自首次出版之日起 3 年；其他作品自首次出版之日起 5 年。[3]

（二）法定许可制度

版权法上的法定许可是指公众无须经过版权人同意，在支付合理报酬后依据版权法直接获得的作品使用许可。[4]印度《1957 年版权法》主要规定了两种类型的法定许可，即翻唱版本的法定许可和广播文学、音乐及录音作品的法定许可。

1. 翻唱版本的法定许可。任何人均可使用版权人录制或许可他人录制的有关文学、戏剧或音乐作品来制作翻唱版本，[5]但该翻制录音必须采用

---

〔1〕 Indian Copyright Act 1957, s32 (1) (1A).

〔2〕 Indian Copyright Act 1957, s32 (5) (6).

〔3〕 Indian Copyright Act 1957, s32A (1) (6).

〔4〕 参见崔国斌：《著作权法：原理与案例》，北京大学出版社 2014 年版，第 628 页。

〔5〕 根据印度《1957 年版权法》第 31C 条的释义，这里的"cover versions"是指依照该条规定所制作的录音，故并不仅限于歌曲的翻唱版本。

与最后录音相同的介质——除非最后录音的介质已不再用于商业用途。[1]
同时,在制作翻唱版本时,除了基于技术上的必要外,制作人应保持原创
文学、戏剧或音乐作品的完整性,非经版权人同意不得作任何改动。[2]

2. 广播文学、音乐和录音作品的法定许可。2012 年修订后,《1957 年
版权法》新增第 31D 条规定,广播机构可以通过广播或表演的方式向公众
传播已经出版的文学、音乐和录音作品。除以表演方式传播作品的情形
外,广播组织者应在广播中公布作者和主要表演者的姓名。并且,未经权
利人同意,也不得对文学或音乐作品进行非技术必要性的修改,但为方便
广播而缩短作品的情形除外。[3]

三、印度版权法上的合理使用例外制度

在版权限制与例外规则类型中,强制许可、法定许可与合理使用[4]
之间的区别主要在于前两种情形下使用人须向版权人支付报酬或特许权使
用费,而后种情形下则无须付费。印度版权法上,合理使用原则是版权例
外制度的最主要表现形式。

(一) 制定法规定的合理使用例外情形

2012 年修订后的《1957 年版权法》吸收和整合了判例法中形成的新
规则,进一步扩充了合理使用例外的具体情形。总体上,涉及合理使用的
规定主要体现于《1957 年版权法》第 39 条 (广播复制权和表演者权例
外) 和第 52 条 (一般作品的版权例外)。[5]

关于广播复制权和表演者权的合理使用包括三种情形:一是供录制者
私人使用或仅用于善意的教学或研究目的而录音或录像;二是在符合合理
使用原则的情况下,在报道时事或进行善意审查、教学或研究时使用表演

---

〔1〕 Indian Copyright Act 1957, s31C (1).

〔2〕 The Copyright Rules 2013, s24 (1).

〔3〕 Indian Copyright Act 1957, s31D (1) (6).

〔4〕 虽然印度的制定法上使用的是合理处置的概念,但司法领域仍多采用合理使用的术语,
故下文统一以合理使用进行概称。

〔5〕 See Latha R. Nair, "How Fair Are the Fair Dealing Exceptions under Indian Copyright Law",
Indian Journal of Intellectual Property Law, Vol. 2, 2009, p. 171.

或广播的摘录；三是未经必要的改编或修改，不构成第 52 条规定的侵犯版权的其他行为。[1]但是，针对第三种情形，立法并未明确第 52 条中的哪些例外规则可以适用于广播复制权和表演者权，这也给司法机关留下了解释空间。[2]

在 2012 年修订前，《1957 年版权法》中规定的一般作品版权的合理使用例外情形就多达 27 种，法律修订后，除扩充了合理使用目的的范围外，还新增 3 种例外情形。[3]第 52 条第 1 款第（a）项首先明确了合理使用目的的类型，一方面，针对一般作品而言，合理目的指：包括研究在内的私人或个人使用；对该作品或其他作品的批评或评论；报道时事（包括公开演讲）。另一方面，对于计算机程序作品，该程序副本的合法拥有者根据该副本制作副本或改编计算机程序时，其合理目的：一是为了实现计算机程序本身功能而使用；二是仅为防止丢失、损坏等临时保护目的而制作备份副本。此外，针对计算机程序作品的以下几种使用行为也不构成侵权：一是为获取独立创建的计算机程序与其他程序间的交互性所必需的信息而采取的必要行为（前提是该信息不易获得）；二是为确定执行计算机程序的功能所必需的思想和原则要素而进行的观察、研究和测试行为；三是基于个人合法取得的非商业性用途的副本而制作副本或改编计算机程序。

其他具体的合理使用行为分别规定于第 52 条第 1 款第 b 项至第 zc 项。法条所列举的行为类型包括：（1）仅在向公众进行电子传输或传播的技术过程中临时或偶然性的存储作品或表演行为。（2）为提供未被权利人明确禁止的电子链接、访问或集成之目的而临时或偶然性的存储作品或表演行为，但责任人知晓或有合理依据相信所存储的系侵权副本的除外。如存储人收到版权人的书面侵权投诉，则须在 21 天内或者直至接到法院限制访问命令为止，不得为访问该作品的行为提供便利；如在 21 天期限届满前仍未接到法院相关命令的，则可继续提供相应的访问便利。（3）基于司法程序

---

[1] Indian Copyright Act 1957, s39.

[2] See Latha R. Nair, "How Fair Are the Fair Dealing Exceptions under Indian Copyright Law", *Indian Journal of Intellectual Property Law*, Vol. 2, 2009, p. 171.

[3] 参见王清：《镜鉴印度版权法：中国应当学习什么》，载《电子知识产权》2013 年第 4 期。

或相关报告的目的而复制作品的行为。（4）复制或出版由立法机关秘书处编写的作品——如果立法机关由两院组成，则任一议院的秘书处编写的作品皆可，但仅限于立法机关的组成人员使用该作品的行为。（5）对根据现行法律制作或提供的经核证的作品副本的复制行为。（6）公开阅读或背诵已出版的文学作品或戏剧作品的合理摘录本。（7）对于由取自于已出版的文学或戏剧作品中的短小段落构成的合集进行出版的行为，但该合集须善意地用于教学用途，且出版人在标题和广告中对该用途进行了描述。但是，该合集中使用同一作者在5年内由同一出版商出版的作品中的段落不得超过两段。（8）教学合理使用行为，包括教师或学生在教学过程复制作品的行为，以及考试中因出题或者作答需要而复制作品的行为。（9）在教育活动中，教职员工和学生表演文学、戏剧或音乐作品的行为；以及当观众仅限于教职员工、学生及其家长和监护人以及与教学活动有关的其他人员时，表演或传播电影作品或录音作品。（10）两种公开使用录音的行为：一是作为专门或主要为居民提供的便利设施的组成部分，在住宅楼宇内（非酒店或类似商业机构）的封闭房间或大厅里供居民共同使用；二是作为非营利性俱乐部或类似组织的活动的组成部分。（11）业余俱乐部或社团向非付费观众或者为宗教机构的利益，而表演文学、戏剧或音乐作品。（12）在报纸、杂志或其他期刊上转载有关当前经济、政治、社会或宗教话题的文章，但该文章的作者明确保留此类转载权利的除外。（13）非商业性公共图书馆将其持有的非数字版本作品以电子方式存储任何介质中的保存行为。（14）对于未在印度销售的书籍（包括小册子、乐谱、地图、图标或平面图），由非商业性公共图书馆负责人或在其指导下复制不超过3本以供图书馆使用的行为。（15）为了研究、私人学习或者出版之目的，复制保存在图书馆、博物馆或公众可以访问的其他机构中的未出版的文学、戏剧或音乐作品。但如果图书馆、博物馆或其他机构能够确定该作品的作者身份（合著作品的任一作者身份），则只有在该已知作者死亡之日起60年后，才能依照本条的规定实施上述复制行为。（16）复制或出版以下内容的行为：一是已在任何官方公报上公布的事项，但立法机关公布的法案除外；二是包含其评论或其他原创内容一同复制或出版的立法机关法案；三是政府任命的委员会、理事会、咨询会或其他类似机构作出的已提交给立法机关的报告，但政府禁止复制或出版的除外；四是法院、特别法庭或其他司法机关作出的判决或命令，但该机关禁止复制或出版的除外。(17) 在以下两种情况下，以任何印度语言制作或出版立法机关法案以及据此制定的规则或命令的译本：一是政府此前未以该语言制作或出版过此类法案、规则或命令的译本；二是政府已制作或出版相关译本，但并未向公众出售。(18) 展示建筑作品，以及制作或出版建筑作品的绘画、素描、雕刻或照片。(19) 针对永久位于公共场所或公众可进入的其他场所的雕塑作品或者属于《1957 年版权法》第 2 条第 c 款第 ⅲ 项所规定的其他艺术作品，制作或出版其绘画、素描、雕刻或照片的行为。(20) 将永久位于公共场所或公众可以进入的其他场所的艺术作品纳入电影胶片之中；对于其他任何艺术作品，如果仅将其作为背景或者该作品与电影中所表现的主要内容有关，则也可以在电影中予以合理使用。(21) 艺术作品的作者为创作之目的而使用或研究其不享有版权的模具、铸件、草图、计划、模型，但其不得因此而重复或模仿所使用作品的主要设计。(22) 出于对任何实用装置的纯粹功能性部分进行工业性应用之目的，利用平面艺术作品（如技术图纸）制作三维物品。(23) 根据最初建造建筑物或构筑物时所参考的图纸或平面图重建建筑物或构筑物，前提是此前使用该图纸或平面图的建造行为经过了版权人的同意或许可。(24) 录制或复制于电影胶片中的文学、戏剧、艺术或音乐作品版权期限届满后，放映该电影的行为不构成侵权。(25) 广播机构为广播其已取得广播权的作品而利用其自有设施制作临时录音，以及基于其特殊文件性质而将该录音保存为档案。(26) 在中央政府、州政府或任何地方当局举行的真实的（Bona Fide）宗教仪式或官方仪式上，表演或向公众传播文学、戏剧或音乐作品或其录音。上述宗教仪式也包括结婚游行或其他与婚姻有关的社会庆祝活动。(27) 为残疾人利益而以任何无障碍格式改编、复制、发行副本或者向公众传播作品，具体情形包括：一是任何个人为帮助残疾人能够获取作品——包括为个人使用、教育或研究目的而与残疾人共享此类无障碍格式版本；二是若正常格式作品不利于残疾人使用，则任何残疾人福利组织可实施上述行为，前提是残疾人能仅以成本价格获得该无障碍格式版本，并且相关福利组织应当确保此类无障碍格式版本仅供残疾人使用，同时采取合理措施防止其进入商业销售渠道。另外，根据《2013 年版权规则》的规定，无障碍格式的范围包括盲文、数字化无障碍信息系统（DAISY）、大字体、有声读物、数字格式以及残疾人可以使用的所有其他格式。[1](28) 纯粹附随于其他货物或产品而合法进口的任何文学或艺术作品的副本，例如标签、公司标识、销售宣传或解释资料等。以上各项合理使用规则还适用于对相关文学、戏剧或音乐作品的翻译行为，以及对相关文学、戏剧、音乐或艺术作品的改编行为。[2]

（二）判例法对合理使用例外原则的发展

除制定法所确认的限制与例外规则外，印度判例法上围绕合理使用原则的解释适用这一核心问题，也进一步发展和完善了限制与例外的规则体系。司法实践中，涉及合理使用原则解释适用的典型判例主要集中于教育使用例外和广播电视领域中的例外情形。

1. 教育使用例外规则的发展

如前所述，印度制定法上所规定教育领域的版权限制与例外制度既包括《1957 年版权法》第 32 条、第 32A 条所规定的翻译强制许可和为特定目的的复制和出版强制许可，也包括第 52 条所规定的教育目的合理使用例外规则。其中，合理使用例外制度因其固有的广阔的解释弹性空间，在促进印度教育资源平等分配和教育事业发展中发挥着持续且巨大的作用。

具体而言，教育使用例外规则主要体现在《1957 年版权法》第 52 条第 1 款第 a、g、h、i、p 项，分别为研究、批评或评论等私人或个人使用目的而合理使用作品；公开阅读或背诵已出版的摘录本；对用于教学用途的短小段落汇编的出版行为；教学过程或考试过程中的复制行为；为研究、私人学习或者出版之目的而复制保存在图书馆等机构中的未出版作品。尽管立法作了相对清晰的界定，但法院在不同时期的判例中，对于教

---

〔1〕 See The Copyright Rules 2013, s77.

〔2〕 See Indian Copyright Act 1957, s52（1）（2）.

育目的实现的具体场景下如何甄别和界定特定行为是否构成合理使用，仍持有不同的认识立场。

在 Blackwood and Sons Ltd. v. A. N. Parasurama 案中，[1]原告诉称其拥有托马斯·哈代和泰戈尔两部作品的版权，该作品是作为大学预科考试的教科书而出版的，而被告出版了该教科书的指南，其中使用了原作中的大量内容。被告则抗辩认为，其出版指南的行为构成合理使用。该案中，法院主要从复制比例和被摘取部分在版权作品中的价值两个方面评价是否构成侵权，即是否符合合理使用目的。经过衡量，法院认为被告复制作品内容的文字比例超出了合理使用的限度，其出版行为构成侵权。然而，在随后的多个判例中，法院采取了与该案完全不同的审查认定方法和标准。例如，在 University of Oxford v. Narendra Publishing House 和 University of Cambridge v. B. D. Bhandari 案中，德里高等法院借鉴美国判例法上的"转化使用"（Transformative Use）规则，认为被告出版英语和数学教科书指南的行为在本质上属于转化性使用，故不构成侵权。[2]这显然已经实质性地扩充了第 52 条第 1 款所规定的合理使用目的范围和具体规制类型。

近年来，在教育合理使用方面最具影响性的判例是 University of Oxford v. Rameshwari Photocopy Services 案（以下简称德里大学影印案）。[3]由于印度的书籍价格较为昂贵，高校教师们为节约学生购书成本，通常根据课程需要将要求学生阅读的专著的章节、报纸文章、论文、讲义和其他材料整理为"课程包"（Course Packs）并提供给选修相应课程的学生。德里大学影印案诉争的侵权作品即为德里大学经济学院教授制作并交由 Rameshwari 影音店复印的 4 个"课程包"。[4]原告牛津大学出版社等出版商起诉影音店和德里大学复制的课程包侵犯了其出版的相关作品的版权，

---

〔1〕 See Blackwood and Sons Ltd. v. A. N. Parasuraman, 1958 SCC OnLine Mad 62：AIR 1959 Mad 410.

〔2〕 See Justice Prathiba M. Singh, "Evolution of Copyright Law-The Indian Journey", *Indian Journal of Law and Technology*, Vol. 16, No. 2, 2020, p. 38.

〔3〕 See The Chancellor, Masters & Scholars of the University of Oxford & Ors. v. Rameshwari Photocopy Services & Ors. , 233（2016）DLT 279.

〔4〕 参见王清、杨萍：《印度版权法教育使用例外制度：立法规范与司法审查的借鉴价值》，载《出版科学》2018 年第 3 期。

被告则主张适用第 52 条第 1 款第 a 项和第 h 项的规定。德里高等法院一审独任法官判决驳回了牛津大学等的诉讼请求并撤销此前法院签发的销售案涉课程包的临时禁令，牛津大学等上诉后，二审合议庭判决驳回了关于禁令部分的上诉请求并要求独任法官重审案件以确定案涉课程包是否确实具有适当且合理的需要。2017 年 4 月，牛津大学出版社等原告迫于各界压力而撤回了全部诉讼请求。[1]

在该案中，一审和二审判决均认为，被告制作并复制课程包用于教学目的的行为属于合理使用范畴，且应当适用第 52 条第 1 款第 i 项而非第 h 项的规定。一审法官的判决理由包括，第 i 项中的"教师"应延伸解释为整个教育机构，在教师指导下复制版权学生教学大纲中的作品并不构成侵权；影音店根据德里大学的指示，为了学生利益而复制课程包，这与大学使用自己的设备复印作品并无区别，故不应视为侵权。二审法官进一步指出：第（i）项中的"复制"包含制作多个副本的含义，故批量影音亦属于"复制"；"在教学过程中"不仅指课程授课过程，也包括教学中涉及的分发课程包等学习辅助资料等事项；最为关键的是，必须完全从使用行为的目的——教育出发，来判断其是否具有合理性，而无须考虑复制的比例或数量方面的因素。本案直观地反映出，立法所规定的合法使用行为与合理使用例外规则的法律解释之间的冲突，[2]其背后所体现的是司法者秉持的"道德理论内置型司法推理"理念，即以促进教育公平和知识获取与传播作为解释合理使用原则和规则的价值准则。[3]正如二审法官所言，学习者越贫困，确保公平获取（教育资源）的责任就越大。[4]

从上述判例法所呈现的趋势来看，法院越来越倾向从有利于学生以较低价格获得教育资源的角度，强调如果教科书等书籍定价过高，则应当允

---

〔1〕 See Lawrence Liang, "Paternal and Defiant Access: Copyright and the Politics of Access to Knowledge in the Delphi University Photocopy Case", *Indian Law Review*, Vol. 1, No. 1, 2017, p. 36.

〔2〕 See Atharv Arya, "Resolving the Overlap between Access to Knowledge and Copyright Regime: In India", *Supremo Amicus*, Vol. 24, 2021, p. 702.

〔3〕 参见王清、杨萍：《印度版权法教育使用例外制度：立法规范与司法审查的借鉴价值》，载《出版科学》2018 年第 3 期。

〔4〕 See Lawrence Liang, "Paternal and Defiant Access: Copyright and the Politics of Access to Knowledge in the Delphi University Photocopy Case", *Indian Law Review*, Vol. 1, 2017. p. 36.

许出版指南书和教材包，以此促进教育资源的公平分配和国家教育事业的长远发展。[1]

2. 广播电视领域合理使用例外规则的发展

广播复制权合理使用领域典型的判例是 ESPN v. Global Broadcast 案。[2]该案原告 ESPN 之星体育公司是美国的一家普通合伙企业，在印度开展体育频道制作和电视转播业务，被告是经营多个新闻频道的广播公司。原告诉称被告未经授权使用了其独家转播的板球比赛的大量录像镜头，且系用于商业目的，不符合合理使用原则，侵犯了原告的广播复制权。在平衡广播复制权人取得权利所支出的巨额成本与新闻频道广播新闻的权利之后，德里高等法院认为要构成合理使用，应满足的条件包括：作为时事报道的摘录必须简短且须在 24 小时内使用。另外，重复性使用广播片段或者与版权人之间构成直接竞争的广泛性使用行为，也不属于合理使用。[3]在其后的 Super Cassettes v. Hamar Television 案中，[4]法院在遵循 ESPN v. Global Broadcast 案先例的基础上，提出了若干关于合理使用的判断标准，包括：简短的摘录加上较长的评论可能会构成合理使用；法院应当对何为批评或评论持宽松的态度；对于录音，应秉持公正诚实的"业余听众"的标准；使用的时长和程度是至关重要的因素；公共利益和大众的利益并不相同。[5]

然而，在 India TV v. Yashraj 案中，[6]法院则提出适用"最低限度原则"（De Minimis Test）来评价合理使用问题。该案例中，Yash Raj Films

〔1〕 See Prathiba M. Singh, "Evolution of Copyright Law-The Indian Journey", *Indian Journal of Law and Technology*. 38（2020）.

〔2〕 ESPN Star Sports v. Global Broadcast News Ltd., 2008 SCC OnLine Del 1385：（2008）38 PTC 477.

〔3〕 See Prathiba M. Singh, "Evolution of Copyright Law – The Indian Journey", *Indian Journal of Law and Technology*, Vol. 16, No. 2, 2020, p. 38.

〔4〕 Super Cassettes Industries Ltd. v. Hamar Television Network（P）Ltd, 2010 SCC OnLine Del 2086：（2011）45 PTC 70.

〔5〕 See Prathiba M. Singh, "Evolution of Copyright Law-The Indian Journey", *Indian Journal of Law and Technology*, Vol. 16, 2020, p. 38.

〔6〕 India TV Independent News Service（P）Ltd. v. Yashraj Films（P）Ltd., （2013）53 PTC 586.

提起了两件诉讼，其一系因为被告在其广告中使用了热门歌曲 "Kajra Re Kajra Re Tere Kare Naina" 歌词的第一行；另一诉讼则系因在脱口秀节目中，歌手 Vasundhara Das 在聊天过程中演唱了来自其歌曲中的 9 节内容，且演唱过程中，展示了有关电影的剪辑。德里高等法院在上诉审判决中指出，版权法领域存在大量的细微侵权行为（Minor Violations of Copyright），其应对之道则是"最小限度原则"——法律不关心和解决琐碎或不重要的纠纷。换言之，如果原告最终获得的合理赔偿远不足以弥补裁决此类纠纷所支出的公共成本，则该诉讼是不符合社会最佳利益的，进而可以认定相关的侵权行为是微不足道的，法院可以援用"最小限度原则"驳回其诉讼请求。

该案判决进一步指出，在适用"最小限度原则"时需要考量 5 个因素：损害的大小和类型；审裁费用；被违反之法律义务的目的；对第三方合法权利的影响；违法行为人的动机。基于此，对于第一个诉讼而言，损害的规模仅为 5 个字，行为人的动机并非窃取版权，且与裁决的社会成本相比，原告主张的赔偿金额极其微小，故可以适用"最低限度原则"。对于第二个诉讼，法院认为，不能仅因表演者将其权利转让给录音公司，就剥夺其使用自己表演之摘录的权利；且歌手是在接受电视频道采访中演唱的歌曲，在 45 分钟的节目中，其演唱总时长不超过 10 分钟，因此，基于"最小限度原则"的考量，此种情形也构成合理使用。[1]

通过对典型判例的分析可以发现，尽管《1957 年版权法》第 39 条、第 52 条规定了大量的关于合理使用的具体规则，但如学者所言，在个案适用过程中，法官的经验和个人哲学仍会对判决结果构成重要影响，这在教育领域判例中体现得尤为明显。并且，尽管存在各种各样的解释方法和观点，但合理使用的认定通常必须满足合理性、善意使用、非商业性使用和最小限度使用四项基本评价要素。事实上，这四项评价要素或多或少都是对美国《版权法》第 107 条提出的合理使用行为判断要素的解

〔1〕 See Prathiba M. Singh, "Evolution of Copyright Law-The Indian Journey", *Indian Journal of Law and Technology*, Vol. 16, 2020, p. 38.

释和调适，[1]这也突出反映了英国和美国版权法对印度判例法的实践影响。

结　语

除法定许可、强制许可和合理使用外，印度版权法上的限制与例外制度还包括版权期限和版权登记等内容。例如，《1957 年版权法》规定版权期限一般为 60 年，但对于生前作品、死后作品以及匿名和笔名作品分别适用不同的期限确定规则。另外，对于照片、电影胶片、录音制品、政府作品、公共事业作品和国际组织作品也专门规定了版权期限的起算时点规则。上述各项制定法规则与合理使用的判例法规则相互呼应，共同构成了相对体系化的版权限制与例外制度，有力地促进了版权法律保护和社会公共利益实现之间的协调与平衡。尤其是在社会福利和公益色彩浓厚的残疾人利益保护和教育公平保障等领域，制定法和判例法的制度规则供给相当充分，且相关的版权利用规范具有较好的操作性和开放性，值得我国著作权法适当参酌借鉴。

---

[1] 该四项要素分别为：使用行为的目的和特点，包括该使用是否为非商业性质或非营利教育目的；版权作品的性质；所使用部分占版权作品整体的数量和实质程度；使用行为对版权作品潜在市场和价值的影响。参见崔国斌：《著作权法：原理与案例》，北京大学出版社 2014 年版，第 579 页。

南非数据知识产权保护制度研究报告

涂 萌[*]

一、前言

（一）南非国情概况

南非地处非洲大陆最南端，是非洲工业化程度最高的国家之一。多年来，南非在政治、法律、基础设施等方面发展良好，近年来政局稳定，经济持续增长，已经成为非洲最具吸引力的投资和贸易目的地之一。

南非最早的土著居民为桑人、科伊人及后来南迁的班图人。17 世纪起，荷兰和英国殖民者陆续侵占南非，将殖民地不断扩张到内陆。19 世纪中期，白人殖民者在南非建立了两个英国殖民地（开普、纳塔尔殖民地）和两个布尔共和国（德兰士瓦共和国和奥兰治自由邦）。1899 年～1902 年的英布战争结束后，四个政治实体统一为"南非联邦"，成为英国的自治领。1910 年成立联邦后，南非政府长期实施种族隔离和歧视政策。1948 年，国民党执政后，全面推行种族隔离制度，镇压南非人民的反抗斗争，遭到国际社会的谴责和制裁。1961 年，退出英联邦（1994 年重新加入），成立南非共和国。1989 年，德克勒克出任国民党领袖和总统后，推行政治改革，取消对黑人解放组织的禁令并释放非洲人国民大会（非国大）主席纳尔逊·曼德拉（Nelson Mandela）等黑人领袖。1991 年，非国大、南非政府、国民党等 19 方就政治解决南非问题举行多党谈判，并于 1993 年就政治过渡安排达成协议。1994 年，南非举行首次不分种族大选，非国大领

---

* 作者简介：涂萌，重庆理工大学重庆知识产权法学讲师，法学博士。

导的联盟获胜，纳尔逊·曼德拉出任总统，种族隔离制度宣告结束。[1]

如今，南非是联合国、国际货币基金组织、世界银行、世界贸易组织、非洲联盟、英联邦、二十国集团、金砖国家、中非合作论坛、非洲开发银行、非洲经济共同体等重要国际组织和多边合作机制的成员方，积极参与区域和全球事务，是非洲大陆的重要力量。南非经济持续增长，已成为非洲最具吸引力的投资和贸易目的地之一。

1. 地理环境

南非位于非洲大陆最南端，介于大西洋和印度洋之间，三面临海，拥有约 3000 公里的海岸线。国土面积 121.9 万平方公里，分别与纳米比亚、博茨瓦纳、津巴布韦、莫桑比克、斯威士兰等国接壤，地理位置重要。

2. 政治环境

南非是实行行政、立法、司法三权分立制度的共和国。政府体系分为中央政府、省级政府和地方政府三级。中央政府实行总统内阁制，由总统、副总统和内阁部长组成。南非议会实行两院制，由国民议会和全国省级事务委员会组成，均通过直接选举产生，任期 5 年。南非司法机构独立运作，由宪法法院、最高上诉法院、高等法院、地方法院等组成。

南非行政系统包括中央政府部门、9 个省级政府和 278 个地方政府。中央政府实行总统负责制，总统兼任政府首脑，直接领导内阁。内阁由总统、副总统和所有部长组成。省级政府由省长和 5 名~10 名省级执委会成员领导。地方政府设有市政委员会、市长、行政委员会或市长委员会以及专门委员会。大部分地区还设有议长，负责召集市政委员会会议。大多数地方政府实行市长负责制，市政委员会选举市长并赋予其最高行政权力，市长任命市长委员会行使政府职能。

南非主要的政府部门包括农业、土地改革和农村发展部，基础教育部，通信和数字技术部，联合执政和传统事务部，国防和退伍军人部，森林、渔业和环境部，就业和劳动部，财政部，卫生部，高等教育和科学创

---

[1] 参见商务部国际贸易经济合作研究院、中国驻南非共和国大使馆经济商务处、商务部对外投资和经济合作司：《对外投资合作国别（地区）指南南非（2022 年版）》，http://www.mofcom.gov.cn/dl/gbdqzn/upload/nanfei.pdf，最后访问日期：2023 年 7 月 11 日。

新部，内政部，人居部，水利和公共卫生部，国际关系与合作部，司法和狱政部，矿产资源和能源部，警察部，总统府妇女、青年及残障部，总统府规划、监督和评估部，总统府电力部，国有企业部，公共服务及管理部，公共工程和基础设施部，小企业发展部，社会发展部，体育、艺术和文化部，国家安全部，旅游部，贸易、工业和竞争部，交通部等。这些部门负责管理全国范围内相关领域的政策。

南非司法体系由法院、刑事司法和检察机关三大系统组成。法院系统包括：宪法法院、最高上诉法院、高等法院、地方法院、区域法院和特别法院。刑事司法系统包括：警察部、政府司法及宪法发展部、狱政部。检察机关是国家检察总署。此外，南非还设有处理历史遗留问题的真相与和解委员会等特殊司法机构。

3. 数据环境

南非是非洲大陆在电信和数字基础设施领域最先进的国家之一。多年来，政府和电信运营商大力投资通信基础设施，使南非移动网络覆盖广泛、网速稳定、数字化程度较高。目前，微软、华为、亚马逊等跨国科技公司在南非已建立约 10 个数据中心。在金融、电商和医疗健康服务等领域，一批数据应用企业正在崛起。近年来，南非政府加大对数字经济的扶持力度。2020 年 4 月，通信部和邮政电讯部合并为通信和数字技术部（Department of Communication and Digital Technologies），积极推动数字化转型。为制定数字经济发展战略，南非成立了"第四次工业革命总统委员会"［Presidential Commission on the Fourth Industrial Revolution（4IR）］。

南非通信和数字技术部的战略目标是促进信息与通信技术（ICT）行业发展，使基础设施更便捷、可靠，并通过公私合作推动数字化和信息化，使南非成为包容性的信息社会。此外，南非还致力于在非洲大陆推动数字化进程。截至 2021 年，南非移动用户数约 9800 万，移动渗透率约 169%，其中 4G 用户约 1479 万。家庭数约 1620 万，固定宽带用户和无线 CPE 用户均约 110 万。[1]

---

［1］ 参见《对外投资合作国别（地区）指南 南非（2022 年版）》，载 http://www.mofcom. gov.cn/dl/gbdqzn/upload/nanfei.pdf，最后访问日期：2023 年 7 月 11 日。

2021 年，南非发布《国家数据和云政策草案》，旨在加强数据管理和分析，保障数据安全，推动云计算应用。政府计划建立国家数字基础公司，整合国有企业数据库，实现大数据管控。此外，南非还将建设高性能计算中心，为各行业用户提供云服务。为确保云服务连续可靠，政府将建设两个数据备份中心和独立电源系统。南非还计划建设数字经济特区，吸引数据技术投资。

可见，南非政府高度重视数字经济发展，正在大力推进网络基础设施建设、云计算应用和大数据管理。中国 ICT 企业如华为和中兴也积极参与南非数字化建设。华为已成为南非所有运营商的解决方案供应商，服务于多个数据中心项目建设。[1]未来，南非将持续促进 5G、物联网、人工智能等新兴技术应用，以实现数字化转型。

（二）中国与南非的关系

2023 年是中国和南非建交 25 周年。25 年来，中南关系实现跨越式发展，政治互信不断增强，务实合作全面推进，多边协作日益紧密。2023 年 8 月 21 日至 8 月 24 日，国家主席习近平应邀赴南非约翰内斯堡出席金砖国家领导人第十五次会晤，并对南非进行国事访问。此次是习近平主席作为中国国家主席第四次对南非进行国事访问，也是本次金砖国家领导人会晤期间南非安排的唯一国事访问。[2]此次访问形成了丰富的成果，中南双方发表了《中华人民共和国和南非共和国联合声明》，同时就《中南关于同意深化"一带一路"合作的意向书》《中华人民共和国商务部和南非共和国总统府电力部关于推动新能源电力投资合作的框架协议》《中华人民共和国科学技术部与南非共和国科学创新部关于加强科技创新合作的谅解备忘录》《中华人民共和国商务部和南非共和国贸易、工业和竞争部关于深化蓝色经济合作的谅解备忘录》《中华人民共和国商务部和南非共和国贸易、工业和竞争部关于促进直接投资合作的谅解备忘录》《中华人民共和国商务部和南非共和国贸易、工业和竞争部关于经济特区和工业园区合作的谅解备忘录》

---

〔1〕 参见《对外投资合作国别（地区）指南 南非（2022 年版）》，载 http://www. mofcom. gov. cn/dl/gbdqzn/upload/nanfei. pdf，最后访问日期：2023 年 7 月 11 日。

〔2〕 参见《王毅谈习近平主席出席金砖国家领导人第十五次会晤并对南非进行国事访问》，载 http://m. news. cn/2023-08/25/c_ 1129825388. htm，最后访问日期：2023 年 8 月 26 日。

《中华人民共和国商务部和南非共和国贸易、工业和竞争部关于推动绿色经济和工业发展的谅解备忘录》《中华人民共和国商务部和南非共和国贸易、工业和竞争部关于加强数字工业化投资合作的谅解备忘录》《中华人民共和国政府与南非共和国政府高等教育和培训领域合作协议》《援南电力设备项目立项换文》《中国载人航天工程办公室与南非国家航天局关于载人航天领域合作谅解备忘录》《关于实施〈中华人民共和国海关总署和南非税务署关于中华人民共和国海关企业信用管理制度与南非税务署"经认证的经营者"制度互认的安排〉的联合声明》等 25 份合作文件签署或达成一致。[1]

南非已成为中国在非洲最重要的投资目的地之一,也是中资企业非洲区域总部的首选之地。根据中国商务部统计,截至 2021 年年底,中国在南非投资存量为 59.24 亿美元,在中国驻南非大使馆登记备案的中资企业机构超过 200 家。中国企业在南非投资主要集中在金融、采矿、能源、通信、制造等领域,华为、海信等已经成为南非家喻户晓的中国品牌。中国积极支持南非实现"新投资倡议",2022 年 3 月再次组织 80 余家中国企业线上线下参加南非第四届投资大会,部分企业达成重大投资意向。未来,数字经济、电子商务、绿色能源等新兴领域将成为中南投资合作新的增长点。

(三) 研究南非数据知识产权保护的意义

中南两国都是金砖国家成员,也同属世界知识产权组织和世界贸易组织。虽然加入时间不同,南非较早参加相关国际公约。随着两国经贸关系不断发展,知识产权保护在其中扮演关键角色。了解南非知识产权发展历程,可以帮助中国政府部门、企业及相关人士在南非运营时做好风险评估和应对,保护权益,推动双边经贸健康发展。

2022 年,金砖国家领导人达成《金砖国家数字经济伙伴关系框架》,就深化金砖国家数字经济合作形成重要共识,开启了数字经济合作新阶段。数字经济已成为推动全球经济发展的重要引擎,为包括金砖成员在内的新兴市场和发展中国家提供了重要发展机遇。金砖国家正加强云计算、大数据、电子商务、人工智能等数字经济领域合作,提升话语权和规则制

---

[1] 参见《习近平主席对南非国事访问成果清单》,载 http://www.qstheory.cn/yaowen/2023-08/23/c_ 1129817889.htm,最后访问日期:2023 年 8 月 26 日。

定权。2022 年，金砖五国网络购物用户数已达 13.5 亿，跨境零售额已达 5536 亿美元，占全球较大比例。同时，金砖国家也正在积极推进传统产业数字化改造，数字基础设施合作，扩大数字基建投资，推进 5G 网络建设，支持大数据、物联网发展等。

虽然数据其本身不受知识产权法保护，但部分体现创造性的数据可以通过著作权法、商业秘密保护等方式获得保护。在数字知识产权保护法律体系尚不完善，数字治理规则存在短板的当下，研究南非现有法律保护框架下数据知识产权保护的现状，可以为进一步推动中南数字经济合作提供帮助。

二、南非数据知识产权保护制度概述

（一）南非数据知识产权保护制度的发展

南非在知识产权保护方面历史悠久，但对网络数据的知识产权保护还属新生事物。南非并未以单独立法的形式对数据知识产权进行规范，而是默认现有的知识产权保护法律同样适用于网络空间，并在涉及数据的相关案件中形成了判例。南非的司法体系没有英美法中的判例法约束力，但南非采用了混合制度，在英美法和大陆法之间寻求平衡。南非的判例具有权威性，但不像英美判例那样具有约束力。综上，南非的数据知识产权保护模式形成了以现有知识产权和数据保护法律框架为主，辅之以判例的特有模式。

南非的知识产权法可追溯至 1916 年制定的《专利、设计、商标和著作权法》。作为英国的自治领，南非于 1928 年签署了《保护文学和艺术作品伯尔尼公约》（以下简称《伯尔尼公约》）。此后，南非废除了 1916 年的法律，开始制定独立的商标法、专利法、外观设计法和著作权法。20 世纪 70 年代，南非颁布了一系列知识产权法律，对各类知识产权进行了调整，包括 1977 年的《电影法》、1978 年的《著作权法》和《专利法》等。1988 年，南非通过了《有害商业行为法》，为反不正当竞争提供了普通法保护。20 世纪 90 年代，为加入世界知识产权组织，南非修订了多部知识产权法律，形成较为完整的知识产权法律体系。1995 年，南非加入世界贸易组织。1996 年起，南非对现行法律进行了系统修订，使其与《与贸易有关的知识产权协定》（TRIPS 协定）标准接轨。1997 年的《知识产权法修正案》[1]使南非法律与 TRIPS 协定和《专利合作条约》（PCT）保持一致。2017 年，南非发布首个国家知识产权政策，标志着南非在国家层面上制定知识产权战略。当前，南非已经加入 10 余个国际知识产权公约，其知识产权法律体系较为完善。从国际标准看，南非在知识产权立法和体制上处于较先进水平。综上，南非知识产权法经历了一个世纪的发展，特别是在 20 世纪 90 年代进行了重大调整，逐步形成了立法完善、符合国际标准的知识产权制度体系，为南非的技术创新和文化发展奠定了法治基础。但随着数据产业和交易的不断发展，市场主体因数据收集、处理、利用而产生的纠纷日益频发，如何保护各市场主体的数据财产权益，成为南非面临的新挑战。

基于此，南非正在不断完善信息数据方面的保护措施。南非历来高度重视公民隐私权的保护。南非《权利法案》作为宪法[2]的组成部分，明确赋予公民通信隐私权。在此基础上，南非先后制定了多部涉及公民隐私、信息与数据保护的法律，如《信息获得促进法》[3]等。这些法律对特定领域的信息保护作出了规定，但尚不够全面和系统。2002 年制定的《电子通信与交易法》（ECTA）规范了个人信息的电子收集，尽管遵守这些规定是自愿的。同时 ECTA 中与个人信息保护相关的规定于 2021 年 6 月 30 日被废止。2013 年 11 月，总统签署了《个人信息保护法》（第 4 号法律）[4]，该法于 2021 年 7 月 1 日全面生效，除第 58 条外。第 58 条的生效时间延后至 2022 年 2 月。《个人信息保护法》适用范围广泛，影响南非国内所有个人信息处理者。2009 年颁布的《消费者保护法》[5]从消费者保护的角度考

---

〔1〕 参见 https://www.gov.za/documents/intellectual-property-laws-amendment-act，最后访问日期：2023 年 8 月 26 日。

〔2〕 参见 https://www.gov.za/documents/constitution/constitution-republic-south-africa-1996-1，最后访问日期：2023 年 8 月 26 日。

〔3〕 参见 https://www.gov.za/documents/promotion-access-information-amendment-act-31-2019-english-afrikaans-3-jun-2020-0000，最后访问日期：2023 年 8 月 26 日。

〔4〕 参见 https://www.gov.za/documents/protection-personal-information-act，最后访问日期：2023 年 8 月 26 日。

〔5〕 参见 https://www.gov.za/documents/consumer-protection-act，最后访问日期：2023 年 8 月 26 日。

虑了数据隐私问题，适用于通过电话直接向消费者营销商品和服务。《消费者保护法》关于直接营销和未经请求通信的规定与《个人信息保护法》有所重叠，但后者适用于更多未经请求通信的具体情况。2021 年 5 月，总统签署了《网络犯罪法案》（Cybercrimes Act No. 19 of 2020）[1]，设立了数据盗窃、网络勒索等新犯罪，并更新了现有犯罪，以适应网络犯罪特点。《信息获得促进法》规范了获取信息的途径，要求每个组织内必须任命信息官，以管理获取该组织持有信息的要求。《个人信息保护法》的出现扩大了信息官的角色，现在不仅受《信息获得促进法》的约束，还受《个人信息保护法》的约束。目前，南非建立了较为完善的公民隐私和数据保护法律体系。

（二）当前南非数据知识产权保护的小结

总体来看，进入 21 世纪后，面对信息技术与大数据的发展，南非在数据知识产权保护方面取得了一定的发展。这主要体现在以下几个方面：

第一，南非建立了较为系统的数据知识产权保护立法体系。在早期的《电子通信与交易法》《著作权法》等立法基础上，南非陆续出台了一系列法律来规范数据产权保护。其中 2013 年的《个人信息保护法》明确了企业收集和处理个人信息的原则，加强了对公民隐私的法律保护；2021 年的《网络犯罪法》则将非法获取数据列为刑事犯罪，从严打击数据侵权行为。这些法律的出台，使南非在无针对数据知识产权专门立法的情形下，基本上已形成了较为完整的数据知识产权法律体系。

第二，南非司法实践不断强化和维护数据库权益。在大量涉及数据库侵权纠纷的民事和刑事案件中，南非法院通过判决明确数据库抽取行为的法律红线，形成了对数据库知识产权的有力保护。例如在 Board of Healthcare Funders of South Africa v. Discovery Health Medical Schedule 案中，法院认定执业代码数字系统具有独创性的作品，著作权类司法判决明确传达出保护数据库产权的态度，对整个社会形成较大的影响力。

第三，南非政府高度重视对云计算、大数据等新型信息基础设施的监管。针对大量个人数据流入第三方平台的新趋势，南非通信监管部门要求

---

[1] 参见 https://www.gov.za/documents/cybercrimes-act-19-2020-1-jun-2021-0000，最后访问日期：2023 年 8 月 26 日。

数据提供商须遵守的个人信息保护规定，要求加强安全技术防护。此外，南非设立了专门的通信和数字技术部〔1〕，通过部门合并整合了通信监管职能。数字经济被确定为该部的优先发展领域，信息通信技术发展也被纳入国家发展计划。南非还成立"第四次工业革命总统委员会"，为数字经济发展提供政策建议和战略规划。〔2〕通信和数字技术部的战略目标是促进信息通信技术投资，创造商业机会，确保基础设施方便可靠，提高部门绩效，建设包容性信息社会，推动非洲数字化进程。南非信息通信技术产业发展迅速，在基础设施建设、用户规模等方面位列非洲前列。通过加强新型信息基础设施监管，南非政府致力于推动数字经济发展，提升信息化水平，维护数据安全。

第四，南非开放利用了部分政府数据库，促进数据资源共享。南非在开放利用部分政府数据资源的同时，也高度重视对关键核心数据的保护。南非政府开放了海量环境监测、气象等公共类数据，以支持科研、教学等公益目的的使用。同时，南非还建立了开放数据协调机构，制定开放数据标准，对数据开放进行规范化管理，实现数据资源的合理共享。具体来说，南非政府搭建了"开放数据门户网站"（Open Data Portal）〔3〕，向公众开放政府数据信息，提高政府透明度和问责制，促进公共数据的创新应用。门户网站包含健康、教育、犯罪等领域的数据集。此外，南非还建立了"数据第一研究数据服务"（Data First Research Data Service）〔4〕，为研究人员开放社会科学研究数据，支持学术界的数据协作。该服务包含贫困、不平等等领域的研究数据集。南非政府还成立了一个"开放政府数据协调委员会"（Open Government Data Coordination Committee，OGDCC），以规范和监管该国的数据开放性。OGDCC 负责制定开放数据共享的政策和指南，促进在决策过程中使用开放数据，并确保所有利益相关者都可以访问开放数据。南非通过科学划分数据的公开程度，在发挥公共数据效用的同时，也切实保护了关键核心数据。这种开放与保护的平衡对发展中国家实

---

〔1〕 参见 https://www.gov.za/about-sa/communications，最后访问日期：2023 年 8 月 26 日。

〔2〕 参见 "4IR Commission Report Recommendations gazetted"，载 https://www.sanews.gov.za/south-africa/4ir-commission-report-recommendations-gazetted，最后访问日期：2023 年 8 月 26 日。

〔3〕 参见 https://southafrica.opendataforafrica.org，最后访问日期：2023 年 8 月 26 日。

〔4〕 参见 https://datafirst.uct.ac.za/services/data-portal，最后访问日期：2023 年 8 月 26 日。

现数据价值与数据安全是一个可借鉴的范例。

第五，南非积极参与区域性数据保护合作。南非加入了非洲联盟制定的保护个人数据的区域公约。非洲联盟层面的主要数据保护工具是《关于网络安全和个人数据保护协议》（又称《马拉博协议》）。《马拉博协议》于 2014 年被采纳为全面的数据保护框架，它建立了三个监管制度：电子交易、数据保护和网络安全。在数据保护方面，《马拉博协议》旨在协调非盟成员国的数据保护框架，保护隐私并促进信息自由流动。这有助于南非与周边国家在数据库治理方面进行标准化对接，也提升了南非在非洲大陆的数据治理地位和影响力。

当前的南非在数据知识产权保护体系建设方面处于非洲较领先水平，形成了较为完善的法律框架，司法实践和政策体系。但随着云计算、大数据等新业态快速发展，南非仍需加强监管力度，并持续提高全社会的数据安全意识。

三、南非数据知识产权保护的主要框架和重点法条

（一）南非数据知识产权保护主要框架

进入 21 世纪，随着互联网和信息技术在南非的蓬勃发展，数据库及其他数字内容已成为极为宝贵的知识资产。如何在激励数据库开发创新与保护数据库权益间寻求平衡，成为南非立法和司法实践面临的重大课题。经过长期探索与立法实践，南非已基本形成了一整套的数据知识产权保护框架，并在多个重要法律中明确了数据库产权的法律保障。南非数据知识产权保护的总体框架可以概括为"立法保障、司法应用、行政监管"三位一体。

1. 南非数据知识产权保护的立法保障

在立法方面，南非规定数据知识产权的法律规则主要包括三类：法律；实施细则或条例；国际条约、公约及协定。南非《知识产权修正案》《著作权法》《专利法》《个人信息保护法》等法律及其实施条例在《南非共和国宪法》的指导下明确规定了数据知识产权权益保护的原则与条款，构筑起数据知识产权保护的基石。另外，南非议会还及时根据新情况修改完善相关法律，以适应数据库产业快速发展的需要。

（1）南非宪法

《南非共和国宪法》于1996年通过，是该国的最高法律，虽然没有专门的知识产权条款，但在权利法案中设有相关的一般性规定。具体来说，《南非共和国宪法》第14条承认和保护私权[1]；第25条规定保护财产权[2]；第30条规定保护语言和文化[3]；第31条规定保护文化、宗教和语言团体[4]；

---

[1] See Article 14. Privacy Everyone has the right to privacy, which includes the right not to have - a. their person or home searched; b. their property searched; c. their possessions seized; or d. the privacy of their communications infringed.

[2] See Article 25. Property 1. No one may be deprived of property except in terms of law of general application, and no law may permit arbitrary deprivation of property. 2. Property may be expropriated only in terms of law of general application - a. for a public purpose or in the public interest; and b. subject to compensation, the amount of which and the time and manner of payment of which have either been agreed to by those affected or decided or approved by a court. 3. The amount of the compensation and the time and manner of payment must be just and equitable, reflecting an equitable balance between the public interest and the interests of those affected, having regard to all relevant circumstances, including - a. the current use of the property; b. the history of the acquisition and use of the property; c. the market value of the property; d. the extent of direct state investment and subsidy in the acquisition and beneficial capital improvement of the property; and e. the purpose of the expropriation. 4. For the purposes of this section - a. the public interest includes the nation´s commitment to land reform, and to reforms to bring about equitable access to all South Africa´s natural resources; and b. property is not limited to land. 5. The state must take reasonable legislative and other measures, within its available resources, to foster conditions which enable citizens to gain access to land on an equitable basis. 6. A person or community whose tenure of land is legally insecure as a result of past racially discriminatory laws or practices is entitled, to the extent provided by an Act of Parliament, either to tenure which is legally secure or to comparable redress. 7. A person or community dispossessed of property after 19 June 1913 as a result of past racially discriminatory laws or practices is entitled, to the extent provided by an Act of Parliament, either to restitution of that property or to equitable redress. 8. No provision of this section may impede the state from taking legislative and other measures to achieve land, water and related reform, in order to redress the results of past racial discrimination, provided that any departure from the provisions of this section is in accordance with the provisions of section 36 （1）. 9. Parliament must enact the legislation referred to in subsection （6）.

[3] See Article 30. Language and culture Everyone has the right to use the language and to participate in the cultural life of their choice, but no one exercising these rights may do so in a manner inconsistent with any provision of the Bill of Rights.

[4] See Article 31. Cultural, religious and linguistic communities 1. Persons belonging to a cultural, religious or linguistic community may not be denied the right, with other members of that community - a. to enjoy their culture, practise their religion and use their language; and b. to form, join and maintain cultural, religious and linguistic associations and other organs of civil society. 2. The rights in subsection （1） may not be exercised in a manner inconsistent with any provision of the Bill of Rights.

第 32 条规定赋予获取信息的权利[1]。这些条款虽不直接涉及知识产权，但设立了表达自由、财产权保护、权利限制等原则，为知识产权的行使和保护奠定了宪法基础。

总体来看，南非宪法在知识产权方面采取了推导和保护的方式，没有明确的知识产权条款，但通过多个相关规定构建了知识产权的宪法框架。这为南非未来进一步完善知识产权立法及司法保护创造了空间。

（2）立法机关制定与数据知识产权相关的法律

南非的与数据知识产权相关的基本法律与世界上大部分国家相同，即著作权法、专利法、个人信息保护法等。

《公共资助研究与发展的知识产权法》。为更有效利用公共资金资助研发所产生的知识产权，南非制定了该法律，包括建立国家知识产权管理办公室以及基金等事项。

《专利法》。南非《专利法》于 1978 年制定，后经过多次修改，最终形成了现行的专利法律体系。《专利法》共包含 96 条，除前言对术语进行定义外，逻辑明晰地将主要内容划分为 16 个章节包括：规定专利管理机构；建立专利登记册和公报制度；明确专利官和专利局长的权力和义务；规范专利代理人和律师的行为；详细说明专利申请流程；规定 PCT 国际申请；规定专利授权期限和效力；设定更正修改机制；允许专利许可使用；规定专利转让和质押；建立专利撤销制度；规定侵权行为和处罚；明确举证规则；设立专利复审制度；规定国家对发明的取得；以及规定违法行为的处罚。通过对专利法律关系的全面规定，南非《专利法》构建了完整的发明专利保护体系，为鼓励发明创造、保护知识产权做出了重要贡献。

《著作权法》[2]。南非《著作权法》于 1978 年制定，后经过多次修订，目前的版本形成于 2002 年，2019 年最新的著作权法草案南非国名议会撤销了其通过的决定。《著作权法》是南非调整著作权和相关权利的核

---

〔1〕 See Article 32. Access to information 1. Everyone has the right of access to-a. any information held by the state；and b. any information that is held by another person and that is required for the exercise or protection of any rights. 2. National legislation must be enacted to give effect to this right，and may provide for reasonable measures to alleviate the administrative and financial burden on the state.

〔2〕 参见 https://www.wipo.int/wipolex/en/text/130429，最后访问日期：2023 年 8 月 26 日。

心法律，更是数据知识产权保护的重要基石。1997 年根据《知识产权法修正案》进行了适应性调整；2002 年的修正案扩大了计算机程序版权保护范围，调整了电影作品保护期限，适应了技术发展对作品电子存储形式的保护，修改了"电影""录音制品"等定义，删除了对作品必须固定在有形媒介上的要求，以与 TRIPS 协定保持一致。《著作权法》共分 5 章 47 条，主要内容包括定义条款、对原创作品设置著作权、规定著作权侵权和救济、设立著作权法庭、规定实施细节等。通过对著作权主体、客体、内容、侵权与救济的全面规定，南非建立了完整的著作权保护体系，促进了文学艺术创作。

1997 年《知识产权法修正案》[1]。该部法律通常被称为《传统知识法案》，旨在认可作为知识产权一方面的本土知识。该知识产权法修正案主要目的是修改南非的多项知识产权法律，使其符合 TRIPS 协定、PCT 以及《保护工业品产权巴黎公约》（以下简称《巴黎公约》）的要求。该法案修正了《商标法》《表演者保护法》《专利法》《著作权法》《外观设计法》等重要的知识产权法律，该法案长达 70 页。针对《商标法》的修正包括修改定义、调整检查员权力、修改违法行为处罚等。对《表演者保护法》的修正包括修改定义、扩大保护范围、延长保护期限等。《专利法》的修正则澄清了续费、优先权、损害赔偿评估等相关规定。对《著作权法》调整了计算机程序著作权范围，修改了侵权赔偿规定。对《外观设计法》的修正包括调整设计注册要求、强制许可规定等。总体来说，1997 年《知识产权法修正案》对南非知识产权法体系进行了全面的修订，使之与国际公约和协定保持一致，这对南非积极融入国际知识产权秩序具有重要意义。

《个人信息保护法》。该法由南非国民大会于 2009 年提出，经过多年立法过程，终于在 2013 年 11 月由南非总统签署生效。该法共 12 章 115 条，内容涵盖个人信息的定义和目的、适用条款、依法处理个人信息的条件及豁免、监督、事前许可、行为守则等多个方面。该法较为特别地采取分阶段实施的方式，不同的条款可以设置不同的实施日期，也可以对不同

---

〔1〕 参见 https://www.wipo.int/wipolex/en/text/130484，最后访问日期：2023 年 8 月 26 日。

类别的信息或机构设置不同的实施日期，并自总统在宪报上发布之日起生效。2014 年 4 月 11 日，南非总统首次在宪报上发布公告，公告规定，本法第 1 条的定义部分，第五章第一部分关于信息监管机构设置、职责与职权的规定、第 112 条部长制定实施细则的规定以及第 113 条实施细则的制定程序自公告之日起生效。根据规定，南非境内对个人信息的所有处理活动，在 2019 年年底之前必须符合本法的要求。通过长达 5 年过渡期条款的安排，让不同的组织和机构有充分的时间进行合规能力建设，满足对个人信息处理保护的需求。从数字经济和数据监管的角度看，该法的重要意义：首次在南非建立了相对完整的个人信息保护法律体系，对公民隐私权提供法律保障；通过设立独立的信息监管机构，加强对个人信息处理的监督力度；提供明确的个人信息处理规则，有利于建立良好的数据治理秩序，维护数据交易的公平竞争环境；分阶段实施有助于相关企业和组织逐步提高数据合规能力，实现数字经济的可持续健康发展。该法的实施对南非的数字经济发展和个人信息保护产生了积极影响，也为其他发展中国家和地区提供了可资借鉴的立法样本。

《获取信息促进法》。[1]《获取信息促进法》的立法目的是落实宪法赋予公民获取政府和社会信息的权利，建立政府透明、公众参与的社会制度。鉴于过去南非政府部门的保密作风和滥用职权的情况，该法明确规定公民有权获取政府机构持有的信息。同时考虑到公民获取其他组织信息以保护自身权益的需要，在一定条件下也可以获取非政府组织持有的相关信息。但是，基于政府部门的工作实际，获取信息的权利并非绝对，可以在必要时进行合理、正当的限制，以平衡公民权利和政府的行政负担。总的来说，《获取信息促进法》致力于推进政府透明、公众监督，保障公民依法获取信息的权利。

（3）立法机关制定的其他与数字知识产权相关的法律：

《消费者保护法》[2]。《消费者保护法》的立法宗旨是促进和保护消

---

〔1〕 参见 https://www.gov.za/sites/default/files/gcis_ document/201409/a2-000.pdf，最后访问日期：2023 年 8 月 27 日。

〔2〕 参见 https://www.wipo.int/wipolex/en/text/182727，最后访问日期：2023 年 8 月 27 日。

费者的经济利益，使其能够在商品和服务市场中获得公平对待和合法权益。该法考虑到南非种族隔离历史造成的社会不平等现状，特别强调保护弱势和历史上处于不利地位的消费者群体。同时，也关注到技术发展给市场带来的影响，需要通过法律来维护消费者权益，促进公平交易。主要内容包括：改善消费者获取信息途径，以做出明智选择；保护消费者安全；建立消费者救济机制；开展消费者教育；保障消费者自由结社；以及促进消费者参与市场决策。总体来说，该法致力于建立完善的消费者权益保护制度。

《标准法》[1]。主要目的是继续规定南非标准局作为国家标准化工作的最高机构，负责制定、维护和推广南非国家标准，以满足南非企业在全球经济中的需求。该法与知识产权相关的条款，参见第四部分"南非国家标准"，关于南非国家标准和南非标准局（SABS）出版物中涉及的著作权。

《技术创新机构法》[2]。《技术创新机构法》的主要目的是为了公共利益，推动对各类技术发现、发明、创新和改进的开发利用。为实现这一目标，该法案决定设立一个技术创新机构，明确其权力、职责以及管理和控制方式，并废止与其职责范围相关的旧法案。该法案体现了利用技术创新推动公共利益和经济社会发展的立法宗旨，其关注技术成果向公共利益转换的机制建设，通过设立专门机构并明确其法律地位和工作方式，使技术创新真正造福社会。

《维持与促进竞争法》[3]。该法的主要目的是维护和促进经济中的竞争。该法关注限制性行为、收购和垄断状况对竞争的不利影响，制定相关规定来预防或控制这些情况的发生，维护市场的公平竞争机制。该法案体现了利用法律手段促进经济中竞争的立法思路。它关注不同行为对竞争的潜在破坏，通过明确规范来约束这些破坏性行为，使竞争机制得以在法治框

---

〔1〕 参见 https：//www.gov.za/documents/standards-act，最后访问日期：2023 年 8 月 27 日。

〔2〕 参见 https：//www.gov.za/documents/technology-innovation-agency-act，最后访问日期：2023 年 8 月 27 日。

〔3〕 参见 https：//www.wipo.int/wipolex/en/text/130463，最后访问日期：2023 年 8 月 27 日。

架内有效发挥作用，防止垄断和不正当竞争，保护消费者利益和公共利益。

（4）实施细则与条例

《专利审查条例》[1]

《著作权条例》[2]

南非积极参与国际知识产权保护体系建设，是多个知识产权相关国际公约和协定的缔约国。作为世界贸易组织成员，南非的知识产权法律体系需要符合 TRIPS 协定关于知识产权保护最低标准的要求。在数据知识产权保护方面，南非已参加如下国际条约、公约和协定[3]：

《马拉喀什建立世界贸易组织协定》《与贸易有关的知识产权协定》《建立世界知识产权组织公约》《保护工业产权巴黎公约》《保护文学和艺术作品伯尔尼公约》《世界知识产权组织版权条约》《世界知识产权组织表演和录音制品条约》《专利合作条约》《保护和促进文化表现形式多样性公约》《经济、社会及文化权利国际公约》、非洲联盟《网络安全和个人数据保护协议》。

2. 南非数据知识产权保护的司法应用

（1）南非法院体简介

南非法院体系包括宪法法院和普通法院系统。南非法院共分五级：宪法法院、最高上诉法院、高等法院、地方法院（区域法院、地区法院）、酋长法庭。此外，还有专门审理黑人之间诉讼的黑人司法机关，主要有酋长法庭、专员法院和上诉庭。

宪法法院（Constitutional Court）是解释和实施宪法的最高法院，对各机构和公民具有约束力。它由 11 名法官组成小组进行审理。最高上诉法院（Supreme Court of Appeal，SCA）是除宪法事务外的终审法院，下设上诉法庭，由大法官和多名上诉法官组成。高等法院（High Courts）为各省的最高司法机构，拥有广泛的民刑事审判管辖权。它通过巡回法庭覆盖全国各

---

[1] 参见 https://www.wipo.int/wipolex/en/legislation/details/6123，最后访问日期：2023 年 8 月 27 日。

[2] 参见 https://www.wipo.int/wipolex/en/legislation/details/4069，最后访问日期：2023 年 8 月 27 日。

[3] 此处均用全称。

地。宪法法院、最高上诉法院和高等法院的判决具有重要的法律效力，维护宪法权威并约束全国各机构和公民。地方法院（Magistrates' Courts）是南非法院系统的基层法院，由区域法院（Regional Court）和地区法院（District Courts）组成。区域法院一般在各省内设置，共有9名区域法院院长和约350名法官。它主要审理较为严重的刑事案件，如谋杀、强奸等，可判处较长期徒刑，也可以像高等法院一样判处死刑。此外，根据2008年的法律修正案，区域法院也可以处理一定金额（10万兰特~30万兰特）的民事案件以及离婚案。区域法院的职权已逐步扩大，其地位和作用正在接近高等法院。地区法院是最基层的一审法院，南非共有384个地区法院和分院。地区法院处理刑事案件以及较小金额的民事案件。它们承担大量案件的审理，发挥基层审判的重要作用。南非还保留了传统的黑人酋长法庭。酋长法庭由受委任的黑人酋长根据固有习惯法审理黑人乡村地区的民事和轻微刑事纠纷。这是南非司法制度的一个特色。酋长法庭遵循非正式的诉讼程序。当事人可以选择酋长法庭或地方法院。如果不服酋长法庭判决，可以向地方法院申诉。酋长法庭反映了南非承认固有习惯法的有效性，保留黑人部族传统。但其司法权力受法律规定所限，不涉及严重犯罪。酋长法庭主要适用于农村地区的黑人居民的婚姻、继承等习惯法领域。除了主要的法院体系，南非还设立了一些具有特殊目的和功能的特别法院。这些特别法院包括小额法院（Small Claims Courts）等，它们通过简易、便捷的程序处理具体类型或金额限定的案件。

从南非法院案件审理效率看，不同级别法院的审限有所不同。从南非法院案件审理效率看，不同级别法院的审限有所不同。初级地方法院每案平均审限约6个月，法官每月可审结约24件；高级地方法院每案平均审限约15个月，法官每月可审结约7件；高等法院每案平均审限约16个月，法官每月可审结约3件。整体来看，南非基层法院审限较短，高级法院审限较长，这与案件的复杂程度相对应。

南非法院判决的执行由司法行政部门负责。各级法院对应设立执行机构"郡长"，负责判决的强制执行。如果判决超出当事人履行能力，可以申请破产。故意逃避执行的，会被依法追究刑事责任。南非公民普遍尊重法治，判决执行率较高。政府部门也遵守法院判决，很少出现不执行判决的情况。即使出现了，法院也有权力处分政府财产以确保判决得以执行。总体来说，南非重视司法权威，注重判决的落实执行，这对保障司法公正和维护法治发挥着重要作用。

（2）数据知识产权典型案例介绍

当权利人发现其知识产权受到侵犯或即将受到侵犯，为确保权利得到尊重，需要采取措施阻止未经授权的使用，遏制未来的侵权行为，并获得侵权行为造成的损失赔偿。知识产权执法可以通过多种途径实现，包括提起民事诉讼程序寻求司法补救，或者通过调解、仲裁、刑事制裁、海关执法等手段保护知识产权。知识产权本质上是私权利，因此权利人有责任和义务首先通过司法途径保护自身权利。在严重侵权情况下，尤其是故意为商业目的侵权的，在南非将被视为犯罪，有关机关将介入调查处理。在司法保护方面，南非法院通过大量案例的审理形成判例，不断完善相关法律的解释和适用。其中一个典型案例是关于数据库著作权保护的 Healthcare Funders v. Discovery Medical 案[1]。该案中，法院认定包含医疗执业信息的数据库具有独创性而应受到著作权保护，平衡了数据库操作者权益和信息公共可及性，对数据库提供了知识产权相关的保护。

基本案情：

本案的争议焦点是南非全国医疗执业人员代码系统（PCNS）的著作权归属。PCNS 由医疗执业者个人数据编制而成。原告 BHF 是一个医疗基金会，代表南非大部分医疗计划，负责建立和管理 PCNS。被告 Discovery 曾加入 BHF，后退出，但在业务中继续使用 PCNS。BHF 以 Discovery 侵犯其对 PCNS 的著作权为由起诉。

被告 Discovery 的抗辩：

Discovery 抗辩称，PCNS 不具备著作权保护所需的独创性；即使具有著作权，BHF 也不能证明其为著作权人；政府才是著作权人；Discovery 支付了使用费，应享有永久使用权；即使 BHF 拥有著作权，其使用也不构成

---

〔1〕 参见 http://www.saflii.org/za/cases/ZAGPPHC/2012/65.pdf，最后访问日期：2023 年 8 月 27 日。

侵权。

法院裁判：

第一，认定 PCNS 具有独创性，享有著作权。

法院引用相关判例，认为数字编排可受著作权保护。PCNS 的编制投入大量时间和精力，具有整体上的独创性。

第二，确定 BHF 是 PCNS 的作者和著作权人。

BHF 通过转让和后续监管获取著作权，是事实上的权利人。不采信被告 Discovery 提出国家拥有著作权的抗辩。

第三，不存在默示的永久使用许可。

被告 Discovery 主张的永久许可与 BHF 的会员协议相违背，也与 Discovery 过往行为不符。

第四，Discovery 的使用构成侵权。

Discovery 使用了 PCNS 的实质部分，应对侵犯 BHF 著作权行为承担责任。最后法院支持 BHF 诉求，责令 Discovery 停止侵权并支付损害赔偿。

在该案裁判中，法官援引南非《著作权法》，一个具有独创性的汇编（Original Compilation）是受到保护的，对该案涉及的 PCNS 就是由一系列的数字形式所构成的，包括医疗执业人员及其服务机构的个人数据进行判断后，确定该数据库受到著作权法的保护。同时法院引用 1995 年南非最高院上诉庭的 Payen Components SA Ltd v. Bovic CC 案的判决，该案承认数字系统的组成部分享有著作权。Discovery 对作品的独创性提出异议，认为 PCNS 只是包括了那些处于公共领域的数据的汇编。法院则认为，该系统是经过多年开发完成，投入大量时间精力，因此从总体上而言，该系统具有独创性。这一案例展现了南非司法系统对于数据库的著作权的承认与保护。

3. 南非数据知识产权保护的行政监管

（1）南非知识产权行政管理机关

公司和知识产权委员会（Companies and Intellectual Property Commission，CIPC）[1]是贸易、工业和竞争部[2]的下属机构。它是根据 2008 年南非

---

[1] 参见 https://www.cipc.co.za，最后访问日期：2023 年 8 月 27 日。

[2] 参见 http://www.thedtic.gov.za，最后访问日期：2023 年 8 月 27 日。

《公司法》成立的，作为国家机关中的一个法人机构运作，但不属于公务员系统。该委员会是由公司和知识产权执行局（Office of Companies and Intellectual Property Enforcement，OCIPE）、公司和知识产权注册局（Companies and Intellectual Property Registration Office，CIPRO）这两个机构合并而成。公司和知识产权委员会是独立法人，受《公司法》规制，在全国都有管辖权。在知识产权方面，委员会主要职责包括：负责公司、合作社以及知识产权（包括商标、专利、外观设计和版权）的注册和维护；在其业务登记册上披露公司信息；推广公司法和知识产权法的教育和提高认识；促进遵守相关法规；有效执行相关法规；监督财务报告标准的遵守情况，并向财务报告准则委员会（FRSC）提出建议；许可业务救助从业者；就公司法和知识产权法的国家政策事项向部长报告、进行研究并提出建议等。CIPC通过注册、维护、披露信息、推广教育、监督执行、许可等手段，负责公司法和知识产权法的管理与实施，是南非公司和知识产权领域的主管部门。

（2）南非数据行政管理机关

南非数字经济主要部门是通信和数字技术部（Department of Communications and Digital Technologies，DCDT）[1]。该部于 2020 年 4 月由原通信部和原电信与邮政服务部合并而成，数字经济是通信和数字技术部优先发展领域。南非通信和数字技术部是南非政府负责监管该国通信、电信和广播行业的部门引领数字化转型，实现数字包容和经济增长，同时部门发挥着连接南非公民与数字世界的重要作用。根据国家发展计划，到 2030 年，信息通信技术将支撑南非建设一个更具包容性和繁荣性的信息社会和知识经济。通信和数字技术部将发挥促进所有公民通过数字化转型更广泛地参与经济和社会的作用。

南非个人信息的监管机构是南非个人信息监管局（South African Information Regulator）[2]。南非信息监管局是根据《个人信息保护法》在 2013 年成立的一个独立监管机构。它仅服从法律和宪法，对国民议会负责。信

---

[1] 参见 https://www.dcdt.gov.za，最后访问日期：2023 年 8 月 26 日。

[2] 参见 https://inforegulator.org.za，最后访问日期：2023 年 8 月 26 日。

息监管局的主要职责是监督和执行公共部门和私人部门在个人信息处理方面的合规情况。它负责监督《个人信息保护法》和《信息获取促进法》的执行。《个人信息保护法》是南非在个人信息保护方面的重要立法，它建立了处理个人信息的最低要求和条件。信息监管局有权监管公私部门遵守该法的规定。作为一个独立的监管机构，南非信息监管局在保护个人信息方面发挥着重要作用。它监督个人信息合规，促进信息公开，维护公民的信息权利。

（二）南非数据知识产权保护重点法条

1. 《公共资助研究与发展的知识产权法》[1]中相关规定

《公共资助研究与发展的知识产权法》的主要内容包括：成立国家知识产权管理办公室，统筹协调公共资助研发的知识产权工作；设立知识产权基金，用于管理和运用公共资助研发所产生的知识产权收益；在相关科研机构和高校内部设置技术转移办公室，推动知识产权的转化运用；加强对公共资助研发成果知识产权的管理，确保其被充分、有效地运用。通过设置专门机构和基金，明确知识产权的归属、收益分配及运用方向，南非打造了一整套公共科研成果向社会转移转化的体系，有效激励了公共资助的研发活动，充分发挥了知识产权在经济社会发展中的关键作用。其中该法的第 9 条知识产权管理办公室的职责的规定中明确的家知识产权管理办公室对包括对数据在内的客体进行管理。

2. 《专利法》中相关规定

南非《专利法》对软件相关发明的专利保护作出了规定。第 25 条第 2 款明确排除了对简单信息的陈列（the Presentation of Information）不能授予专利权。但是，第 25 条第 1 款规定，任何涉及创造性步骤的新发明，如果能够在贸易、工业或农业中应用，可以获得专利权。因此，仅仅对数据进行简单汇编的发明不予专利保护，但如果对数据或数据库进行创造性的处理，具有新颖性和进步性，同时在商业中能够应用，则可以获得专利权。

---

[1] See Intellectual Property Rights from Publicly Financed Research and Development Act 51 of 2008，https://www.gov.za/sites/default/files/gcis-document/201409/317451402.pdf，最后访问日期：2023 年 10 月 31 日。

只要软件相关发明不属于简单的数据汇编，而是提出创新性的技术方案，符合专利法规定的保护条件，仍可以通过专利法获得保护。综上，南非《专利法》基于发明创造性的判断原则，对数据库软件的计算机程序，以及大数据、分析方法等设置了专利保护的可能性，鼓励开发者对数据进行持续创新与知识产权保护。这对于南非数据以及相关产业的发展具有重要积极意义。

3.《著作权法》中相关规定

南非《著作权法》在保护数据作品的著作权方面作出了重要的规定与努力。

首先，在界定受保护作品的范围时，明确获得著作权保护的作品包括原创性质的文学、音乐、艺术、电影、录音等作品以及计算机程序，并将汇编数据库明确写入其中。获得著作权的条件是作品需具有原创性，这为保护数据以及数据库的著作权奠定了基础。其次，在对相关术语下定义时，将电影、录音制品中的数据纳入可获得著作权保护的范围，采取技术中立的立法原则，以适应数字环境下作品形式的变化。最后，最为关键的是《著作权法》对"文学作品"的定义。在列举小说、诗歌等文学形式的基础上，特别将"图表和数据汇编"明确纳入文学作品范围，并进一步说明包括计算机中储存的数据库。该法也强调只有通过发明、选择操作或编排方法，而产生原创性的数据库才能获得版权保护。这排除了简单汇编不需付出劳力的数据库。这一规定是在 1997 年加入的，标志着南非《著作权法》调整步伐，与数字环境与信息技术发展相适应，通过文学作品这个传统类别来保护新型的数据作品。

与此同时，获得著作权保护的数据库作者享有对数据库进行复制、改编、发行、表演等的排他性权利，其他人未经授权不可进行抄袭或利用。这为原创性数据库的权益提供保障。关于受到著作权保护的数据库，其保护期限和其他受保护作品相同，同为作者死后 50 年。针对数据库的侵权行为作出规定。如果实质复制或改编他人获得版权的数据库，则构成侵权。权利人可以要求止损或取得赔偿。

综上，南非《著作权法》的修订将原创性数据库纳入版权保护范围，并规定了权利内容、保护期限以及侵权救济，这构成了南非保护数据库权益的重要立法内容之一。南非《著作权法》通过多项规定，保证了数据库作为一种新型作品形式，可以获得完整的著作权法保护，为数据库产业的繁荣发展提供了法律支撑。

4.《知识产权法修正案》中相关规定

南非《知识产权法修正案》主要是为了符合 TRIPS 协定、PCT 以及《巴黎公约》的要求，对知识产权相关法案进行了全面修订。其中，与数据相关的主要修改如下：对部分术语下定义进行了更新和调整，如"广播""再广播""电影摄影片"等，使其定义更加明确，符合数据技术的发展；加入了对"广播者""固定"等新兴术语的定义，增添了数据固定的方式；扩大了"文学作品"的定义范围，包括计算机中的数据表格、数据汇编、数据库等；调整了取得版权的要求，明确数字信号形式也可获得版权保护。

总体来看，修正案使相关法规术语符合技术发展，扩大了法规保护的范围，使更多新兴的创作形式得到保护。这些修改使南非的知识产权法规更加完善，符合数字时代的需求。

5.《个人信息保护法》中相关规定

南非《个人信息保护法》的总体目标是促进公共和私人机构对个人信息的保护，规定了这些机构在处理个人信息时应遵循的最低要求和合规原则。该法对个人信息和特殊个人信息进行了明确定义。法律规定，作为"责任主体"的各类公共和私人机构，在收集、存储、使用和传播个人信息的全部过程中，都应严格遵守法律要求。

该法第 5 条赋予了广泛的个人信息权利给数据主体，包括知情权、访问权、更正权、删除权、异议权等。该法还详细规定了处理一般个人信息（第 8 条至第 25 条）和特殊个人信息的条件（第 26 条至第 33 条），提出了问责、用途限定、数据最小化等多个合规原则。对于特殊类别的敏感个人信息，处理方必须获得特别授权。此外，该法在第五章设立了信息监管机构（第一部分）和信息管理官制度（第二部分）。这也是南非整部《个人信息保护法》亮点部分。信息监管机构负责监督、投诉处理、法规制定等职责。该法第 40 条对其进行了详细的列举规定：含教育活动、公开发表、为数据主体行使权利提供咨询、应部长或公共机构或私营机构的请求就本法实施中的问题提供意见、合规审查、利益方协商、处理投诉、向议会汇报工作、发布行为守则、促进跨境合作等。信息管理官负责组织内部的合规工作。该法第 55 条对其职责进行了列举：鼓励机构遵守合法处理个人信息的条件；处理根据本法向机构提出的请求；在调查方面与监管机构合作，并开展调查等。这种内外结合的监管方式有助于从体制上保障个人信息合法处理。

通过明确权利义务、设立合规原则、建立监管体系，该法为南非建立了较为完善的个人信息保护法律制度，有助于维护个人信息安全，建立良好的数据治理秩序，推动数字经济健康发展。

四、南非与中国的数据知识产权制度的主要区别

目前，我国正深入研究数据产权规则，加强制度设计，加快建立数据知识产权保护体系。构建数据知识产权制度是一项重大的制度创新和实践创新。国家知识产权局积极推进相关政策制定与实施，大力开展地方试点，参与数据领域知识产权国际合作，立足中国国情，探索数据知识产权保护的中国方案，助力数字经济发展。2020 年，"数据知识产权"概念首次出现在政府文件中，标志着国家知识产权局开始探索数据知识产权课题。2021 年 9 月 22 日，中共中央、国务院印发了《知识产权强国建设纲要（2021—2035 年）》，明确提出研究构建数据知识产权保护规则，这是从理论探索到制度创新迈出的第一步，成为当前数据知识产权领域的顶层设计。随后，国家知识产权局制定《"十四五"国家知识产权保护和运用规划》，设立数据知识产权保护专栏，部署保护规则建设和数据资源利用与安全保护。2022 年工作指引提出加快数据产权、人工智能产出物知识产权保护制度建设。一方面激励新业态知识产权运用，另一方面防止技术风险和社会风险，处理好激励与规制关系。

目前，数据知识产权地方试点工作取得明显进展。2022 年 11 月，国家知识产权局组织北京市、上海市、江苏省、浙江省、福建省、山东省、

广东省、深圳市等 8 个试点地方开展数据知识产权保护试点。试点地方围绕推动制度建设、登记实践等方面进行探索。浙江省建立数据知识产权公共存证平台，率先在立法层面保护数据知识产权。深圳市实施数据知识产权登记制度，为企业提供全流程登记服务。上海市拟定数据知识产权登记规定，计划在浦东新区开展登记试点。北京市制定数据知识产权登记管理办法。江苏省构建省级登记平台。福建省建立数据知识产权登记存证平台。山东省探索数据知识产权存证登记平台建设。广东省构建知识产权权属数据库，保护大数据领域知识产权。这些试点丰富了数据知识产权保护的地方实践，为后续在全国推开数据知识产权制度奠定了基础。

由此可见，南非与中国在数据知识产权保护方面，都建立了较为完善的法律制度体系。但是，两国在具体制度设计和法律细节上的差异也很明显。这些区别源于两国不同的法律传统、数据库产业发展阶段及公共数据开放理念不同。明确认识两国差异的原因，可以帮助我们在借鉴南非成功经验的同时，也考量我国国情，完善我国的数据库知识产权制度。

（一）对数据知识产权保护的推进方式不同

中国采取由政府主导的顶层设计与推进方式。中国关于数据知识产权保护是国家层面首先进行统筹谋划和制度设计，在国家知识产权局的统筹领导下开展。国家知识产权局牵头开展数据知识产权制度设计研究，《知识产权强国建设纲要（2021-2035 年）》首次提出研究构建数据知识产权保护规则，2022 年出台的数据知识产权地方试点方案，均是国家层面对数据知识产权保护作出的统筹部署。然后中国采取试点先行，总结经验再推广的方式将顶层设计进行分批次实施验证。2022 年，国家知识产权局先后在北京市、上海市等 8 个地方开展数据知识产权保护试点工作，围绕制度构建、登记实践等方面进行探索，这为后续在全国范围内推开数据知识产权保护奠定了基础。而在立法层面，中国迟迟未能给数据确权等问题予以立法确认，保持比较谨慎的态度。但在司法实践中积极探索运用现行法律规定保护数据知识产权。通过典型案例，指导形成相对统一的司法适用标准。这种方式有利于从实践出发推进保护，但立法空白也造成法律依据不足。

南非更多采用立法主导方式。主要通过修改现行法律，增加数据知识产权保护内容，而不是制定单独立法。这种方式立法进展较快，但多是局部调整，不易形成系统的制度安排。与此同时，南非最近一次对《著作权法》进行修改，想要增加数据保护内容，但被南非国民议会否决。可见南非想要实现对数据知识产权保护的系统性、革新的立法突破还面临困难。但南非也设立了专门的机构来引导数据知识产权保护工作，如公司和知识产权委员会、通信和数字技术部等。这有助于数据知识产权保护的专业化推进。

总体来看，两国方式各有利弊。中国重视系统性，南非更注重操作性。但在快速发展的数字时代，如何在稳定性与灵活性之间找平衡，实现立法与实践互动，是两国都需继续探索的难题。

（二）对公共资料库的保护立场不同

南非和中国在公共数据库的保护和利用上也存在一定差异，主要表现在以下几个方面：

公共数据库的法律定义。南非《获取信息促进法》将公共数据库定义为由政府部门或其他机构编纂的任何数据集或部分数据集，无论以何种形式存储或访问。中国虽然在电子商务法、网络安全法、电信条例等法律中提出了"公共数据"的概念，但没有明确界定其范围和内涵，各地政府规章对公共数据的定义也不尽一致。

公共数据库的开放原则。南非鼓励公共数据的商业化再利用，除非涉及国家安全、个人隐私等敏感信息，否则公共部门应当向社会开放共享公共数据库。中国则遵循"开放为原则，不开放为例外"的原则，分为依法公开和依申请公开，只有经过审批的公共数据才能向社会开放，开放程度有限。

公共数据库的开放平台和交易机制。南非建立了多个开放数据平台，如"开放数据门户网站""数据第一研究数据服务"等，向公众提供政府、社会科学等领域的数据集，并制定了开放数据标准和协调机构，规范和监管数据开放。中国目前尚未形成统一的开放数据平台和交易机制，各地区自行建设开放平台，申请下载或调用数据接口为主要开放方式。

公共数据库的商业化利用。南非允许政府部门自主编纂公共数据产品，并通过收费等方式回收编纂成本，同时鼓励企业等市场主体利用公共数据库进行创新应用。中国对公共数据库的商业化利用持较为谨慎的态度，在获取和应用公共数据过程中，企业等市场主体应当遵守相关法律规定，不得违法获取数据或侵害他人权益。

综上所述，南非在发挥公共数据库效用的同时，也切实保护了关键核心数据，实现了开放与保护的平衡。这对于发展中国家和地区在实现数据价值与数据安全之间寻求平衡是一个可借鉴的范例。相比之下，中国在公共数据库开放方面还处于初级阶段，需要进一步完善顶层设计，强化规制合规，促进公共数据库在合法合规前提下的充分开放与共享。

（三）在全球数据治理中的定位不同

中国与南非在数据知识产权保护方面存在着显著的不同，也反映在了两国在国际合作和对话方面的不同。

中国是一个数据治理的领导者和倡导者，积极参与和推动全球数据治理规则的制定和完善，以及与其他国家和地区的数据互联互通和共享。中国在数据知识产权保护方面的法律法规和实践，为其他发展中国家和地区提供了有益的借鉴和参考。例如，我国于 2020 年通过了《中华人民共和国民法典》，其中明确规定了数据作为一种新型民事权利主体的地位和保护范围，为数据知识产权保护提供了坚实的法律基础。2021 年通过的《中华人民共和国个人信息保护法》和《中华人民共和国数据安全法》，进一步完善了数据收集、处理、使用、传输、存储、删除等方面的规范和要求，为数据知识产权保护提供了更加细致和全面的法律指导。此外，中国还积极参与了《数字经济伙伴关系协定》《全球数据安全倡议》等多边框架和倡议，以及与欧盟、东盟、非洲联盟等的多个国家和地区的双边或多边数据合作机制，推动了全球数据治理的发展和进步。

南非是一个数据治理的参与者和受益者，主要关注如何利用数据促进自身的经济社会发展，以及如何保护自身的数据主权和安全。南非在数据知识产权保护方面的法律法规和实践，还需要进一步完善和强化，以适应数字化时代的新要求和挑战。例如，南非于 2013 年通过了《保护个人信息法》，其中规定了个人信息的定义、分类、收集、处理、存储、转移等方面的原则和义务，为个人信息保护提供了基本的法律框架。但是，该法律在实施过程中遇到了诸多困难和挑战，如监管机构缺乏相关资源、公众缺乏意识、企业缺乏合规能力等。此外，南非还没有专门针对非个人信息或商业信息的法律法规，导致这类信息在收集、使用、共享等方面缺乏有效的保护。南非也缺乏与其他国家和地区进行数据交流或合作的协议或机制，限制了其在数字经济领域的发展潜力。

中国与南非在数据知识产权保护领域存在广阔的合作空间与互补优势。首先，两国都高度重视数据治理，在数据知识产权保护方面积累了宝贵经验。中国强调系统性立法和国际规则制定，南非注重立法操作性和信息开放。两国可加强经验交流，取长补短。其次，两国经济互补性强。中国经济以制造业为主，南非以资源和服务业为主。在数字经济蓬勃发展的今天，数据素材和算法模型的交流对双方都具有重要意义。再其次，两国在多边框架下已开展数据合作。中国与南非都是金砖国家的重要成员，此次习近平主席访问南非时形成的丰富成果中，也包含了数据方面的合作内容。最后，两国都面临数据安全挑战。加强合作，有利于双方在政策、法规、技术上形成协同，提高数据管控能力。中南两国在数据知识产权保护领域应加强交流对话、项目合作、人员培训等，维护数据产权秩序，为全球数字治理贡献力量。这不仅有利于双方，也将惠及其他发展中国家和地区。

五、南非的数据知识产权制度对我国的启示

（一）放宽对公共领域数据的商业化利用的限制

南非在公共数据库的开放和利用方面有着先进的经验，对我国有很好的借鉴作用。我国应该在维护公共利益的基础上，适度加强和规范公共数据库的开放和利用。首先，可以适当放宽公共数据库商业化利用的限制，建立便捷的授权机制。目前的制度对商业化利用没有明确的规定，导致公共数据资源没有得到充分利用。可以借鉴南非经验，激励公共数据的商业再开发。其次，完善政府部门编制公共数据库的法律制度和政策支持，明确规定政府部门可以通过向使用者收费来弥补编制成本。同时，增加财政

支持力度，提高政府部门编制高价值公共数据库的积极性。再其次，加强公共数据库的质量管理，保证数据真实、准确、完整。可建立数据质量评估标准，进行定期评估，对质量差的数据库进行整改，保证公共数据的可信性。最后，加强对公共数据库知识产权归属的规定，避免权属不清造成的纠纷。对于公共资助编制的数据库，可以明确其归属。

我国应该在维护公共利益的基础上，吸取南非成功经验，适度放宽公共数据库商业化利用限制，建立便捷合理的获取机制，推动公共数据的社会化应用。这对于发挥数据要素作用有着重要意义。

（二）强化对数据侵权行为的刑事制裁

数据知识产权保护是一个涉及多个法律领域的复杂问题。我国目前主要采用私权保护的方式，即通过知识产权法、反不正当竞争法等民事法律手段来维护数据的所有权和使用权。但是，这些法律并不能涵盖所有的数据类型和场景，因此在一些情况下，数据的保护还需要依靠刑法的规制。刑法中有关数据的罪名包括危险作业罪、侵犯公民个人信息罪、非法获取计算机信息系统数据罪、破坏计算机信息系统罪、拒不履行信息网络安全管理义务罪等。然而，在司法实践中，对于侵犯数据知识产权的行为，刑事追责的比例并不高，造成我国对数据知识产权侵权行为的惩处力度不够。

为了有效地保护数据知识产权，我国应该加大对数据侵权行为的刑事制裁力度，完善刑法中有关数据的罪名和量刑标准，提高对数据侵权行为的检举和起诉率，加强对数据侵权案件的审理和执行。同时，我国也应该适当借鉴国际上先进的经验和做法，如南非等国家对数据知识产权的保护力度较大，它不仅认可数据的创造性和独立性，而且对数据的形成过程和结果给予了有力的司法保护。南非《个人信息保护法》中第107条对诸多情形下的侵权行为都列明了相应的刑事责任，也对非法获取、使用或泄露信息数据的行为进行了严厉的惩罚。

（三）借鉴南非的区域性数据保护合作经验

在区域合作方面，我国可以借鉴南非的区域性数据保护合作经验，在亚太地区推动制定保护个人数据的区域公约或协议。我国可以参考南非加入非洲联盟制定《马拉博协议》的做法，在亚太地区与其他国家和地区协调数据保护框架，保护隐私并促进信息自由流动。同时，中国也应该加强与其他国家和地区在数据保护方面的沟通和交流，增进相互理解和信任，共同应对跨境数据流动所带来的挑战和机遇。

数据产品的英国知识产权制度研究

李　仪　叶韵怡[*]

一、引言

党的二十大报告中，习近平总书记强调，我国要加强知识产权法治保障，形成支持全面创新的基础制度。《中共中央 国务院关于构建数据基础制度更好发挥数据要素作用的意见》进一步明确，我国将构建数据产品的产权制度。营利性数据产品交换平台服务商（如西部数据交易中心、京东万象、百行征信有限公司）将个人信息及企业商业秘密等专有信息处理为数据产品，进而将产品提供给消费者及企业利用，以此来实现数据产品效用的最大化。然而美国优利系统公司垄断产品牟利、全球 30 亿雅虎用户信息被盗、新浪微博用户数据产品被不当获取等一系列重大数据产品安全事件频频暴雷。在 2021 年 11 月与 2022 年 1 月分别举行的世界信息安全大会与中国法学会知识产权法学研究会 2021 年年会上，专家对前述困境深感忧虑。

本文所称"数据产品"专指消费者等个体的个人信息及企业的商业秘密等专有信息经算法处理后形成的成果，如信用评价报告、投资风险评估报告、理财规划建议、读者学术发展方向的分析报告、个人著述评价、学术产出咨询建议、科研能力提升建议等。对于数据产品开发利用，国内学者多关注于：第一，治理宗旨。市场主体既包括提供原始数据与信息

---

* 作者简介：李仪，重庆理工大学重庆知识产权学院教授，法学博士，硕士生导师。叶韵怡，重庆理工大学重庆知识产权法学知识产权管理硕士研究生。

的消费者与电子商务、征信、金融、文化产业等领域的企业，又包含将信息处理为数据产品的自营型平台及提供交易中介服务的居间型平台（如西部数据交易中心、中国人民银行征信中心、百行征信有限公司、上海资信信用管理平台、OKMS 汇智平台、京东万象）。主体隐私保护、交易效率提高、经营绩效优化等都需要平衡和处理不同利益间的冲突和矛盾[1]。对此立法者应设定知情同意等规则，法官宜运用价值判断与利益衡量方法，优先保护处于较高价值位阶的隐私人格利益，同时兼顾数据流通交易。[2]第二，交易中的数据确权。确权是交易的基础，[3]数据保护模式经过了从隐私权、个人信息人格权到数据财产权的演进。[4]为确保数据安全，治理者还应借鉴被遗忘权等域外经验。第三，交易风险对策。数据的真实性、完整性等要素被破坏，会引发隐私及商业秘密等权益被侵害的风险。[5]其对策包括优化数据定价、强化市场运行公法规制、完善市场主体准入监管制度、合理化主体收益分配、严格认定与制止平台对垄断优势滥用。[6]

　　对于数据产品交易与利用，以欧美学者为代表的一方多聚焦于：第一，数据概念及保护模式。作为法律保护客体与市场交易对象，"数据"概念经历了从隐私、个人信息或个人数据、数据财产到数据产品的流变。[7]第二，数据交易规制策略。治理者宜采取设定义务责任、细化行政监管、引导行业自律等方式，防止自营型平台通过滥用数据垄断优势、采用价格歧视及

　　〔1〕　参见李仪、张婷：《消费者个人信用信息交易的激励相容机制——以应对平台经济下交易困境为视角》，载《中国流通经济》2022 年第 2 期。

　　〔2〕　参见梁慧星：《裁判的方法》，法律出版社 2003 年版，第 187 页。周汉华：《个人信息保护的法律定位》，载《社会科学文摘》2020 年第 8 期。

　　〔3〕　参见申卫星：《论数据用益权》，载《中国社会科学》2020 年第 11 期。

　　〔4〕　参见齐爱民：《拯救信息社会中的人格——个人信息保护法总论》，北京大学出版社 2009 年版，第 102 页；参见龙卫球：《〈个人信息保护法〉的基本法定位与保护功能——基于新法体系形成及其展开的分析》，载《现代法学》2021 年第 5 期。

　　〔5〕　参见杨立新、赵鑫：《利用个人信息自动化决策的知情同意规则及保障——以个性化广告为视角解读〈个人信息保护法〉第 24 条规定》，载《法律适用》2021 年第 10 期。

　　〔6〕　参见赵学刚、马羽男：《算法偏见的法律矫正研究》，载《辽宁大学学报（哲学社会科学版）》2020 年第 5 期。张新宝：《论个人信息权益的构造》，载《中外法学》2021 年第 5 期。

　　〔7〕　See Dev S. Gangjee, *The Data Producer's Right：An Instructive Obituary*, Cambridge University Press, 2022.

数据本地化等手段来阻碍流通；[1]同时被遗忘权、可携带权应确立于消费者人格保护制度之中。[2]第三，数据交易促进策略。治理者需要评估数据价值、向消费者等主体分配交易利润，从而提高交易效率；[3]同时治理者应消除欧盟各国及欧美间数据流通与交易的行政壁垒。[4]

本文以英国《2018年数据保护法案》作为法律制度的主要依据，考察数据产品的英国知识产权保护制度，以寻求我国对数据产品的知识产权保护对策。

二、数据产品英国立法保护历程回顾

（一）个人隐私保护阶段

将数据及数据产品纳入隐私权保护对象范围，该立法模式首创于美国。美国《1974年隐私法案》是这一主张的典型代表。由于美国是个人信息保护立法的先驱，美国的立法理论、立法方法和技术的影响，远远超出了英美法系国家的范围。而同作为英美法系国家，英国在20世纪末也是通过隐私权来保护数据的。这体现于英国《1995年数据保护法案》第二章与第三章当中。由此我国部分学者通过分析发现，包括英国、法国、德国在内的主要欧洲国家在数据保护初期阶段，采用的都是隐私权保护模式。

（二）专有信息保护阶段

专有信息保护阶段将商业秘密、个人数据等专有信息及其财产利益作为保护对象，保护对象从隐私拓展到公开个人信息、从人格利益到财产利益，并初步设定了相应的个人信息权利规则。此阶段的代表法律主要有

---

〔1〕 See Esmaeilzadeh Pouyan, "The Effect of the Privacy Policy of Health Information Exchange (HIE) on Patients' Information Disclosure Intention", *Computers & security*, Vol. 95, No. 1, 2020.

〔2〕 See Gaetano Aiello: "Consumers' Willingness to Disclose Personal Information Throughout the Customer Purchase Journey in Retailing: the Role of Perceived Warmth", *Journal of Retailing*, Vol. 96, No. 4, 2020, pp. 490-506.

〔3〕 See in Giner zhe, Wagman Liad, "Big Data at the Crossroads of Antitrust and Consumer Protection", *Information Economics and Policy*, Vol. 54, 2021.

〔4〕 See Margaret L Sheng, Saide Saide, "Supply Chain Survivability in Crisis Times Through a Viable System Perspective: Big Data, Knowledge Ambidexterity, and the Mediating Role of Virtual Enterprise", *Journal of Business Research*, Vol. 137, 2021, pp. 567-578.

《保护秘密权利法草案》《1998年数据保护法案》。

英国是世界上第一个对商业秘密予以司法保护的国家。1982年颁布的《保护秘密权利法草案》将商业秘密作为知识产权加以保护。《1998年数据保护法案》是英国处理和保护个人数据的法律基础，其第1条对"数据"的范围做了明确限定：（a）根据发出的处理指令自动运行的设备所处理的信息；（b）为了由上述设备加以处理而记录的信息；（c）作为相关存档系统的组成部分或为了成为相关存档系统的组成部分而记录的信息；（d）不属于（a）（b）（c）项规定的信息，但属于第68条所规定的可得记录的组成部分。该法案也明确了"个人数据"和"敏感个人数据"的定义和范围，赋予了数据控制者获取和处理个人数据的权利，包括停止处理个人数据的权利、可以申请司法赔偿的权利等。与此同时，该法案确立了数据保护的8项基本原则，如个人数据处理正当合法，个人数据的获取目的明确、合法，个人数据就其处理目的而言是充分的、相关的，不超出必要范围等至今仍然适用的原则。

（三）数据产品保护阶段

此阶段将商业秘密与个人信息等专业信息处理形成的数据产品纳入保护范围、以知识产权等财产权利作为产品保护依据。此阶段的代表法案为《2018年数据保护法案》。《2018年数据保护法案》适用于英国设立控制者和处理者的活动背景下的个人数据处理，无论该处理是否发生在英国；也适用于《通用数据保护条例》（GDPR）规定的处理发生时在英国的数据主体的个人数据处理。《2018年数据保护法案》主要遵循欧盟GDPR对个人数据的处理做出的详细规定，大多数关于个人数据处理的规定都遵守GDPR，但法案也对GDPR进行了大量的补充，对不适用GDPR的某些类型的数据处理应用了广泛等效的制度，法案也要求在阅读部分条款时，应与GDPR结合起来同时阅读。因此，本文主要以英国《2018年数据保护法案》为法律基础，结合欧盟GDPR，考察数据产品的英国知识产权保护制度。

（四）脱欧后的立法趋势

2020年英国正式脱离欧盟后，致力于在各个领域寻求自身的立法特点，从而摆脱曾经作为欧盟成员国身份的影响，这一指导思想也体现在了数据产品保护立法当中。根据该国议会公布的《数据改革法案》，该法案旨在指导英国对欧盟《数据保护指令》及 GDPR 下的《数据保护和数字信息法案》进行改革，从而简化规则内容及实施程序，在维护主体隐私与个人信息利益的前提下促进数据利用，进而构建包括知识产权在内的数据权利体系，以此来保持其数据保护立法在全球的领先地位。为此《数据改革法案》明确了如下措施：第一，赋予市场主体尤其是公民和中小企业对数据产品的支配权与控制权；第二，通过权利（包括版权与专利权等数据产品之上的知识产权）的行使来挖掘数据价值，促进数据利用。

三、数据产品英国知识产权保护制度透析

（一）制度基本原则

GDPR 第 5 条第 1 款规定了个人数据处理的 6 项基本原则，分别是个人数据处理的合法性、公平性和透明性原则：应当以合法的、合理的和透明的方式处理；目的限制原则：个人数据的收集目的应当具体、清晰和正当；数据最小化原则：为了实现数据处理目的而采用适当的、相关的、必要的措施；准确性原则：个人数据应当是准确的，如有必要必须及时更新，对不准确数据应得到擦除或更正；限期存储原则：对于能够识别数据主体的个人数据，其存储时间不得超过实现其处理目的所必需的时间；数据的完整性与保密性原则：处理过程中应确保个人数据的安全，采取合理的技术手段、组织措施，避免数据未经授权及梳理遭到非法处理，避免数据发生意外损毁或灭失。第 5 条第 2 款规定了一项可问责性原则：数据控制者有责任遵守以上第 1 款，并且有责任对此提供证明。

《2018 年数据保护法案》第三部分"执法处理"的第二章确立了与 GDPR 相对应的 6 项数据保护原则，分别是合法性、合理性和透明性原则，目的限制原则，数据最小化原则，准确性原则，限期存储原则，数据的完整性和安全性原则。第 35 条规定第一项数据保护原则，即为任何执法目的而处理的个人数据必须合法和公平，要求该个人数据处理是基于法律及以下任何一项情况下才是合法的：数据主体已经同意为此目的进行处理，处

理对于执行主管当局为此目的执行的任务是必要的。第 36 条规定第二项数据保护原则，即在任何情况下个人数据的执法目的必须明晰、明确及合法，以这种方式收集的个人数据，不得以与收集该类数据目的不相符的方式处理。第 37 条规定第三项数据保护原则，即为任何执法目的而处理的个人数据，就其处理的目的而言，必须是充分的、相关的并且不过度的。第 38 条规定第四项数据保护原则，即为任何执法目的而处理的个人数据必须准确，并在必要时保持最新，必须采取一切合理步骤，确保在超出个人数据处理目的的范围后，立即删除超出范围部分的数据。第 39 条规定第五项数据保护原则，即为任何执法目的而处理的个人数据，其保存时间不得超过处理目的所必需的时间。第 40 条规定第六项数据保护原则，即为任何执法目的而处理的个人数据，必须以确保个人数据适当安全的方式进行处理，使用适当的技术或组织措施（在此原则中，"适当安全"包括防止未经授权或非法处理以及防止意外丢失、毁坏或损坏）。上述原则也同时出现在了第四部分"情报服务处理"的第二章第 85 条至第 91 条，在"情报服务处理"部分规定了与"执法处理"部分中相同的数据保护原则。

（二）制度具体规则

区分专有信息与数据产品的性质，在数据产品之上设定以知识产权为主的财产权，权能包括控制、利用、收益、处分、排他侵害等。

1. 数据的控制者和处理者

GDPR 第 4 条对数据的控制者和处理者做了明确规定，第 7 款规定控制者是指单独或联合决定个人数据处理目的与方式的自然人或法人、公共机构、行政机关或其他非法人组织，第 8 款规定处理者是指代表控制者处理个人数据的自然人或法人、公共机构、行政机关或其他非法人组织。

在《2018 年数据保护法案》中，分别就一般处理（第二部分）、执法处理（第三部分）和情报服务处理（第四部分）对数据控制者和处理者做了不同的定义（第 6 条、第 32 条、第 83 条）。《2018 年数据保护法案》在第一部分引言中的第 3 条第 6 款规定，就第二部分、第三部分或第四部分第二章或第三章适用的个人数据处理而言，"控制者"和"处理者"的含义与该章或该部分中的含义相同。在第二部分"一般处理"第二章

"GDPR 中使用的某些术语的含义"第 6 条规定了 GDPR 中"控制者"的定义，即 GDPR 第 4 条第 7 款中"控制者"的定义，在以法律要求处理为目的、以法律规定的处理方式处理个人数据的条件下，以及第 209 条（向王室申请）和第 210 条（向议会申请）的条件下有效。

在"执法处理"中第 32 条规定，"控制者"是指单独或与他人共同决定处理个人数据的目的和方式的当局，"处理者"是指代表控制者处理个人数据的任何人（作为控制者的雇员的人除外）。在"情报服务处理"中第 83 条规定，"控制者"是指单独或与他人共同决定处理个人数据的目的和方式的情报机构，"处理者"是指代表控制者处理个人数据的任何人（作为控制者的雇员的人除外）。

GDPR 第 24 条规定了控制者的责任：在考虑了处理的性质、范围、语境与目的，以及处理对自然人权利与自由所带来的不同概率和程度的风险后，控制者应当采取恰当的技术与组织措施，保证处理符合本条例规定，并且能够证明处理符合本条例规定。第 28 条第 1 款对控制者选择处理者的条件做了规定，处理者代表控制者进行处理，控制者只能选用有充分保障的、可采取适当技术与组织措施的、其处理方式符合本条例要求并且能保障数据主体权利的处理者；第 3 款规定处理者的责任，处理者的处理应当受某类合同或其他欧盟法与成员国法的约束，这类合同或法律应当规定处理者相对于控制者的责任、主体事项、处理期限、处理性质与目的、个人数据的类型、数据主体的类型以及控制者的责任与权利。

《2018 年数据保护法案》规定了数据控制者和处理者的义务（第 55 条~第 71 条规定了执法处理中控制者和处理者的义务，第 101 条~第 108 条规定了情报服务处理中控制者和处理者的义务），包括一般义务（第 56 条~第 65 条、第 102 条~第 106 条）、在安全方面的具体义务（第 66 条、第 107 条）、在个人数据泄露方面的具体义务（第 67 条、第 68 条和第 108 条）。法案规定每个控制者必须实施适当的技术和组织措施，包括适当的数据保护政策，以确保并能够证明个人数据的处理符合法律要求。处理者必须只能是符合本法规定要求的、能够提供保证实施适当的技术和组织措施，以确保对数据主体权利的保护的控制者代表，处理者的处理必须受控制者和处理者之间的书面合同的约束。每个控制者和处理者必须实施适当的技术和组织措施，以确保与个人数据处理产生的风险相适应的安全水平。每个控制者必须保存其负责的所有类别的处理活动的记录，每个处理者必须保存代表控制者进行的所有类别处理活动的记录，控制者（或在个人数据由处理者代表控制者处理的情况下）必须在自动化处理系统中保存集合、变更、咨询、披露、删除等处理操作的日志。

2. 处理的合法性

GDPR 第 6 条第 1 款规定了"处理的合法性"，只有满足至少如下一项条件时，处理才是合法的，且处理的合法性只限于满足条件内的处理：（a）数据主体已经同意基于一项或多项目的而对其个人数据进行处理；（b）处理对于完成某项数据主体所参与的契约是必要的，或者在签订契约前基于数据主体的请求而进行的处理；（c）处理是控制者履行其法定义务所必需的；（d）处理对于保护数据主体或另一个自然人的核心利益是必要的；（e）处理是数据控制者为了公共利益或基于官方权威而履行某项任务而进行的；（f）处理对于控制者或第三方所追求的正当利益是必要的，这不包括需要通过个人数据保护以实现数据主体的优先性利益或基本权利与自由，特别是儿童的优先性利益或基本权利与自由。

第 32 条第 1 款规定了处理的安全，在考虑了最新水平、实施成本、处理的性质、处理的范围、处理的语境与目的之后，以及处理给自然人权利与自由带来的伤害可能性与严重性之后，控制者和处理者应当采取包括但不限于如下的适当技术与组织措施，以便保证和风险相称的安全水平：（a）个人数据的匿名化和加密；（b）保持处理系统与服务的保密性、公正性、有效性以及重新恢复的能力；（c）在遭受物理性或技术性破坏的情形中，有能力恢复对个人数据的获取与访问；（d）具有为保证处理安全而进行常规性测试、评估与评价技术性与组织性手段有效性的流程。

在《2018 年数据保护法案》第 8 条中，对 GDPR 第 6 条第 1 款中的第（e）项做了更为详细的补充：第（e）项提到的为履行公共利益或行使控制者官方权力所必需的个人数据处理，包括以下必要的个人数据处理：（1）司法行政，（2）议会两院中任何一院的职能行使，（3）执行法令或法律赋予某人的职能，（4）行使王室、王室大臣或政府部门的职能，（5）支持或促进民主参与的活动。

3. 特别类型的个人数据

GDPR 第 9 条第 1 款对"特殊类型个人数据的处理"做出明确的禁令：对于那些显示种族或民族背景、政治观念、宗教或哲学信仰、工会成员的个人数据、基因数据、为了特定识别自然人的生物性识别数据，以及与自然人健康、个人性生活或性取向相关的数据，应当禁止处理。同时第 2 款作出了例外规定，涉及就业、社会安全和社会保障，重大公共利益，保健和社会处理，公共卫生，存档、研究和统计等领域除外。第 10 条规定了处理涉及定罪与违法的个人数据的情形：只有当个人数据处理为官方机构控制，或者当欧盟法或成员国的法律授权进行处理，并且采取了恰当的措施保障数据主体的权利与自由时，处理才能被允许。任何犯罪定罪的全面性登记也只能由官方机构进行。

而《2018 年数据保护法案》第 10 条和第 11 条对 GDPR 第 9 条和第 10 条的适用情形做了具体的补充规定。同时《2018 年数据保护法案》的附表 1 针对"特殊类型的个人数据及刑事定罪等数据"的例外条件，从与就业、健康和研究等有关的条件，实质性公共利益条件，以及与刑事定罪等有关的附加条件三个方面做出了更为详实的说明。同时，附表 1 对依赖上述三个部分的条件而进行个人数据处理时所需要的适当政策文件和附加保障措施也作出了规定，要求数据控制者制定遵守数据处理原则的程序、数据保留和擦除政策与指示等适当的政策文件，并要求保留政策文件以便审查和更新，还要求保存关于处理个人数据的记录。

4. 数据主体的权利

GDPR 第三章第 12 条~第 22 条规定了数据主体的权利。第 12 条规定了数据主体权利行使的透明度、交流和模式；第 13 条规定了当收集与数据主体相关个人数据时，控制者应当为数据主体提供的信息；第 14 条规定了当未获得数据主体个人数据的情形下，控制者应当向数据主体提供的信息；第 15 条规定了数据主体的访问权，数据主体有权访问正在被处理的个人数据的以下信息：处理的目的、相关个人数据的类型、数据接受者的类型、被存储的预期期限等信息；第 16 条规定了数据的更正权，在考虑处理目的的前提下，数据主体应当有权完善不充分的个人数据，包括通过提供额外声明的方式来进行完善；第 17 条规定了数据的擦除权（被遗忘权），数据主体有权要求控制者擦除关于其个人数据的权利，控制者在规定的情形下有责任及时擦除个人数据；第 18 条规定了数据的限制处理权，数据主体在规定情形下有权要求控制者对处理进行限制；第 19 条规定了数据控制者的通知责任，关于更正或擦除或限制处理中的个人数据，数据控制者应当将接收者的情形告知数据主体；第 20 条规定了数据携带权，数据主体有权获得其提供给控制者的相关个人数据，且其获得个人数据应当是经过整理的、能普遍使用的和机器可读的，数据主体有权无障碍地将此类数据从该控制者那里传输给另一个控制者；第 21 条规定了数据主体对基于公共利益、第三方利益或营销目的、科学研究目的等数据处理的反对权；第 22 条规定了数据主体对于完全依靠自动化处理的决策的反对权。

《2018 年数据保护法案》第 14 条对 GDPR 第 22 条第 2 款中的自动化决策的例外情形做出了具体的保障措施；第 15 条以及附表 2、3 和 4 对 GDPR 中的第 12 条~第 22 条的部分规定做了豁免、限制和适用的调整。

"执法处理"部分第三章规定了只适用于为执法目的而处理个人数据的数据主体的权利，第 44 条规定了控制者提供信息的一般责任，第 45 条赋予了数据主体查阅的权利，第 46 条~第 48 条赋予了数据主体关于个人数据的更正与删除或限制其处理的权利，第 49 条~第 50 条对不受自动化决策支配的权利做出管理。

在"情报服务处理"部分，第 92 条~第 100 条规定了情报机构（包括安全部门、秘密情报局、政府通信部门）处理个人数据时数据主体的权利，包括数据主体的知情权、访问权、不受自动化决策影响的权利、干预自动化决策的权利、决策知情权、反对处理的权利、更正与删除的权利。

5. 数据保护官与信息专员

GDPR 第 37 条~第 39 条确立了数据保护官（或称数据保护专员）制度，规定了数据保护官员的指派、地位和任务。GDPR 第 51 条对监督机构作出了规定，规定各成员国应提供一个或多个独立的政府公共机构，用以负责监控本法案的应用，目的在于保护与处理程序相关自然人的基本权利和自由，并促进欧盟内个人数据的自由流动。各监督机构应致力于本法案在整个欧盟中的贯彻应用，并且各监督机构相互之间、与欧洲委员会之间展开合作。

《2018年数据保护法案》第69条规定，控制者必须指定一名数据保护官，除非控制者是以其司法身份行事的法院或其他司法机构。在指定数据保护官时，控制者必须考虑到拟任官员对数据保护法律和惯例的专业知识以及具备执行相关任务的能力等方面的专业素质。第70条规定数据保护官的职位，规定数据保护官在履行这一角色时，必须向控制者的最高管理层报告，控制者必须确保数据保护官恰当且及时地参与与个人数据保护有关的所有问题，控制者必须向数据保护官提供必要的资源和对个人数据处理操作的访问。

《2018年数据保护法案》第五部分是专门针对信息专员制度的规定，从第114条至第141条，规定了信息专员的功能、任务、业务守则、同意性审计、服务费用等制度规定。在法案引言部分就对信息专员制度做出了部分规定，第2条第1款第（c）项规定，适用GDPR和本法案在处理个人数据方面保护个人数据的相关规定，特别是通过赋予专员职能，使专员有责任监督和执行其规定；第2款规定，适用GDPR和本法规定的职能时，专员必须考虑到为个人数据提供适当保护的重要性，同时考虑到数据主体、控制者和其他人的利益以及一般公共利益。第114条规定信息专员需要持续存在，附表12就信息专员的地位、职责、任命、工资、款项、账目等做出具体的规定。附表13还规定了专员的其他一般性任务和权力。第115条规定信息专员就是对应GDPR第51条规定的监督机构，并规定了GDPR下信息专员的一般职能和保障措施。第160条的监管行动指南规定了专员行使信息通知、评估通知、执行通知和处罚通知的职能时，需制作并公布的行动指引。

6. 个人数据转移

GDPR第44条规定了个人数据转移的一般原则，任何正在处理中的个人资料的转让，或在转往第三国或国际组织后拟处理的个人数据的转让，只有在符合本法其他条文的规定下，才可进行转让。而本章所规定的条件，包括将个人数据由第三国或国际组织转往另一第三国或另一国际组织的条件，均须由控制者和处理者遵守。

《2018 年数据保护法案》第 18 条对 GDPR 中就公共利益向第三国或国际组织转移个人数据的规定做出了补充规定，强调了将个人数据转移给第三国或国际组织的必要性。第 73 条规定了个人数据转移的三个条件：一是因执法需要移送的；二是基于充分性决定（第 74 条），或适当的保障措施（第 75 条），或基于特殊情况（第 76 条）；三是预期接收者是第三国的相关当局或相关国际组织。第 78 条规定了后续转移，在未经转移控制者或其他主管机构授权的情况下，数据不得进一步转移到第三国或国际组织，主管机关只有在为执法目的而需要进一步转移的情况下，才可给予授权。而第 108 条规定了在情报服务处理中，控制者不得将个人数据转移至英国以外的国家或地区以及国际组织，除非就控制者的法定职能而言，以及 1994 年《情报服务法》第 2 条第 2 款第（a）项或第 4 条第 2 款第（a）项规定的与控制者有关的其他目的，该个人数据的转移是必要的和相称的措施。

7. 数据泄露的报告

GDPR 第 33 条规定了监督机构对个人数据泄露的通知，要求在个人数据泄露的情况下，控制者应毫不延误地且在可行的情况下，自获悉起 72 小时以内，通知监督机构，除非个人数据的泄露不会产生危及自然人权利和自由的风险。控制者应当记录任何个人数据泄露的情况，包括和个人数据泄露有关的事实、影响和采取的补救性措施，以便监督机构对行为合规性进行核查。第 34 条规定，当个人数据泄露可能对自然人权利和自由形成很高的风险时，控制者应当毫不延误地就个人数据的泄露与数据主体进行交流。

《2018 年数据保护法案》第 33 条第 3 款对"个人数据泄露"作了明确定义，即是指安全漏洞导致意外或非法破坏、丢失、更改、未经授权披露或访问传输、存储或以其他方式处理的个人数据。并在第 67 条、第 68 条和第 108 条规定了执法处理和情报服务处理时，控制者和处理者在个人数据泄露方面的具体义务，要求在规定情形下，必须在 72 小时以内向专员和数据主体通知个人数据泄漏情况，并规定了需要提供的具体内容和限制情形。

（三）规则实施措施

为确保数据产品知识产权制度的实施，英国治理者采取了行政监管（如专利权及版权等知识产权的登记、侵权行政监管）、侵权的司法救济（如事前行为禁止令、惩罚性赔偿）、行业自律（如行业组织审查平台行为合规性）等措施，具体包括：

1. 控诉与举报

GDPR 第 57 条第 1 款第（f）项规定，监督机构在处理数据主体、团体、组织或协会提出的申诉，在适当范围内调查投诉的主题，并在合理期间内将调查的进展和结果通知投诉人。第 77 条规定了数据主体向监督机构提出控诉的权利，在不影响其他任何行政或私法救济的情况下，如果数据主体认为处理与其有关的个人数据违反了本法规，每个数据主体都有权对监督机构提出投诉，尤其是向其常住居所、工作地或涉嫌侵权的地点所在的成员国的监督机构投诉；监督机构应向申诉人通报申诉的进展和结果，包括司法救济的可能性。

《2018 数据保护法案》在第三部分"执法处理"第 81 条规定了举报侵权行为的制度，要求每个控制者必须实施有效的机制来鼓励举报违反执法处理中数据保护规定的行为，侵权行为可向控制者或专员举报，并且对于举报的人，控制者应给予适当的其他保护。在第六部分"执行"第 165 条承袭 GDPR 第 57 条第 1 款第（f）项和第 77 条的规定，确立了数据主体投诉制度，如果数据主体认为与他或她有关的个人数据存在违反 GDPR 的行为，赋予数据主体向专员投诉的权利，并规定了相关步骤与程序；第 166 条规定了专员处理投诉的规程。

2. 司法救济

GDPR 第 78 条确立了针对监督机构进行司法救济的权利，规定在不损害任何其他行政或非司法补救的情况下，对于监督机构作出的与其相关的具有法律约束力的决定，每个自然人或法人都有权获得有效的司法救济，监管当局未在 3 个月内处理申诉的，或未在 3 个月内向数据主体通报申诉进展或结果的，每个数据主体有权获得有效的司法救济。第 79 条确立了针对数据控制者及处理者的司法救济权利，每一数据主体如认为其根据本法规享有的权利因以不符合本法规的规定处理其个人数据而受到侵犯的，则应有权获得有效的司法救济。

《2018 年数据保护法案》第 187 条规定了数据主体及其权限的表示，提出数据主体能够授权符合该条规定条件的机构或其他组织，代表其行使 GDPR 第 77 条～第 79 条规定的提出申诉和获得有效司法救济的权利。

3. 数据保护影响评估及事先咨询

鉴于一种数据处理方式，尤其是使用新技术进行数据处理，统筹考虑处理过程的性质、范围、内容和目的，这很可能对自然人权利和自由带来高度风险，GDPR 第 35 条确立了数据保护影响评估制度，规定在进行数据处理之前，控制者应当对就个人数据保护所设想的处理操作方式的影响进行评估；监督机构应建立并公布一套数据处理机制，使其符合数据保护影响评估的要求。数据保护影响评估表明，如果控制者没有采取措施减少风险，那么处理过程将会是高风险的。由此 GDPR 第 36 条规定了事先咨询制度，控制者应当在处理之前向监督机构进行咨询，监督机构当局认为处理程序会违反本规例，特别是控制者为充分识别或减轻风险的，监督机构应当最迟在接到咨询请求的 8 周以内，向控制者提出书面建议。控制者在向监督机构咨询时，应向监督机构提供控制者和处理者的相关职责、预期处理的目的和手段、保护数据主体权利和自由的保障措施、数据保护影响评估以及监督机构所要求的其他信息等。

《2018 年数据保护法案》第 64 条确立了数据保护影响评估制度，第 65 条确立了与专员的事前咨询制度，规定如果该种处理可能会对个人的权利和自由造成高风险，控制者必须在处理之前进行数据保护影响评估；在判断一种处理是否可能对个人的权利和自由造成高风险时，控制者必须考虑处理的性质、范围、背景和目的。如果根据数据保护影响评估表明数据的处理将导致对个人权利和自由的高风险（在没有减轻风险的措施的情况下），控制者必须在处理之前咨询专员。同时，在第 71 条中规定了数据保护官为数据保护影响评估提供意见和监察的任务，在处理包括事前咨询有关事宜时担任专员联络人的任务。

4. 赔偿

GDPR 第 82 条规定了受害人获得赔偿的权利及侵权人的赔偿责任，任何因违反本法规而遭受物质或非物质损害的人员，均有权自控制者或处理者处就所遭受的损害获取损害赔偿。任何参与处理的控制者都应对违反本法规的处理所造成的损害负责。处理者只有在没有履行本条例规定的针对处理者的义务，或在控制者的合法指示之下或相反的情况下，才需对处理所造成的损害负法律责任。

《2018 年数据保护法案》第 168 条对 GDPR 第 82 条做了补充说明，指出"非物质损害"包括遇险。第 169 条规定了违反其他数据保护法规的赔偿责任，对于违反除 GDPR 以外的数据保护立法的要求而遭受损害的人，有权从控制者或处理者处获得该损害的赔偿。

5. 行政罚款与处罚

GDPR 第 83 条规定了征收行政罚款的一般情形，规定每个监督机构应确保对根据本条例所述违反本法规的行为处以行政罚款，且对每一个案件均有效、相称和具有劝阻性。第 83 条第 2 款规定了在决定是否对每个个案处以行政罚款和决定行政罚款数额的 11 例具体事项，包括侵权行为的性质、严重程度和持续时间、受害数据主体的数量及其遭受的损失程度、违规的故意与过失性质、与监督机构的合作程度、受侵权影响的个人数据类别等，并在第 4 款至第 6 款规定了处以最高达 1000 万欧元或以上一财政年度全球年营业总额的 2% 的行政罚款的情形，以及最高达 2000 万欧元或以上一财政年度全球年营业总额的 4% 的行政罚款的情形。

《2018 年数据保护法案》的第三部分"执法处理"第 31 条定义了"执法目的"，即预防、调查、侦查或起诉刑事犯罪或执行刑事处罚的目的，包括维护和预防对公共安全的威胁，明确了数据保护中可能存在的个人数据处理的刑事处罚目的。第 155 条至第 159 条规定了专员的罚款通知及其例外限制和最高罚款金额，并就 GDPR 中的行政罚款金额规定了"金额较高者"和"标准最高金额"及其适用情形。

6. 行为准则和认证

GDPR 第 40 条规定了行业自律行为准则制度，为使本法规得到更好的适用，成员国、监督机构、欧盟理事会和欧盟委员会应当鼓励行为准则的起草。该准则的起草应当考虑不同处理者的具体特点，以及微小企业和中等规模企业的具体需要，是在对合规性进行强制监控时能够应用的准则，准则不受监督机构制约。协会和其他代表不同种类的主体可以就公平透明的处理程序、控制者的合法利益、个人数据收集、数据主体权利的行使、个人数据泄露的通知、个人数据传输等方面为行为准则的制定、修订或扩充做准备，相关协会或主体应当向监督机构提交准则草案、修正案及扩充案，监督机构就其是否符合本法规定提出意见，并决定是否予以批准，且应当对已获批准的行为准则登记并公开。第 41 条规定，监督机构在不违背所规定的监督机构职责和任务的情况下，对行为准则合规性进行监控。第 42 条规定了认证制度，成员国、监督当局、欧盟理事会和欧盟委员会应当特别鼓励欧盟数据保护认证机制的建立以及数据保护印鉴和标记技术的采用，以表明控制者和处理者遵守本法规的规定，微小企业以及中等规模企业的特殊要求也应加以考量。认证应当出于自愿，并通过透明的程序提供。第 43 条规定了认证机构的授权主体和授权情形。

《2018 年数据保护法案》第 17 条进一步详细规定了对认证机构的认可，规定认证提供者（即认证机构）的资格认证只有在专员和国家认证机构认可的情况下才有效。附表 5 针对认证提供者在认证中审查和上诉事务作了更加详细的规定。

（四）制度实施效果评价

1. 有效地平衡了隐私及个人信息保护及数据产品开发与利用

数据产品保护与利用之间存在价值冲突。不同于优先保护产品开发利用者利益的固有路径，英国制度注重协调实现开发利用者利益。GDPR 第 1 条第 3 款规定，不能以保护与个人数据处理相关的自然人为由，对欧盟内部个人数据的自由流动进行限制或禁止。该条款也得到《2018 年数据保护法案》的接受和遵守，并且把个人数据处理分为一般处理、执法处理和情报服务处理三个类型，三种类型的处理主体、处理目的、处理形式等方面均有不同，但处理的本质都是为了在合法公平的基础上更加有效地利用个人数据，实现对数据要素的最大化利用，对不同处理的相关规定也都是为了协调数据主体、数据控制者和处理者之间的利益。在实践中，英国数据存档库将数据产品传输给图书馆等文化产业机构服务对象，以便于产品共享，正是前述宗旨的体现。[1]

2. 对数据产品开发者的权益给予有效保障

在前述立法宗旨下，英国除了保护消费者等数据产品开发利用者隐私权及个人信息被遗忘权与可携带权之外，还设定数据产品之上的知识产权，进而鼓励平台与其他开发利用者通过知识产权与个人信息权利的交叉许可来协调实现彼此利益。对于数据产品知识产权，英国在通过行为禁止令与损害赔偿等司法措施加以保护基础上，增加了由行政部门监管侵权行为及行业组织协助维权等措施。在实证中，爱丁堡大学等英国知名高校读者可以通过行使权利获取数据产品，正是前述优势的突出体现。[2]

四、我国数据产品知识产权保护制度建议

随着《中共中央 国务院关于构建数据基础制度更好发挥数据要素作用的意见》的出台，我国对数据要素尤其是数据产品的立法保护已经提上日程。借鉴英国数据产品知识产权制度，笔者对我国制度的构建提出如下建议。

（一）构建产品知识产权行使规则

规则设计是我国通过知识产权模式保护数据产品的基本依据，产品知识产权行使规则主要包括：第一，设定平台对数据产品的完全知识产权，根据不同权利类型（如数据库著作权、产品专利权）设计权能，权能一般包括控制、利用、收益、处分、排除侵害；第二，激励产品开发利用者将个人信息权利与产品知识产权交叉转让或许可，形成个人信息用益权及产

---

〔1〕 See University of Essex. UK Data Archive，载 https：//www. data - archive. ac. uk，最后访问日期：2022 年 7 月 6 日。

〔2〕 See University of Edinburgh. Service Policies，载 https：//www. ed. ac. uk / information - services / research - support/ research - data - service / after/ data - repository / service - policies，最后访问日期：2022 年 7 月 6 日。

品定限知识产权，从而促进产品开发利用。

（二）设立权利行政保护机制

为确保数据产品知识产权规则的实施，行政机关从如下方面行使职权：第一，进行数据产品知识产权确权登记，确定登记机关，明确登记效力；第二，行政机关对侵权行为进行调查与取证，进而通过行政强制与处罚等措施制止侵权行为。

（三）采取权利司法救济措施

为确保权利行使，司法机关发挥如下职能：第一，设定数据产品知识产权侵权行为的司法认定标准。考虑到大数据背景下侵权行为具有隐蔽性特征，由此对于侵权人的主观过错适宜采用推定的标准。第二，采取行为禁止令、惩罚性赔偿等侵权救济措施。数据产品知识产权一经受到侵害，权利人将遭受不可挽回损失，由此以禁令与行为保全为主的事前救济措施显得尤为必要。

（四）提供权利行业保障手段

根据数据监管的合规性原则，对于数据行为的监管除了依据法定标准，还需要参考行业规范。据此云计算联盟等行业组织适宜采取如下手段，从而确保权利行使与救济中主体的合规性：第一，数据产品分级分类保护与管理；第二，权利交叉许可格式条款解释；第三，产品指导定价；第四，产品质量评价。

巴基斯坦专利许可制度研究

陈 伟*

一、引 言

巴基斯坦位于南亚次大陆西北部，东部与印度接壤，南临阿拉伯海，西部与伊朗连接，西北部与阿富汗毗邻，东北部与我国接壤；[1]具有极其重要的战略位置，是中国"一带一路"倡议的重要站点。[2]"一带一路"建设是新时期中国全方位对外开放的重要旗帜，是实现中华民族伟大复兴的重大举措。[3]随着"中巴经济走廊"积极推进，中巴贸易将面临广阔的发展前景。[4]2019年12月1日，《中华人民共和国政府和巴基斯坦伊斯兰共和国政府关于修订〈自由贸易协定〉的议定书》（以下简称《议定书》）正式生效。《议定书》对原协定中的货物贸易市场准入及关税减让表、原产地规则、贸易救济、投资等内容进行了升级和修订，并新增了海关合作章节；其中，核心内容是在原协定基础上，大幅提高货物贸易自由化水平，中巴两国间相互实施零关税产品的税目数比例将从此前的35%逐步增

---

* 作者简介：陈伟，重庆理工大学重庆知识产权学院讲师，法学博士，硕士生导师。

[1] 参见唐孟生、孔菊兰：《巴基斯坦文化与社会》，民族出版社2006年版，第1页。

[2] 参见董晔、师心琪：《基于地缘位势理论的中国对巴基斯坦投资对策研究》，载《世界地理研究》2020年第4期。

[3] 参见刘卫东：《"一带一路"：引领包容性全球化》，载《中国科学院院刊》2017年第4期。

[4] 中巴经济走廊是"一带一路"建设的六大经济走廊之一。参见宋周莺、祝巧玲：《"一带一路"背景下的中国与巴基斯坦的贸易关系演进及其影响因素》，载《地理科学进展》2020年第11期。

加至 75%。[1]《议定书》的实施，将进一步扩大两国间市场开放，使两国企业和消费者享受到更多优惠，推动中巴自贸区建设进入新阶段。有研究显示，中、巴两国的双边贸易以互补性为主，未来中、巴两国贸易合作的空间和潜力依然较大。[2]

中国和巴基斯坦同为世界贸易组织（WTO）的成员国，WTO 法律框架下的《与贸易有关的知识产权协定》（TRIPS 协定）将知识产权与贸易联系起来；它要求一个成员方应该保护另一成员方之自然人、法人或其他组织在该国的知识产权。因此，中、巴两国在从事经贸活动的过程中均有义务保护对方的知识产权。无论是过去、现在还是未来，中巴经贸合作不仅关乎货物贸易、服务贸易，还关乎知识产权贸易。知识产权贸易包括知识产权转让和知识产权许可两种方式。在实践中，知识产权权利人经常囿于资金、人才、配套技术、设备、营销渠道等因素无法自己实施或无法充分实施其知识产权，但又不想丧失对其知识产权对象的控制；因而许可他人实施其知识产权便是其收回成本、获取收益的知识产权贸易方式。在世界贸易组织推动的贸易全球化的浪潮下，在知识产权国际公约的助力下，几乎所有的贸易均与知识产权密切相关；时至今日，知识产权许可已经成为一项国际性的事业。[3]即便如此，由于知识产权地域性的特点，知识产权国际许可所依赖的知识产权国际保护本身也依靠各国差异巨大的知识产权国内法。[4]21 世纪以来，以信息产业、飞机制造业、集成电路产业为代表的高技术产业开始向巴基斯坦转移，巴基斯坦高技术产业表现出较快发展势头；2017 年，巴基斯坦高技术产业出口额位居世界第 78 位，高技术产品出口额比重较低，位居世界第 87 位，在南亚四国中排名第二。[5]为

---

〔1〕参见潘冰晶：《中巴自贸协定第二阶段议定书今日生效》，载 https://www.yicai.com/news/100421231.html，最后访问日期：2023 年 8 月 2 日。

〔2〕参见王喜莎、李金叶：《中国与巴基斯坦双边贸易的竞争性和互补性分析》，载《上海经济研究》2016 年第 11 期。

〔3〕参见［美］德雷特勒：《知识产权许可（上）》，王春燕等译，清华大学出版社 2003 年版，第 9~13 页。

〔4〕参见［美］德雷特勒：《知识产权许可（上）》，王春燕等译，清华大学出版社 2003 年版，第 9 页。

〔5〕参见田雯：《巴基斯坦科技创新能力评价比较研究》，载《科技中国》第 8 期。

了助推我国高新技术企业和高新技术产品进入巴基斯坦，促进中、巴两国技术贸易的长足发展，从而推动国内国际双循环新发展格局的构建；我们有必要对中、巴两国之间的货物贸易、服务贸易和技术贸易具有重要影响的巴基斯坦专利许可制度进行研究。

本文以巴基斯坦专利许可制度为主题，首先，从历史、内涵、外延三个维度界定什么是巴基斯坦专利许可制度这一基本问题；其次，以《巴基斯坦专利条例》的文本为研究对象，梳理其中有关专利许可制度的法律条文，并从专利许可法律关系的产生与终止、专利许可中的权利义务关系、专利许可中被许可人的权利保护路径三个维度解构巴基斯坦专利许可制度的核心要义；再其次，深入分析巴基斯坦专利许可制度与我国专利许可制度的异同及其背后的原因；最后，从制度完善、企业间的经贸合作、国家间的经贸合作三个方面深入分析巴基斯坦专利许可制度对我国的启示。

二、巴基斯坦专利法的发展历程与专利许可制度的界定

从历史的视角观之，国家意义上的巴基斯坦并非自古有之。16 世纪末，英国商人为资本原始积累的需要加入了欧洲诸国对南亚次大陆的掠夺，直到 1757 年之后，巴基斯坦地区和印度地区才逐渐沦为英国的殖民地——英属印度。[1]巴基斯坦的知识产权法律制度即发源于英属印度时期，作为巴基斯坦知识产权法律制度重要组成部分的专利制度也在这一时期被确立。

（一）巴基斯坦专利法的发展历程

在巴基斯坦建国之前，根植于普通法系的知识产权法律框架便适用于巴基斯坦地区，构成这个法律框架的实体法和程序法均来源于英属印度。[2]在英属印度时期，英国的专利制度适用于巴基斯坦。英国殖民者对印度的征服使穆斯林贵族和宗教上层失去了政治和经济上的优越地位，并最终爆发了民族大起义，起义失败之后，印度彻底沦为英国的殖民地；此

---

〔1〕 参见闫丽君主编：《巴基斯坦商务环境》，对外经贸大学出版社 2015 年版，第 6 页。

〔2〕 参见路娜等：《巴基斯坦知识产权制度研究》，社会科学文献出版社 2018 年版，第 2 页。

时，穆斯林教徒和印度教徒之间的矛盾也日益加深。[1]1940 年，由穆罕默德·阿里·真纳领导的穆斯林联盟在拉合尔召开全国会议，通过了建立巴基斯坦的决议。[2]1947 年 6 月 3 日，英国政府公布了《蒙巴顿方案》，该方案根据宗教信仰把英属印度分为印度和巴基斯坦两个自治领；1947 年 8 月 14 日，巴基斯坦宣布独立，成为英联邦的自治领；1956 年巴基斯坦颁布第一部宪法，改自治领为伊斯兰共和国，定国名为巴基斯坦伊斯兰共和国。[3]即便在建国之后，英属印度时期制定的知识产权法律仍然适用于巴基斯坦伊斯兰共和国。

1995 年巴基斯坦作为创始成员加入了世界贸易组织，1996 年美国以 1911 年《专利与工业品外观设计法》未达到 TRIPS 协定规定的最低保护标准为由要求巴基斯坦修改 1911 年《专利与工业品外观设计法》；巴基斯坦于 1997 年完成了对 1911 年《专利与工业品外观设计法》的修订。[4]但是 1997 年修订的《专利与工业品外观设计法》依然不符合 TRIPS 协定的要求。在此背景之下，巴基斯坦于 2000 年重新制定、颁布了《巴基斯坦专利条例》，与此同时废止了 1911 年《专利与工业品外观设计法》。[5]2002 年巴基斯坦通过了《巴基斯坦专利条例（修正案）》；翌年，巴基斯坦政府根据《巴基斯坦专利条例》第 105 条的授权制定了 2003 年《巴基斯坦专利规则》。可以说，就专利的申请、审查、授权确权、实施、保护而言，巴基斯坦已经形成了一套以《巴基斯坦专利条例》为核心，以《巴基斯坦专利规则》为实施细则的较为完备的法律体系。本文研究的巴基斯坦专利许可制度即是 2002 年修订后的《巴基斯坦专利条例》中规定的专利许可制度。

（二）巴基斯坦专利许可制度的内涵

从《巴基斯坦专利条例》第 30 条、第 36 条、第 37 条、第 60 条~第

---

[1] 参见闫丽君主编：《巴基斯坦商务环境》，对外经贸大学出版社 2015 年版，第 6 页。

[2] 参见闫丽君主编：《巴基斯坦商务环境》，对外经贸大学出版社 2015 年版，第 6 页。

[3] 参见闫丽君主编：《巴基斯坦商务环境》，对外经贸大学出版社 2015 年版，第 6 页；唐孟生、孔菊兰：《巴基斯坦文化与社会》，民族出版社 2006 年版，第 106 页。

[4] 参见路娜等：《巴基斯坦知识产权制度研究》，社会科学文献出版社 2018 年版，第 3 页。

[5] 参见《巴基斯坦专利条例》第 106 条第 1 款之规定，特此废除 1911 年《专利和外观设计法》（1911 年第 2 号法令）。

62 条、第 64 条的规定可以看出，在巴基斯坦专利权既是民事主体依法享有的民事财产权利，也是市场主体通过智力创造的无形资产。在知识经济时代，专利权于企业而言是与企业的组织结构、制度规范、企业文化、信息技术支持系统、公司形象等具有相似特点的资产；它是企业人力资本的创新活动转化为知识资产后，防止被模仿而获得法律保护的知识资产。[1]然而，专利权的取得本身并不能为企业带来直接的经济利益。专利权经济价值的实现取决于企业对专利的动态性利用——专利实施。从这个角度来看，专利的生命在于实施，专利的实施不仅能为专利权人带来经济上的超额回报从而积累下一轮创新的资本，还能培养其创新品格，激发其新的创新灵感。因为专利的实施有利于发现新的问题，从而生成新一轮创新的支点。[2]

专利权人在事实上对发明的使用被称为专利权人的自主实施，即专利权人将其发明投入生产经营实践中，使之产品化、市场化、产业化并取得相应经济效益。但是，随着社会分工的细化，在某些情形之下，仅从事技术研发的专利权人，并不同时从事产品生产、加工、销售等商业活动。在此情形之下，专利权人没有能力自行实施其专利。但这并不意味着他们不能在市场化产权激励机制下收回成本或取得超额回报。因为，专利权人可依据法律的规定及合同的约定许可他人使用其专利，从而获得专利许可使用费。专利许可是一种未转让专利权情况下转移专利中的其他财产权的制度；[3]在本质上，是专利权人对禁止他人以法定方式实施其专利的解除。在详细梳理《巴基斯坦专利条例》之规定和充分认识专利许可的本质的基础之上，本文将巴基斯坦专利许可制度的内涵界定为基于特定的事由，允许专利权人以外的第三人，在巴基斯坦实施专利权人之专利并向专利权人支付专利许可使用费的制度。

---

〔1〕 参见冯晓青：《我国企业知识产权资本运营策略探讨》，载《上海财经大学学报》2012年第6期。

〔2〕 参见李芬莲：《知识产权的管理：从所有到运用》，载《电子知识产权》2007年第3期。

〔3〕 参见 [美] 德雷特勒：《知识产权许可（上）》，王春燕等译，清华大学出版社2003年版，第1页。

（三）巴基斯坦专利许可制度的外延

巴基斯坦专利许可制度这一概念是由相似的个别事物所构成的类别，是内涵与外延的统一。在确定了巴基斯坦专利许可制度的内涵之后，我们便可以运用演绎逻辑的方法判断《巴基斯坦专利条例》规定的某一具体制度是否属于巴基斯坦专利许可制度这类事物的"家族成员"。从巴基斯坦专利许可制度的内涵可以看出，巴基斯坦专利许可是基于特定的事由发生的。基于巴基斯坦专利许可发生事由的不同，我们可以将巴基斯坦专利许可分为若干小类，从而进一步明晰巴基斯坦专利许可制度的外延。

由于发明具有无形性、可复制性、可共用性等特征，专利权人在同一时间可以基于与被许可人之间的合意以合同的方式将其专利许可给不同的主体实施。由此产生的制度被称为巴基斯坦专利意定许可制度（专利意定许可又被称为专利自愿许可）。如果专利被许可人欲通过被许可的专利权取得市场独占地位，他可支付更高的专利许可使用费与专利权人协商签订专利独占许可协议，禁止专利权人本人实施其专利或将该专利许可给第三人实施。从这个角度来看，专利许可不仅是专利权人对禁止他人以法定方式实施其专利的解除，还是对其所享有的专利权的一种限制，专利许可使用费即这种限制的对价。因此，巴基斯坦专利意定许可制度又可以被分为专利独占许可制度和专利非独占许可制度。[1]

但是，在绝对权、排他权、私人财产权的制度设计下，基于合意而发生的专利许可始终受制于专利权人的意志，以至于在某些情况下，具有实施专利需求的特定主体始终无法获得专利权人的许可。一般而言，这是专利权人行使或不行使、以这样的方式或以那样的方式行使其权利的自由。只要专利权人拒绝许可他人实施其专利未超出合理行使其专利权的界限而损害社会公共利益，《巴基斯坦专利条例》不予干预。但是，只要专利权人拒绝许可他人实施其专利导致垄断、不正当竞争、权利滥用、未充分实施而损害国家利益、社会公众利益或扰乱了市场竞争秩序时，《巴基斯坦专利条例》便以强制性规范对其进行规制。由此产生的制度被称为专利非

---

[1] 参见《巴基斯坦专利条例》第 64 条、第 67 条。

自愿许可制度——又被《巴基斯坦专利条例》称为专利强制许可制度。[1]

综上，巴基斯坦专利许可制度的外延包括尊重专利权人意志的专利意定许可制度和限制专利权人意志的专利强制许可制度；在专利意定许可制度中，基于专利权人和专利被许可人合意内容的差别，又可以分为专利独占许可制度和专利非独占许可制度。这为巴基斯坦专利许可制度之主要内容的精细化解构提供了一种类型化的思路。

三、巴基斯坦专利许可制度之主要内容的法律解构

巴基斯坦专利许可制度的内涵为其主要内容的法律解构提供了重要线索。前文已述，巴基斯坦专利许可制度是指基于特定的事由允许专利权人以外的第三人在巴基斯坦实施专利权人之专利并向专利权人支付专利许可使用费的制度。该定义蕴涵了巴基斯坦专利许可制度中最主要的两个要素：第一，专利许可法律关系产生的事由；第二，专利许可中的权利义务关系。权利必须受到保护，否则它就是一纸空文。基于此，本部分拟从巴基斯坦专利许可法律关系的产生与终止、专利许可中的权利义务关系、专利许可中专利权人与专利被许可人权利的保护三个层面解构巴基斯坦专利许可制度的主要内容。

（一）巴基斯坦专利许可法律关系的产生与终止

从巴基斯坦专利许可制度的外延可以看出，巴基斯坦专利许可法律关系可基于专利权人和专利被许可人的合意产生或终止，也可基于法定的理由不经专利权人同意而由专利局局长的决定产生或终止。前者一般被视为专利权人行使其权利的方式，后者一般被视为法律对专利权的限制。二者的称谓不同，法理基础也不同；由此而导致的巴基斯坦专利许可制度的产生或终止条件及程序亦不相同。

1. 巴基斯坦专利意定许可法律关系的产生与终止

根据《巴基斯坦专利条例》第30条的规定，巴基斯坦有效专利的专利权人对其专利享有下列权利：第一，产品专利的专利权人有权禁止未经

---

[1] 参见《巴基斯坦专利条例》第58条、第59条。

其同意的第三方制造、使用、许诺销售、销售或者为前述目的进口该产品，方法专利的专利权人有权禁止未经其同意的第三方使用该方法以及使用、许诺销售、销售或者为前述目的进口由该方法直接获得的专利产品；第二，有权让与或者通过继承转让其专利以及与第三方签订专利许可合同；第三，除本条例另有规定外，有权对未经其同意而实施其专利的侵权行为人向法院提起诉讼。因此，签订专利许可合同授权第三方实施其专利进而与第三方建立专利许可法律关系是专利权人的权利，亦是专利意定许可法律关系产生的法律事实。至于专利意定许可法律关系何时终止，《巴基斯坦专利条例》并未明确规定。但是透过《巴基斯坦专利条例》的具体规定及专利制度的一般原理，我们不难看出，巴基斯坦专利意定许可法律关系因以下法律事实而终止：第一，专利权失效或专利权期限届满；[1]第二，专利权人与专利被许可人在专利有效期限内约定的许可期限届满。

2. 巴基斯坦专利强制许可法律关系的产生与终止

根据《巴基斯坦专利条例》第58条、第59条之规定，联邦政府和专利局局长基于不同的法定事由通过不同的程序可以不经专利权人的同意授权政府机构、联邦政府指定的第三人以及申请颁发强制许可的申请人实施专利权人之专利。因此，联邦政府或专利局局长颁发专利强制许可是巴基斯坦专利强制许可法律关系产生的法律事实。联邦政府可基于以下法定事由向政府机构或联邦政府指定的第三人颁发专利强制许可：第一，公共利益，尤其是国防安全、营养、健康或国家经济的其他重要领域发展如此要求的；第二，联邦政府已经确定专利权人或者其被许可人实施专利的方式是不正当竞争的，并且联邦政府确信根据本条实施该发明将对该等行为予以纠正的；第三，专利所有人拒绝以合理的商业条款和条件向第三方授予许可的；第四，专利尚未以有助于促进技术创新和技术转让与传播的方式实施的。根据专利权人的请求，在充分保护被许可人合法权益的情况下，

---

[1] 根据《巴基斯坦专利条例》的规定，巴基斯坦专利权的保护期限为20年，自专利申请之日起算；巴基斯坦的专利权会因未在规定期限内缴纳专利续期费，被高等法院、专利局局长撤销、联邦政府撤销，或因专利权人的放弃，而失去法律效力。参见《巴基斯坦专利条例》第31条、第45条~第49条之规定。

联邦政府在听取各方陈述之后认为可以变更授权实施发明专利的决定，应当终止专利强制许可；但是，如果联邦政府有充分的理由确信为保护政府机构或联邦政府指定的第三人的利益维持专利强制许可的决定是合理的，则联邦政府不得终止授权。联邦政府终止授权后，相应的专利强制许可法律关系终止。

专利局局长可基于以下两项法定事由向申请人颁发专利强制许可：第一，专利权人自提交专利申请之日起 4 年期限届满后或者自授予专利之日起 3 年期限届满后（以后届满期限为准），无正当理由未实施或未充分实施其专利；且申请人有证据证明其已经以合理的条件向专利权人寻求专利许可，但申请人仍未在合理时间内以合理的条件获得该许可；专利局局长根据申请人的请求可以颁发专利强制许可。第二，在后从属专利与在先基本专利之间的交叉强制许可。即在后从属专利与在先基本专利相比具有显著的经济意义或重大的技术进步，但是在先基本专利权人拒绝许可在后从属权利人在巴基斯坦实施其专利；为了避免在后从属专利权人在实施其专利的过程中侵犯在先基本专利，专利局局长可以根据在后从属专利权人的请求对在先基本专利颁发强制许可，专利局局长也应当根据在先基本专利权人的请求对在后从属专利颁发强制许可。根据专利权人的请求，如果专利局局长认为颁发专利强制许可的法定事由终止或发生变化的，专利局局长可以终止或变更专利强制许可决定；相应的专利强制许可法律关系也随之终止或变更。

（二）巴基斯坦专利许可法律关系中的权利与义务

专利权人和专利被许可人在专利许可法律关系中的权利与义务是专利许可法律关系的核心。根据《巴基斯坦专利条例》的规定，专利许可的类型不同，专利许可法律关系中专利权人与专利被许可人的权利与义务也呈现出较大的差异。

1. 专利意定许可法律关系中专利权人与专利被许可人的权利与义务

在专利意定许可法律关系中，专利权人和专利被许可人的权利与义务是复杂的，是双方当事人合意的结果。但是，《巴基斯坦专利条例》依然对专利意定许可法律关系中专利权人与专利被许可人的核心权利与义务作了规定。具言之，专利权人有义务容忍专利被许可人在专利许可合同的约定范围内实施其专利，并有权请求专利被许可人按照专利许可合同的约定支付专利许可使用费；专利被许可人有权在专利许可合同约定的范围内实施专利权人之专利，与此同时专利被许可人也有义务按照专利许可合同的约定向专利权人支付许可使用费。在专利独占许可法律中，专利权人在专利许可范围内还有自己不实施且不得许可第三人实施其专利的义务。在实践中，专利权人与专利被许可人通过专利许可合同所约定的权利与义务是极其复杂或多样化的，几乎不可能仅限于专利实施许可的范围及专利许可使用费。一般而言，基于合同自由的原则，在不损害公共利益或破坏市场竞争秩序的情况下，法律会尊重专利权人与专利被许可人的约定，专利权人与专利被许可人的权利与义务依据他们之间的约定而确定。但是，在某些情况下，专利权人或专利被许可人会滥用他们在市场中的优势地位，而在专利许可合同中与另一方签订一系列不平等的有损市场秩序或公平竞争的条款。即便双方约定了这些条款，也属于无效条款，而不能成为任何一方当事人的权利或义务。概莫能外，《巴基斯坦专利条例》第 37 条也对此作出了详细的规定，即专利许可合同中的下列条款无效：第一，要求专利被许可人从专利权人或其代理人处获得，或禁止从指定人或供应商、专利权人或其代理人之外处获得专利产品或由专利方法生产的专利产品之外的任何产品；第二，禁止专利被许可人使用并非由专利权人或其代理人提供的产品（无论是否取得专利），或者禁止其使用并非属于专利权人或其代理人的专利方法，或者限制专利被许可人使用该物品或方法的权利。

2. 专利强制许可法律关系中专利权人与专利被许可人的权利与义务

根据《巴基斯坦专利条例》第 58 条的规定，在因联邦政府授权而产生的专利强制许可法律关系中，专利权人有义务容忍联邦政府授权的专利被许可人（政府机构或联邦政府制定的第三方）在授权目的范围内实施其专利，有权利请求专利被许可人支付足够数额的补偿金；专利被许可人有权在联邦政府授权目的范围内实施专利权人之专利，有义务向专利权人支付足够的补偿金。根据《巴基斯坦专利条例》第 59 条的规定，在因专利局局长授权而产生的专利强制许可法律关系中，专利权人有义务在专利局

局长签发的专利强制许可范围内容忍专利被许可人实施其专利，有权请求
专利被许可人支付足够数额的补偿金；专利被许可人有权在专利局局长签
发专利强制许可范围内实施专利权人之专利，有义务向专利权人支付足够
数额的补偿金。除此之外，在专利局局长因专利权人未实施或未充分实施
的情况下而签发的专利强制许可法律关系中，专利被许可人还有义务在专
利局局长签发的必须开始实施被强制许可专利的期限内着手实施该专利，
而后充分实施该发明专利。

（三）巴基斯坦专利许可中专利权人与专利被许可人权利的保护

有权利便有救济。巴基斯坦专利许可法律关系中专利权人和专利被许
可人的权利（一般而言，在专利许可法律关系中专利权人权利和义务与专
利被许可人的义务和权利具有相对关系）必须受到巴基斯坦的国家强制保
护，否则它就是一纸空文。

1. 专利意定许可中专利权人与专利被许可人权利的保护

在巴基斯坦专利意定许可法律关系中，当专利权被第三人侵害或专利
被许可人超出专利许可范围而实施专利权人之专利，专利权人可依据《巴
基斯坦专利条例》第 60 条的规定提起专利侵权之诉从而获得《巴基斯坦
专利条例》第 61 条规定的救济方式；当专利被许可人不履行专利许可合
同时，专利权人有权根据巴基斯坦的民事法律提起民事诉讼。问题的关键
在于，当第三人侵害专利权时，专利被许可人的利益如何获得保障？《巴
基斯坦专利条例》第 64 条回应了此问题。根据该条的规定，专利意定许
可中的专利独占被许可人自许可日期后，应当享有类似于专利权人的权
利，有权提起专利侵权诉讼；法院在这些诉讼中判处损害赔偿金或提供其
他救济时，应考量专利独占被许可人自身遭受或可能遭受的损失；因侵权
行为而获取了利润并构成对专利独占被许可人自身权利之损害的，该利润
也应当予以考量。换言之，当第三人因未经许可实施专利权人之专利而损
害了专利独占被许可人独占实施被许可专利的权利时，专利独占被许可人
有权以自己的名义根据《巴基斯坦专利条例》第 60 条和第 64 条之规定提
起专利侵权之诉，进而获得《巴基斯坦专利条例》第 61 条规定的救济方
式。遗憾的是《巴基斯坦专利条例》未对专利意定许可中专利独占被许可

人之外的其他专利被许可人的权利的保护作出明确规定。

2. 专利强制许可中专利权人与专利被许可人权利的保护

从本质上来讲，专利强制许可是基于法定理由对专利权人意志的限制，也是对专利权的限制。根据《巴基斯坦专利条例》第 58 条和第 59 条的规定，在颁发专利强制许可的过程中，当专利权人认为联邦政府或专利局局长对其专利颁发的强制许可不合理或不符合法定条件而有异议时，专利权人有权要求举行听证，联邦政府或专利局局长应当给予其听证的机会，而后再根据听证的结果决定是否颁发专利强制许可。这是在颁发专利强制许可之前对专利权人专利权的保护。在联邦政府或专利局局长颁发专利强制许可之后，专利权人对颁发专利强制许可的决定、变更或不变更专利强制许可的决定、不终止专利强制许可的决定不服的，可以向高等法院提起上诉，从而保护自己的权利不受非法的限制。在《巴基斯坦专利条例》中，专利强制许可中的专利被许可人并不具有专利意定许可中的专利独占被许可人的地位。因此，当第三人侵害专利权时，专利强制许可中的专利被许可人无权提起专利侵权之诉，他保护其权利的方式限于依法维持专利强制许可授权或基于专利强制许可的存在而提出不侵权抗辩。

四、巴基斯坦专利许可制度与我国专利许可制度的比较分析

在知识产权国际化、现代化、一体化发展的浪潮下，世界各个国家和地区的专利法律制度均具有一定的相似性，如各个国家和地区专利法的结构、主要条款所涉及的内容都大致相似；也具有一定的差异性，如虽然各个国家和地区的专利法都规定了授予专利权的对象、授予专利权的实质要件、专利权的限制、专利权的保护等内容，但是对于哪些具体的对象可以授予专利权、专利授权实质要件的判断标准、对专利权的限制程度以及专利侵权判定标准等实质性问题的规定均存在一定的差异。巴基斯坦的专利许可制度和我国的专利许可制度亦是如此。本部分旨在通过对比巴基斯坦和我国专利许可制度，发现二者的相同点与不同点，并分析背后的原因；为深入分析巴基斯坦专利许可制度对我国的启示，奠定比较法上的基础。

（一）巴基斯坦专利许可制度与我国专利许可制度的共性

通过对比《巴基斯坦专利条例》中的专利许可制度和《中华人民共和

国专利法》（以下简称《专利法》）中的专利许可制度，我们可以发现二者具有以下三个方面的相同之处：第一，专利许可的类型相同，即《巴基斯坦专利条例》和我国《专利法》均规定了专利意定许可和专利强制许可；在专利意定许可中，《巴基斯坦专利条例》和我国《专利法》均规定了专利独占许可和专利独占许可以外的专利意定许可。第二，专利许可法律关系的产生和终止机制相同。根据《巴基斯坦专利条例》和我国《专利法》的规定，专利意定许可法律关系基于当事人之间的合意而产生或终止，或者基于专利权的期限届满或失效而终止；专利强制许可法律关系基于政府或专利行政部门的授权而产生，基于专利强制许可法定事由消失并经政府或专利行政部门的决定而终止。第三，专利许可法律关系中专利权人和专利被许可人的核心权利与义务相同。具言之，在专利意定许可法律关系中，专利权人有义务容忍专利被许可人在专利许可合同的约定范围内实施其专利，并有权请求专利被许可人按照专利许可合同的约定支付专利许可使用费；专利被许可人有权在专利许可合同约定的范围内实施专利权人之专利，与此同时专利被许可人也有义务按照专利许可合同的约定向专利权人支付许可使用费。在专利强制许可法律关系中，专利权人有义务容忍专利被许可人在强制许可的范围内实施其专利，有权利请求专利被许可人支付专利强制许可使用费（足够数额的补偿金）；专利被许可人有权在专利强制许可范围内实施专利权人之专利，有义务向专利权人支付专利强制许可使用费（足够数额的补偿金）。

（二）巴基斯坦专利许可制度与我国专利许可制度的个性

通过对比《巴基斯坦专利条例》和我国《专利法》上的专利许可制度，我们可以发现二者具有以下三个方面的差异。第一，专利强制许可的法定事由具有一定的差异。前文已述，《巴基斯坦专利条例》规定的专利强制许可的法定事由涉及以下六个方面的内容：（1）公共利益；（2）专利权人或专利被许可人实施专利的方式是不正当竞争的，并且联邦政府认为应当予以纠正；（3）专利所有人拒绝以合理的商业条款和条件向第三方授予许可；（4）专利尚未以有助于促进技术创新和技术转让与传播的方式实施；（5）专利权人自提交专利申请之日起满4年或授予专利之日起满3年无正当理由未实施或未充分实施其专利；（6）在后从属专利与在先基本专利之间的交叉强制许可。根据我国《专利法》第53条～第56条之规定，专利强制许可的法定事由涉及以下五个方面的内容：（1）专利权人自专利权被授予之日起满3年，且自提出专利申请之日起满4年，无正当理由未实施或者未充分实施其专利；（2）专利权人行使专利权的行为被依法认定为垄断行为，为消除或者减少该行为对竞争产生的不利影响；（3）在国家出现紧急状态或者非常情况时，或者为了公共利益的目的；（4）因公共健康而引发的制造并出口药品的专利的强制许可；（5）因从属专利的实施而引发的在先基础专利和在后从属专利的交叉强制许可。由此可见，巴基斯坦与我国专利强制许可的法定事由的不同之处在于：专利权人拒绝以合理的商业条款和条件向第三方授予许可，以及专利尚未以有助于促进技术创新和技术转让与传播的方式实施，是巴基斯坦专利强制许可的法定事由，而不是我国专利强制许可的法定事由；因公共健康而引发的制造并出口药品的专利的强制许可是我国专利强制许可的法定事由，而不是巴基斯坦专利强制许可的法定事由。第二，颁发专利强制许可的主体的差异。在巴基斯坦，联邦政府和专利局局长均有权在《巴基斯坦专利条例》授予的权限范围内颁发专利强制许可；在我国，仅国务院专利行政部门有权在《专利法》的授权范围内颁发专利强制许可。第三，专利权人和专利被许可人的权利保护路径具有一定的差异。在专利意定许可中，巴基斯坦的专利独占许可的被许可人具有等同于专利权人的地位，专利独占被许可人实施被许可的专利权能够获得等同于专利权的绝对保护；而我国的专利独占被许可人未取得等于专利权人的地位，我国《专利法》对专利独占被许可人的保护没有《巴基斯坦专利条例》对专利独占被许可人的保护强。在专利强制许可中，巴基斯坦专利强制许可之被许可专利的专利权人在联邦政府或专利局局长颁发强制许可决定前有权利要求听证；即便在听证之后依然颁发强制许可的，被许可专利的专利权人还有权向高等法院提起上诉。我国专利强制许可之被许可专利的专利权人，在国务院专利行政部门颁发专利强制许可之前仅有陈述意见的权利而无听证的权利；在专利强制许可颁发之后，被许可专利的专利权人对强制许可的决定不服的，有权向法院提起诉讼。

（三）巴基斯坦专利许可制度与我国专利许可制度之异同的原因

巴基斯坦专利许可制度与我国专利许可制度既有相同之处也有不同之处的原因是多方面的。总体而言，可分为国际方面的原因和国内方面的原因。就前者而言，我国和巴基斯坦均为世界贸易组织的成员，亦是 TRIPS 协定和《保护工业产权巴黎公约》（以下简称《巴黎公约》）的成员国。在知识产权国家化、现代化发展的背景下，一方面，知识产权国际条约规定了各成员国的知识产权国内立法应当达到其参加的国际条约规定的最低保护标准；与此同时，知识产权国际条约也为各成员国的知识产权立法提供了一个参考或蓝本，这导致了巴基斯坦专利许可制度与我国专利许可制度的共性。例如，TRIPS 协定开宗明义，界定了知识产权的私权属性，这使我国和巴基斯坦均将专利权界定为私权、民事权利、财产权，这使我国和巴基斯坦均在专利许可制度中设置了基于尊重当事人合意而产生的专利意定许可制度。TRIPS 协定第 31 条规定了对专利权的限制，即如一成员国的法律允许未经权利持有人授权即可以对一专利的客体作其他使用，包括政府或经政府授权的第三方，应遵守下列规则[1]。这使我国《专利法》和《巴基斯坦专利条例》均规定了专利强制许可制度，且二者还有某些方面的相似性或共性。另一方面，知识产权国际条约中存在一些可保留的条款和大量的自治性条款，各成员国可根据自己的需求和经济发展状况作出保留或相应的具体规定，只要不违反知识产权国际条约规定的义务即可。这导致了我国和巴基斯坦的专利许可制度的差异。例如，TRIPS 协定第 1条第 1 款规定，各成员国应实施本协议的规定，各成员国可以但并无义务在其法律中规定比本协议要求更广泛的保护，只要此种保护不违反本协定的规定，各成员有权在其各自的法律制度和实践中确定实施本协议的适当方法。[2]质言之，各成员国之国内法对知识产权的保护水平可以比 TRIPS 协定规定的最低保护水平更高，这使得我国和巴基斯坦的专利强制许可的法定事由存在一定的差异。从我国《专利法》和《巴基斯坦专利条例》规

---

[1] 参见中国人民大学知识产权教学与研究中心、中国人民大学知识产权学院编：《知识产权国际条约集成》，清华大学出版社 2011 年版，第 380 页。

[2] 参见中国人民大学知识产权教学与研究中心、中国人民大学知识产权学院编：《知识产权国际条约集成》，清华大学出版社 2011 年版，第 370~371 页。

定的专利强制许可的法定事由可以看出，我国《专利法》规定的专利强制许可的法定事由更少；这意味着从专利强制许可的视角来看，我国对专利权的限制更少，因而对专利的保护水平更高。

就后者而言，基于政治、经济、文化、法律传统、司法体制等方面的差异，我国专利许可制度与巴基斯坦专利许可制度始终存在某些不同。从历史的视角观之，巴基斯坦是从英属印度中独立出来的，它的知识产权法律制度和司法体制深受英国的影响。自清末改制以来，我国的知识产权法律制度和司法体制深受德日两国的影响。中、巴两国知识产权司法、行政体制的差异导致二者对专利强制许可中的专利权的保护路径不同。根据《巴基斯坦专利条例》的规定，当专利权人对联邦政府或专利局局长颁发的专利强制许可不服时，有权向高等法院提起上诉。根据我国《专利法》的规定，当专利权人对国务院专利行政部门颁发的专利强制许可不服时，有权向法院提起诉讼。

五、巴基专利许可制度对我国的启示

通过对巴基斯坦专利许可制度和我国的专利许可制度的对比分析，我们可以发现巴基斯坦专利许可制度与我国专利许可制度存在较大的差异，这些差异对我国专利许可制度的省思和完善具有一定的参考意义。在中、巴两国之间的经贸往来与合作越来越频繁的背景下，巴基斯坦专利许可制度是我国高新技术企业进入巴基斯坦或我国与巴基斯坦签订经贸合作协议必须考虑的因素，否则我国企业或政府在与巴基斯坦企业或政府从事经贸活动的过程中将面临专利权保护不充分的风险。因此，我们有必要深入分析巴基斯坦专利许可制度对我国专利许可制度的完善、对我国高新技术企业进入巴基斯坦、对我国签订中巴经贸合作协议的参考价值或借鉴意义。

（一）巴基斯坦专利许可制度对我国专利许可制度完善的启示

我国和巴基斯坦的专利许可制度的差异主要体现在，专利强制许可法定事由、专利强制许可授权主体和专利权人与专利被许可人的权利保护路径三个方面。本文认为，《巴基斯坦专利条例》对专利权人和专利被许可人的保护路径是巴基斯坦专利许可制度的一大亮点。这一亮点体现在以下两个方面：第一，在专利意定许可中，《巴基斯坦专利条例》赋予了专利独占被许可人类似于专利权人的地位，专利独占被许可人实施被许可专利的权利获得了类似于专利权的效力。这赋予了专利独占被许可人对抗专利侵权行为人的权利，与此同时也增强了专利独占被许可人实施被许可专利之权利的稳定性，从而降低了专利独占被许可人的投资风险，更有利于推动专利技术的实施。第二，在专利强制许可中，《巴基斯坦专利条例》特别注重对专利权人的程序性权利的保障，即在专利强制许可颁发前，专利权人有权要求对颁发专利强制许可是否符合《巴基斯坦专利条例》规定的法定事由举行听证。如此，一方面能够使联邦政府或专利局局长颁发强制许可的权力受到社会公众的监督进而防止权力滥用，另一方面能够使联邦政府或专利局局长颁发的专利强制许可更具有社会公信力，更能使专利权人及社会公众信服对该专利权的限制是必要且合理的。因此，本文认为，《巴基斯坦专利条例》对专利权人和专利被许可人权利的保护路径对我国专利许可制度的完善具有一定的借鉴意义。需要注意的是，在专利意定许可中，专利独占被许可人仅在专利独占许可的范围内具有类似于专利权人的地位。此时，专利独占被许可人实施被许可专利的权利才能够获得类似于专利权的效力。

（二）巴基斯坦专利许可制度对我国高新技术企业进入巴基斯坦的启示

专利意定许可是专利权人行使其权利的方式，是专利权人将技术优势转变为市场竞争优势的方式，也是专利权人收回研发成本、获取超额利润、积累下一次研发成本的方式。专利强制许可是对专利权的限制，颁发专利强制许可的法定事由越多、越容易满足，对专利权的限制就越多，反之则越少。在"一带一路"倡议及中巴经济走廊建设的推动下，我国越来越多的高新技术企业开始进入巴基斯坦，这些企业将带着他们的投资和先进技术进入巴基斯坦，在巴基斯坦从事生产经营活动。需要注意的是，《巴基斯坦专利条例》规定的专利强制许可的法定事由比我国《专利法》规定的专利强制许可的法定事由要宽泛得多。尤其需要注意的是，当专利权人拒绝以合理的商业条款和条件向第三方授予许可，或专利尚未以有助于促进技术创新和技术转让与传播的方式实施时，联邦政府可以向政府机构或政府机构指定的第三方授予专利强制许可。至于专利权人能通过专利强制许可获得多少数额的专利强制许可使用费尚未可知——《巴基斯坦专利条例》的表述是"足够数额的补偿金"。这意味着，如果我国的高新技术企业在进入巴基斯坦后将其核心技术申请了巴基斯坦的专利，他最明智的选择是以合理的商业条款许可给第三方实施，否则他将面临联邦政府颁发的强制许可。但是，当专利权人将其核心专利技术许可给第三方实施不符合该企业的战略或发展规划时，我国进入巴基斯坦的高新技术企业将会陷入僵局。对其核心技术采取合理的知识产权保护模式将是打破僵局的有效举措，具言之，当我国高新技术企业进入巴基斯坦后，应当对其核心技术进行评估，哪些适合用专利保护（公开），哪些适合用商业秘密保护（保密）；对适合用商业秘密保护的核心技术尽量用商业秘密保护，对不适合用商业秘密保护的核心技术应尽快申请专利然后投入实施，并以合理的商业条款许可给第三方实施。即便是在采用专利保护核心技术的情况下，也可以通过技术处理，对其核心技术中的技术诀窍采取商业秘密的保护方式。如此，我国进入巴基斯坦的高新技术企业方能充分地保护自己的核心技术。

（三）巴基斯坦专利许可制度对我国签订中巴经贸合作协议的启示

前文已述，从专利强制许可的视角来看，《巴基斯坦专利条例》对专利权的限制比我国《专利法》对专利权的限制更广，这不利于保护我国高新技术企业在巴基斯坦的核心技术。这对中巴经贸合作协议的协商具有一定的警示价值。它可以时刻提醒我国在与巴基斯坦协商经贸合作协议时，争取在知识产权保护方面取得更大的利益。具言之，我国政府可以在中巴经贸协议中主张修改不利于我国或我国企业的巴基斯坦专利强制许可制度，扫清制度上的障碍。即便上述主张不能达成，我们也可以退而求其次，主张明确专利强制许可补偿金的数额或标准，使我国高新技术企业的合理利益能在巴基斯坦专利强制许可中得到有效的保障。

六、结语

巴基斯坦专利许可制度包括专利意定许可制度和专利强制许可制度，

专利意定许可基于专利权人和专利被许可人的合意而产生，专利强制许可基于巴基斯坦联邦政府或专利局局长的授权而产生。专利意定许可是专利权人行使其权利的方式，是专利权人将技术优势转变为市场竞争优势的方式，也是专利权人收回研发成本、获取超额利润、积累下一次研发成本的方式。专利强制许可是对专利权的限制。我国专利许可制度和巴基斯坦专利许可制度在专利强制许可的法定事由、专利强制许可授权主体和专利权人与专利被许可人的权利保护路径三个方面存在较大的差异。这些差异对我国专利许可制度的省思和完善具有一定的参考意义，也是我国高新技术企业进入巴基斯坦、我国与巴基斯坦签订经贸合作协议必须考虑的因素，否则我国企业或政府在与巴基斯坦企业或政府从事经贸活动的过程中将面临专利权保护不充分的风险，或者我国企业在巴基斯坦的核心技术将得不到有效的保护。当我国企业进入巴基斯坦后，应当对其核心技术进行评估，合理地采取"专利+商业秘密"的模式保护核心技术；对不适合用商业秘密保护的核心技术应尽快申请专利然后投入实施并以合理的商业条款许可给第三方实施。为了更好地保护我国企业在巴基斯坦的核心技术，我国政府可以在中巴经贸协议中主张修改不利于我国企业的巴基斯坦专利强制许可制度，从而扫清制度上的障碍。即便上述主张不能达成，我们也可以退而求其次，主张明确专利强制许可补偿金的数额或标准，使我国高新技术企业的合理利益能在巴基斯坦专利强制许可中得到有效保障。

马来西亚地理标志保护制度研究报告

陈 星*

一、研究背景

2022 年 3 月 18 日，马来西亚新《地理标志法》生效，该法的新变化主要体现在地理标志注册资格的变化、地理标志申请的审查和异议程序的变化以及列出更为具体的违法行为和明确法院管辖权等，新法的出台旨在为地理标志所有者提供更广泛的保护及进一步明确地理标志注册审查程序等。在此之前，马来西亚主要依据 2000 年《地理标志法》和 2001 年《地理标志实施细则》对地理标志进行保护。作为世界贸易组织的创始成员，马来西亚对地理标志的保护走在东盟各国前列，2022 年新出台的马来西亚《地理标志法》意味着马来西亚对地理标志将采取更加严格的保护措施，进一步提升该国的地理标志保护水平。我国与马来西亚的贸易往来和交往历史悠久，近年来随着中国-东盟自由贸易区建成、"一带一路"倡议的提出、《区域全面经济伙伴关系协定》（Regional Comprehensive Economic Partnership，以下简称 RCEP）的签订，我国与马来西亚的经贸合作进一步加深，作为助推经济高质量发展重要武器的地理标志成为双方关注的重点。虽然我国与马来西亚对地理标志保护的历史传统和法律基础不同，但马来西亚保护的地理标志产品与我国保护的地理标志产品种类基本一致，包括天然产品、农产品、手工艺品和工业品。因此，马来西亚新出台的 2022 年

---

* 作者简介：陈星，广西民族大学法学院/知识产权学院副院长，教授，法学博士，硕士生导师。

《地理标志法》对我国地理标志保护立法具有很强的借鉴意义，对马来西亚地理标志保护体系进行研究，有助于在 RCEP 框架下开展我国与马来西亚地理标志保护合作，提高双方对地理标志的保护水平，进一步开发双方的地理标志资源，促进双边贸易的发展，同时对打造更加公平、开放、高效、绿色的域外合作平台也具有重要的参考意义。

二、马来西亚地理标志保护制度发展历史沿革

（一）第一阶段：尚未形成地理标志保护制度体系

在 2000 年《地理标志法》颁布实施之前，马来西亚对于地理标志保护没有出台专门规定，相关案件的处理大多通过《商品说明法》和《商标法》予以解决，这些法规的调整范围广泛，涵盖了地理标志保护的部分内容。

1972 年，马来西亚通过《商品说明法》，该法的目标之一是禁止在贸易过程中对所提供的货物进行任何错误的描述。根据该法，任何人对任何货物作出虚假的商品说明、提供要约或提供任何使用虚假商品说明的货物，都是犯罪行为。其中，虚假的货物制造地或生产地也被认为是虚假的商品说明，因此，依据《商品说明法》，商家在其商品上使用虚假或误导性的地理标志，属于犯罪行为。在地理标志专门规定缺失的阶段，1972 年《商品说明法》对于地理标志的保护起到了一定作用。

除此之外，1976 年颁布的《商标法》也发挥了重要作用。如果某地理标志符合该法的要求，可以申请将该地理标志注册为证明商标。因此，具有特定质量、类型、种类、信誉或其他特征的产品的地理标志可作为证明商标予以登记和保护。有权使用地理标志的协会、商品生产者和贸易商可以申请注册此类标志为证明商标，证明商标的所有人对使用该商标的货物享有专用权。

（二）第二阶段：通过专门立法构建地理标志保护法律基础

1989 年 1 月 1 日，马来西亚正式成为《保护工业产权巴黎公约》（以下简称《巴黎公约》）成员国和《建立世界知识产权组织公约》成员国，两个国际公约均包含关于"原产地名称"的条款。1994 年《与贸易有关

的知识产权协定》（以下简称 TRIPS 协定）首次提出"地理标志"这一概念，并将地理标志作为知识产权的一种形式给予保护。TRIPS 协定于 2000年 1 月 1 日在马来西亚生效，马来西亚对于地理标志的管理与保护也随着国际发展不断进步。

为实现国际法的国内适用，履行 TRIPS 协定规定的国际义务，马来西亚于 2000 年颁布了首部《地理标志法》，地理标志保护制度逐步成为马来西亚知识产权法律制度的重要组成部分之一。2000 年《地理标志法》规定，若一商品的质量、声誉或其他特征基本上可归因于其地理起源，则可依据此法为以生产地命名的商品提供保护。保护范围包括天然产品、农产品、手工艺品或工业产品，但违反公共秩序或道德的地理标志将不受该法保护。本国申请人可以亲自或通过已注册的地理标志代理提交申请，而外国申请人则需要寻求已注册的地理标志代理的服务。受地理标志保护模式的影响，泰国、越南、新加坡等采用专门立法模式进行保护的国家大多明确保护期限为无期限或不作保护期限的要求，但马来西亚例外，2000 年《地理标志法》中明确规定地理标志保护期限为 10 年，并且允许续展，[1]此为马来西亚 2000 年《地理标志法》的最大特点之一。

2000 年《地理标志法》颁布不久，2001 年马来西亚又颁布了《地理标志实施细则》，为 2000 年《地理标志法》在马来西亚顺利实施提供了有力补充，两部法律共同构成了马来西亚地理标志保护的法律基础。

（三）第三阶段：地理标志保护制度的完善发展

《地理标志法》和《地理标志实施细则》分别于 2002 年和 2013 年进行了第一次修订。2000 年《地理标志法》和 2001 年《地理标志实施细则》实施之初，马来西亚对地理标志保护没有要求申请者必须提供技术说明规范，为服务于马来西亚的地理标志注册在欧盟国家顺利进行，2013 年修订后的《地理标志实施细则》增加了对地理标志技术说明规范的要求，这些技术说明规范包括了对产品描述、原产地证明、地理区域和特定性质之间的因果关系、产品的声誉或其他特性（土壤条件、气候特征、人文因素、

---

〔1〕 参见苏悦娟等：《TRIPS 协议下中国—东盟地理标志保护及其合作研究》，载《广西社会科学》2014 年第 4 期。

产品声誉等）等要求，同时规范了地理标志的申请书以及登记证书的范本。

自 2000 年起，马来西亚采用了专门立法的地理标志保护模式，在 2000 年《地理标志法》和 2001 年《地理标志实施细则》颁行的数十年里，马来西亚的地理标志注册量显著增长，地理标志保护效果显著。至今，已经有闻名东南亚地区的巴里奥水稻、沙捞越千层饼、沙捞越橄榄、沙捞越辣椒、沙捞越木姜子、沙巴茶、婆罗洲初榨椰子油、丹南咖啡、沙巴海藻、巴厘岛双溪哥冬、巴厘岛京打马尼咖啡、沙捞越大米、沙捞越酸茄子、沙捞越大白、浮罗交恰奶酪、玻璃市香甜芒、本地亚答糖、沙捞越蜡染、文冬姜等多个产品被注册为地理标志保护产品，不仅提升了产品价值，还促进了旅游业的发展，创造了更多的就业机会，带动经济不断增长[1]。

2022 年，马来西亚地理标志保护开启了新的篇章。2022 年 3 月 18 日，2000 年版《地理标志法》被有效废除，新《地理标志法》正式生效。这部新的《地理标志法》旨在为地理标志所有者提供更广泛、严格的保护，在地理标志注册资格、地理标志申请的审查和异议程序等方面进行了优化。例如，2000 年《地理标志法》并没有提及刑事执法或法定罪行，但新《地理标志法》规定了以下行为为违法行为：进口或销售带有虚假地理标志的商品、向地理标志负责官员提交虚假信息或在登记簿中填写虚假内容、将地理标志错误地表示为已注册地理标志、假称商品已注册了地理标志，以及不服从登记官的要求（如拒绝作为证人提供证据或出示任何文件或物品）。又如，新《地理标志法》对申请程序作出了更明确的规定，因为地理标志申请将接受审查和异议，出于审查目的，登记官应在必要时检索任何在先地理标志或在先商标。如果申请人希望注册作为注册申请主题的地理标志的任何变体，则需在不同的申请程序中进行注册[2]。

三、马来西亚地理标志新旧法对比

本部分将马来西亚 2022 年《地理标志法》与此前 2000 年《地理标志

---

〔1〕 参见贾引狮、宋志国：《中国与东盟地理标志法律制度比较研究》，知识产权出版社 2017 年版，第 88 页。

〔2〕 参见《马来西亚新 2022 年〈地理标志法〉的主要变化》，载 http://ipr.mofcom.gov.cn/article/gjxw/gbhj/dm/mlxy/202207/1971653.html，最后访问日期：2023 年 7 月 25 日。

法》从立法层面及法律体系进行对比分析，以说明马来西亚新《地理标志法》在地理标志保护程序和内容方面的具体变化。通过研究新旧法区别，可以发现新《地理标志法》内容更全面、覆盖范围更广泛。新旧法的变化体现出马来西亚对地理标志保护的重视程度进一步提升，地理标志保护体系更为完善，其目的是为地理标志所有人提供更清晰的程序和更广泛的保护。本部分将根据新旧法的内容进行研究和说明，从马来西亚地理标志新旧法的变化中为我国地理标志保护模式和立法提供有效参考方案。

（一）地理标志注册申请程序

在地理标志申请及审查程序方面，旧法只规定了地理标志的申请，缺少对登记官的责任规范和地理标志任何变体进行登记的规定。马来西亚2022 年《地理标志法》除在申请的受理、审查、驳回等层面进行了更明确的规定外，还增加了对登记地理标志变体的规定，使申请及审查程序进程更具体且清晰，以更合法、公平公正的保护模式促进更多有资格的地理标志申请人提交申请，推动马来西亚地理标志发展、提升其价值，也完善了马来西亚地理标志保护体系。

1. 申请及受理

对于地理标志保护的申请，旧法仅作出框架式规定，缺少对必要细节的要求。旧法规定了地理标志的代理人应以法定形式向登记官提交申请，并在申请中说明提出申请的自然人或法人的有关信息，此外，还对其所申请的地理标志有一定说明要求，如该地理标志适用的地理区域，适用该地理标志的商品，该商品的质量、声誉或其他特征等法定的任何其他细节。对比而言，新法不仅在申请主体上的规定更直接具体，对申请保护的地理标志也有更细致的说明标准，还对地理标志的变体予以规范，增加了对地理标志的任何变体的登记条款。在主体上，新法明确了对代理人和申请人的要求，规定申请人资格为在该地理区域内从事与该货物有关的生产活动的任何人和该等人的联合体；或者具有法定资格的机关。在对申请保护的地理标志层面上，新法增加了对申请登记的地理标志中含有不属于罗马文字、民族语言或英语的文字，申请人应向登记官提供：地理标志的音译、地理标志的翻译，且经过登记官确认。

表 1 马来西亚《地理标志法》修改前后对照表

2000 年《地理标志法》	2022 年《地理标志法》
第 11 条 任何个人、商号或公司均可申请担任本法案的代理人，条件是 （a）该人在马来西亚有住所或居住；或 （b）商号或公司是根据马来西亚法律成立的；以及 （c）此人、商号或公司主要在马来西亚开展业务或执业。 （2）代理人的资格和注册方式应按规定办理。 **第 12 条** （1）地理标志注册申请应按规定的方式向登记官提交，并应具体说明 （a）提出申请的自然人或法律实体的姓名、地址和国籍，以及申请人申请注册的身份； （b）申请注册的地理标志； （c）地理标志适用的地理区域； （d）使用地理标志的商品； （e）使用地理标志的商品的质量、声誉或其他特征；以及 （f）规定的任何其他细节。	**第 8 条** （1）任何人可以按照登记官确定的格式提出任何商品的地理标志登记申请，并缴纳规定的费用。 （2）如果第 1 款中的申请人希望对地理标志的任何变体进行登记，并且该地理标志是登记申请的主体，则该变体的登记应在不同的登记申请中进行。 （3）如果申请登记的地理标志中含有不属于罗马文字、民族语言或英语的文字，申请人应向登记官提供： （a）地理标志的音译； （b）地理标志的翻译；并且 （c）经过登记官确认。 （4）申请人在规定期限内不符合本节规定的条件的，其地理标志登记申请应视为撤回。 （5）第 1 款中的"人"指的是： （a）在该地理区域内从事与该货物有关的生产者活动的任何人，并包括该等人的联合体；或者 （b）具有法定资格的机关。 **第 29 条** （1）地理标志所有人可授权代理人就地理标志注册申请或与已注册地理标志有关的任何程序进行代理，经所有人正式授权的地理标志代理人可以地理标志办公室局确定的方式进行代理或以所有人的授权进行代理。

在旧法体系中，受理程序较为简单，第 13 条规定登记官在审查注册申请后，认为该申请符合第 11 条和第 12 条的要求，并认为申请注册的地理标志不违反公共秩序和道德，即应安排以规定的方式公布该申请。相对于旧法，新法的规定将这一流程规定得更具体，明确了公布方式为官方的知识产权公报，增加了对提出保护的申请的全部条件及条件的修订、修改或限制予以规范的要求。

表 2　马来西亚《地理标志法》修改前后对照表

2000 年《地理标志法》	2022 年《地理标志法》
第 13 条 如果登记官在审查注册申请后，认为该申请符合第 11 条和第 12 条的要求，并认为申请注册的地理标志不违反公共秩序和道德，则登记官应安排以规定的方式公布该申请。	**第 13 条** (1) 如地理标志登记申请根据第 12 条第 6 款或第 9 款被受理，则登记官须向申请人发出受理通知书，并要求申请人在该通知书所指明的期限内缴纳规定的费用。 (2) 申请人未按第 1 款规定缴纳申请费的，地理标志登记申请应视为撤回。 **第 14 条** (1) 在收到申请人根据第 13 条第 1 款支付的规定费用后，申请的受理情况应在知识产权官方公报上公布。 (2) 根据第 1 款规定刊登的内容，应包含根据第 13 条提出的申请的所有条件修订、修改或限制的内容。

2. 审查及异议程序

申请得到受理后进入审查阶段，针对这一阶段所设置的法条可以筛选提出保护申请的地理标志是否符合保护标准、是否侵犯或危害其他自然人、法人或组织的合法权利及是否具有保护价值等，以减少后续可能因此产生的司法成本支出。

在审查及异议程序中，旧法对登记官对于异议的处理责任并没有明确规定，且将异议的提出、申请人的回复及双方提交证据的规定列为多个分散的部分，每个部分单独规定其过程和可能产生的结果，没有进行系统化说明，执行和公开时容易导致责任不明，造成公众混淆。新法在经历一段较长时间的发展后，逐步完善，弥补了不足，第 12 条具体规定了登记官的审查要素、要求和流程，加强了登记官审查责任，减少因部门审查漏洞而引起地理标志保护纠纷的可能。第 16 条整体确定了异议程序，系统说明该程序的运行流程，并列明运行过程中对应每一流程可能出现或可能导致的不同结果。就加强审查角度而言，因申请地理标志及保护需经过细致审核，因此接受注册申请的部门将对申请对象的形象、名称、目的和途径进行检查确认，也需对已存在、已申请或正在申请的其他地理标志进行检索，以确保该申请的成立和生效。

在面向社会监督的过程中，因地理标志对特殊性、独特性的高要求，加之需检索已存在、已申请或正在申请的其他地理标志，异议程序的存在对于确保地理标志特征的真实性尤为重要。在旧法中，第 14 条说明了异议的提出需由"利害关系人"在公告的 2 个月内，以书面说明理由的方式将异议告知登记官和申请人。第 15 条说明了申请人对异议的回复要求，以及没有按法定期限回复所造成的后果：被视为放弃登记申请。第 16 条则就异议人和申请人的举证论证问题进行说明：双方应在规定时间内以书面形式提交证明文件、质证、陈述并由登记官得出该地理标志最终是否能通过或需要修改的结果。第 17 条则对双方中任一方没有提交书面证据的后果予以规定。

在马来西亚 2022 年《地理标志法》中，对登记官的异议程序规定得更为规范也更体系化，第 16 条对整个异议流程及异议人与申请人在各阶段可能出现的问题和造成的结果进行了规定。如果地理标志在申请过程中被任何利害关系人发现不符合注册要求，登记官将以上述原因产生的驳回以书面形式向申请人发出临时性驳回通知。临时性驳回指该国管理部门虽驳回对应的申请，却给予申请人对申请及材料改正或申述的机会。根据新法第 16 条，对该类驳回及回复有更清晰的要求，异议人可就新法第 10 条的任一理由向登记官书面提出，并由双方提交证据、进行答辩和提交书面意见，登记官将以此判断该地理标志是否予以登记。若对登记官的决定有不满的可诉至法院。

对于异议理由的规定，新旧法有所不同。2000 年《地理标志法》第 4 条规定，不属于本法中"地理标志"定义的范围；违反公共秩序或道德；在原产国不受或已停止保护；或在其原产国已经废弃。从旧法的规定中可看出其在因异议而驳回地理标志注册申请的理由方面有所缺失，一是所列出的理由较为基础和普遍，在细节和针对性层面存在漏洞；二是旧法列出的理由逐渐不适用于地理标志保护制度的发展进程。随着国际社会认识到地理标志的独特性和其本身及衍生价值，对地理标志的保护也快速推进。

经过 20 年的发展、更新与融合，马来西亚 2022 年《地理标志法》第 10 条、第 12 条现列出了一系列驳回理由，除对旧法已列出的部分进行重申，还新增了部分内容。从新增内容上看，新法比旧法更注重细节和针对性，从地理标志的审查要素——重合性、相似性、产地等方面对地理标志的临时性驳回理由进行说明，既提醒了申请人在提出申请时需注意的问题，使申请更完善，从根源减少行政和司法成本，又有利于利害关系人和民众对地理标志保护制度进行监督，大大增加了保护透明度与保护力度。

表 3 马来西亚《地理标志法》修改前后对照表

2000 年《地理标志法》	2022 年《地理标志法》
第 4 条 排除在保护范围之外 尽管有第 3 条的规定，下列内容不得作为地理标志受到保护： （a）不符合第 2 节中定义的"地理标志"含义的地理标志； （b）违反公共秩序或道德的地理标志； （c）在原产国或原产地未受保护或已停止保护的地理标志；或 （d）在原产国或原产地已废弃的地理标志。 **第 14 条** （1）任何利害关系人均可在注册申请公告之日起两个月内，向登记官和申请人发出通知，表明其反对申请的意向，理由是申请人寻求注册的地理标志 （a）不属于本法中"地理标志"定义的范围； （b）违反公共秩序或道德； （c）在原产国不受或已停止受保护；或 （d）在其原产国已经废弃。 （2）通知应按规定的方式以书面形式发出，并应包括反对理由的说明。 **第 15 条** （1）申请人应在收到异议通知后两个月内，以规定的方式向登记官和异议人发出答复，说明其申请登记的理由。	**第 10 条** （1）在下列情况下，登记官应驳回登记地理标志： （a）地理标志与第 2 节定义的"地理标志"含义不符； （b）使用地理标志的商品不在登记官确定的类别条目内； （c）地理标志仅包含与马来西亚共同语言中的习惯用语相同的标志，如果要求对该标志进行登记，则该标志将成为马来西亚任何商品的通用名称； （d）地理标志违反公共秩序或道德； （e）该地理标志在其原产国或领土区域内没有或已经停止保护； （f）商品不源于地理标志登记申请书中注明的国家、地区或地方；或 （g）如果与商品有关的地理标志具有此种性质，可能会误导公众对货物的真实原产地的认知。 （2）除第 11 条另有规定外，如果公众因地理标志与先前的地理标志相同或相似，或具有相同的地理来源而产生混淆的可能，则登记官应拒绝登记该地理标志。 （3）公众因地理标志与商标相同或近似而产生混淆的可能，且该地理标志满足下列条件之一的，登记官不予登记：（a）

续表

2000 年《地理标志法》	2022 年《地理标志法》
（2）如果申请人未在第（1）款规定的期限内答复异议，或在登记官延长期限的情况下，未在延长期限内答复异议，申请人应被视为放弃登记申请。 **第 16 条** （1）申请人根据第 15 条第（1）款提交答复时，异议人和申请人应向登记官提交支持异议或注册申请（视情况而定）的书面证据。 （2）对手或申请人根据第（1）款提交的任何书面证据应在规定的时间内以规定的方式提交。 （3）当申请人提交支持其注册申请的书面证据时，对方可在规定时间内有机会向登记官和申请人提交以规定方式举出的答辩证据。 （4）登记官在审议了异议人和申请人提交的书面证据，并给予双方陈述的机会后，应决定是否 （a）驳回注册该地理标志； （b）注册地理标志；或 （c）在其认为合适的条件、修正、修改或限制下注册该地理标志。 （5）登记官应在根据第（4）款作出决定后两个月内，以书面形式编写其决定理由。 （6）任何人如对登记官根据第（4）款作出的决定感到不满，可向法院提出上诉。 **第 17 条** 如申请人未按第 16 条第 1 款的要求提交书面证据，登记官有权将注册申请视为放弃。 （2）如果异议人未能提交第 16 条第 1 款所要求的书面证据，登记官有权将异议视为放弃，并应登记申请，向申请人颁发规定格式的登记证书。	该商标是马来西亚特定的注册商标或受保护的国际注册商标，并在某些情况下可以主张 2019 年《商标法》规定的优先权，其中： （i）商标注册申请是善意的；或 （ii）商标被善意注册。 该商标需符合 2019 年《商标法》或以前任何与商标有关的成文法规定，并在申请马来西亚地理标志登记之前提出；或 （b）该商标在申请马来西亚地理标志登记之前，已在贸易过程中在马来西亚被善意使用。 （4）在下列情况下，登记官应驳回登记与商标相同或相似的地理标志：（a）在地理标志申请登记之日前，该商标已是马来西亚驰名商标；（b）地理标志的登记容易使消费者对地理标志所标识商品的真实身份产生误判。 （5）尽管第（3）款和第（4）款已经做出规定，但如果第（3）款或第（4）款所指的商标所有人登记第（3）款或第（4）款所指的地理标志，符合下列情形的，登记官可以对该地理标志予以登记： （a）登记被同意；或 （b）没有按照第 16 条第（1）款的规定向登记官提出反对。 （6）为了实现本节的目的，作出以下规定： （a）地理标志的含义包括地理标志的变体；和 （b）如果某一地理标志的任何变体符合本法的要求，根据本节被驳回登记的地理标志，不影响该地理标志的任何其他变体的登记。 **第 12 条** （1）登记官应审查申请人根据第 8 条提出的地理标志登记申请是否符合本法规定的登记要求。

续表

2000 年《地理标志法》	2022 年《地理标志法》
	（2）为进行第（1）款所指的审查，登记官须在其认为必要的范围内，对任何早期地理标志或早期商标进行检索。 （3）如果申请人提出的地理标志登记申请与地理标志登记任一要求不符，登记官应以书面通知的方式告知申请人其申请被临时驳回的理由，并在申请人符合下列情形的条件下，在书面通知中规定的限制期限内，给予申请人机会： （a）以书面提交或听证的方式作出表示； （b）对地理标志的登记申请进行修改，使登记官认为该条件、修改、限制达到适宜的要求；或 （c）补充其他信息或证据。 （4）根据第（3）款第（a）项进行的任何听证及根据第（3）款第（b）项进行的任何修订，须由申请人按登记官所决定的格式作出，并缴纳规定的费用。 （5）在以下情况下，应作出如下处理： （a）申请人未在书面通知规定的期限内向登记官提交答复，则该地理标志的登记申请应视为撤回；或 （b）申请人的答复不符合登记官的要求，登记官应驳回该地理标志的登记申请，并在申请人以登记官确定的形式提出申请并缴纳规定费用费后，以书面形式说明驳回理由。 （6）登记官经审查后认为该地理标志的登记申请符合地理标志登记要求的，应当受理该地理标志的登记申请。 （7）凡就登记官根据第 5 款第（b）项作出的有关驳回的决定而向法院提出申诉的，按以下规定处理： （a）提起申诉需符合相关规定； （b）在必要情况下，法院应听审申请人及登记官； （c）上诉应根据登记官在做出决定时所使

续表

2000 年《地理标志法》	2022 年《地理标志法》
	用的材料进行审理，非经法院许可，不允许登记官提出其他驳回受理地理标志登记申请的理由。 （8）就第 7 款第（c）项而言，凡登记官未按照法定要求提出其他临时驳回申请的理由，申请人有权在不支付任何费用的情况下撤回以下事项： （a）按规定方式提出的申诉；和 （b）以登记官确定的形式提出的地理标志登记申请。 （9）在裁定根据第 7 款提出的申诉时，若地理标志登记申请提出任何条件，作出修正、修改、限制，法院应当在接受上述变动的情况下作出裁决。 （10）任何根据第 8 条提交的，并根据本条被允许的地理标志登记申请，不论登记官或法院允许在该申请中作出任何条件、修正、修改或限制，均须当作是在该地理标志登记申请的日期作出的。 （11）在不影响第 10 款规定的情况下，在地理标志登记申请受理之后，正式登记之前，如遇下列情形： （a）地理标志登记申请被错误受理；或 （b）以下特殊情况： （i）地理标志不予登记；或 （ii）在附加或不同条件或限制的情况下，地理标志应予登记。 登记官可以撤销受理，并在地理标志登记申请未被受理的情况下继续办理，或者对须附加不同条件或限制登记的地理标志，在附加不同条件或限制的情况下重新签发新的受理书。 （12）就本节而言，"在先商标"是指： （a）马来西亚特定的注册商标或受保护的国际注册商标，其注册申请早于相关地理标志的登记申请，并在某些情况下可以主张 2019 年《商标法》规定的优先

续表

2000 年《地理标志法》	2022 年《地理标志法》
	权；或 （b）在有关地理标志申请登记之时已是驰名商标， 同时，对于已提出注册申请的商标，若已完成注册，则可根据第 a 款被认定为"在先商标"。

（二）地理标志的撤销

在撤销已注册的地理标志方面，新法也对旧法有所修正和重新说明。旧法强调了登记官的审查角度及利害关系人对地理标志提出撤销的方式，如登记官可应任何利害关系人的请求并在其支付规定的费用后：取消地理标志的注册，理由是考虑到第 4 条的规定，该地理标志不符合作为地理标志受保护的条件；或纠正地理标志的注册，理由是注册中指定的地理区域与地理标志不符，或使用地理标志的产品的说明或这些产品的质量、声誉或其他特征的说明缺失或不令人满意。

新法则根据撤销申请人的不同类别，对撤销申请进行了分类和说明，使有资格申请撤销的群体及其权利义务更明确，也使申请撤销的不同群体区分不同程序，促进地理标志的撤销管理更规范。其一，为所有人自愿撤销已注册的地理标志，根据新法规定，注册地理标志所有人可自愿撤销已注册的地理标志。如果所有人申请自愿撤销，那么地理标志注册授予任何利益相关方的权利将自注册撤销之日起失效。其二，法院对已注册的地理标志进行撤销。即指任何人都可以基于以下法定理由之一向法院申请撤销已注册的地理标志：地理标志的注册违反了驳回理由；地理标志的注册是通过欺诈或虚假陈述获得的；地理标志在其国家、领土或原产地已被废弃或不再受保护；注册地理标志所有人未维护地理标志，即所有人未能在马来西亚维护与地理标志相关的任何商业活动或利益，包括商业化、宣传或市场监测；或者由于未使用上述已注册地理标志，地理标志已成为马来西亚商品的通用名称。

表 4　马来西亚《地理标志法》修改前后对照表

2000 年《地理标志法》	2022 年《地理标志法》
第 22 条 注册的注销和更正 （1）登记官可应任何利害关系人的请求并在其支付规定的费用后 （a）取消地理标志的注册，理由是考虑到第 4 条的规定，该地理标志不符合作为地理标志受保护的条件；或（b）纠正地理标志的注册，理由是注册中指定的地理区域与地理标志不符，或使用地理标志的产品的说明或这些产品的质量、声誉或其他特征的说明缺失或不令人满意。 （2）根据第 1 款要求注销或更正地理标志注册的人应通知提出地理标志注册申请的申请人或其所有权继承人。 （3）注册官应以规定的方式通知所有根据第 21 条有权使用地理标志的人。 （4）第 3 款所提述的人及任何其他有利害关系的人，可在登记官指明的限期内，向登记官申请参加处长为决定有关地理标志的注册是否应予取消或更正而举行的任何法律程序。 （5）登记官应在根据第 1 款作出决定后两个月内，以书面形式编写其决定理由。 （6）任何人如对登记官根据第 1 款作出的决定感到不满，可向法院提出上诉。	**第 22 条** （1）申请人可向登记官提出请求，要求自愿撤销已注册地理标志，并支付相应的费用。 （2）为施行第（1）款，申请人须符合规定的要求。 （3）若申请人符合规定的要求，登记官则应撤销该地理标志的注册。 （4）地理标志的注册根据本条自愿撤销的，地理标志注册授予任何利益相关方的权利将自注册撤销之日起失效。 **第 23 条** （1）任何人都可以基于以下理由向法院申请撤销已注册的地理标志： （a）该地理标志是违反第 10 条注册的，但第 10 条第（1）款第（e）项除外，即地理标志的注册违反了驳回理由； （b）地理标志的注册是通过欺诈或虚假陈述获得的； （c）该地理标志在其原产国或地区已不再使用或不再受保护； （d）注册地理标志所有人未维护地理标志，即注册地理标志所有人未能在马来西亚维持与该地理标志有关的任何商业活动或利益，包括商业化、宣传或市场监测；或者 （e）由于未能维持与地理标志有关的任何商业活动或利益，该地理标志已成为该商品在马来西亚的通用名称。 （2）申请人在根据第（1）款提出申请后，其应按照注册官确定的方式，通知根据第 28 条有权使用该地理标志的所有人。 （3）第（2）款所述的地理标志所有人和任何其他利害关系人可在法院确定的期限内，向法院申请加入审理是否应撤销该地理标志的程序。

2000 年《地理标志法》	2022 年《地理标志法》
	（4）如果地理标志是以第（1）款第（a）项或第（b）项规定的理由被撤销，则该地理标志应被视为从未注册过，但该撤销不应影响过去和已完成的交易。 （5）如果地理标志是以第 1 款第（c）项~第（e）项规定的理由被撤销，则地理标志注册赋予该地理标志所识别的利害关系人的权利应自以下日期起失效——（a）申请撤销的日期；或者（b）如法院信赖该理由在较早日期存在，则在该较早日期。 （6）如果法院根据本条规定撤销已注册的地理标志，申请撤销注册的人应按照地理标志办公室确定的撤销方式通知其所知的所有对已注册地理标志享有权利的人。

（三）违法行为及其管辖

2000 年《地理标志法》对涉及地理标志的刑事执法或法定罪行部分的规定有所缺失。然而，2022 年《地理标志法》根据地理标志及其保护日益增长的发展要求，在执法程序上规定了对于调查权、逮捕权的执行，可参照《刑事诉讼法》进行。在调查权上，根据新法有权调查任何犯罪行为的人可行使《刑事诉讼法》赋予的与警方调查可扣押案件有关的全部或任何权力。2022 年《地理标志法》第 36 条明确规定，任何人向地理标志办公室提交或致使他人提交任何虚假信息，或在登记簿中作虚假登记，即构成犯罪，一经定罪，应处以不超过 5 万林吉特的罚款或不超过 5 年的监禁，或两者兼施；在逮捕权上，规定任何协助管理人员在根据第 49 条第 1 款进行逮捕时，须在没有非必要延误的情况下，将被逮捕的人带到最近的警署，其后须按照现行有效的《刑事诉讼法》处理该人。在内容上，新法具体列明了以下行为为违法行为：进口或销售带有虚假地理标志的商品；向地理标志负责官员提交虚假信息或在登记簿中填写虚假条目；将地理标志错误地表示为已注册地理标志；假称商品已注册了地理标志；以及不服从登记官的要求，例如拒绝作为证人提供证据或出示任何文件或物品。根据 2022 年《地理标志法》，开庭法院现在有权审判 2022 年《地理标志法》规定的任何违法行为。此部分为新法的增加部分，旧法在对应部分的缺失导致针对地理标志的违法行为难以界定、判断，同时还缺少惩罚机制，使当时的地理标志保护有所漏洞。在新法增加了对违法行为及管辖的规定后，马来西亚地理标志保护既有据可循有法可依，也拥有了更完善的保护机制。

表 5　马来西亚《地理标志法》修改前后对照表

2000 年《地理标志法》	2022 年《地理标志法》
第 5 条 禁令和损害赔偿诉讼的提起 （1）任何利害关系人均可向法院提起诉讼，以防止在地理标志方面出现以下情况： （a）在贸易过程中，在任何商品的名称或介绍中使用任何手段，以在商品的地理来源方面误导公众的方式表明或暗示有关商品原产于真正原产地以外的地理区域； （b）在贸易过程中的任何使用，而这种使用构成《巴黎公约》第 10 条之二所指的不公平竞争行为； （c）在贸易过程中使用地理标志，虽然就货物原产国、领土、地区或地方而言，字面意思是真实的，但却向公众虚假地表示货物原产于另一个国家、领土、地区或地方；或 （d）在贸易过程中，将标识葡萄酒的地理标志用于标识非原产于有关地理标志所标识的地方的葡萄酒，或将标识烈性酒的地理标志用于标识非原产于有关地理标志所标识的地方的烈性酒，即使已标明葡萄酒或烈性酒的真正原产地，或该地理标志是翻译使用的，或附有"种类"、"类型"、"风格"或"仿造"等表述。 （2）法院可发布禁令，阻止对地理标志的任何非法使用，并判给任何损害赔偿和其认为适当的任何其他法律补救或救济。	**第 34 条** （1）为本条和第 35 条的目的，侵权人在商品上使用虚假地理标志——（a）未经地理标志所有人同意，将该地理标志直接或者间接提及该地理标志的标志应用于该商品；并且（b）商品是——（i）并非申请人、申请人授权的人或根据第 28 条有权使用该地理标志的人的商品；或者（ii）不符合登记簿所指明的质量、声誉或特征。 （2）就第 1 款而言，（a）地理标志或任何直接或间接提及该地理标志的标志，如果该标志直接应用于商品本身，则应用于该商品；（b）地理标志或任何直接或间接提及该地理标志的标志，如果在以下情况下应用，应视为已应用于该商品—— （i）任何标志或广告；或者 （ii）任何发票、目录、商业信函、商业用纸、价目表或其他商业文件，包括以任何媒介传播的此类文件；并且货物是根据引用该地理标志的请求或者命令将货物交付给他人的； （c）地理标志或任何直接或间接提及该地理标志的标志，应被视为已应用于货物，如果—— （i）应用于用以出售、要约出售或展示货物或为贸易、制造为目的而持有货物的任何覆盖物、标签、卷轴或物品；和

续表

2000 年《地理标志法》	2022 年《地理标志法》
	（ii）其使用方式易误导他人相信其是指、描述或指定货物。 （3）根据第（1）款错误地将已注册的地理标志或直接或间接提及该地理标志的标志应用于商品，即属犯罪，一经定罪，应负法律责任—— （a）如果是法人团体，对每件带有虚假地理标志的商品处以不超过 1 万 5 千林吉特的罚款；对于第二次或以后的犯罪，对每件带有虚假地理标志的商品处以不超过 3 万林吉特的罚款；或者 （b）如果不是法人团体，对每件带有虚假地理标志的商品处以不超过 1 万林吉特的罚款，或处以不超过 3 年的监禁或两者兼施；对于第二次或以后的犯罪，对每件带有虚假地理标志的商品处以不超过 2 万林吉特的罚款，或处以不超过 5 年的监禁或两者兼施。 （4）就第（2）款第（c）项第（i）小节而言（a）"覆盖物"包括任何塞子、玻璃、瓶子、容器、盒子、胶囊、箱子、框架或包装；和（b）"标签"包括任何价格分级标识或票价牌。 （5）在根据本条提起的诉讼中，被告应承担已经过该地理标志的申请人同意的举证责任。 **第 35 条** （1）任何人—— （a）以贸易或制造为目的向马来西亚进口； （b）销售、要约或公开出售；或者 （c）为贸易或制造目的而管有、保管或控制； 根据第 34 条，应用虚假注册地理标志的商品，除非其证明已采取一切合理的预防措施防止犯本条规定的罪行，但在其被指控犯该罪行时，其没有理由怀疑该地理标志的真实性，并应第 39 条所界定的助理总监的要求，提供其所知道的关于商品提供者的所有信息，否则即属犯罪。

2000 年《地理标志法》	2022 年《地理标志法》
	（2）任何人犯了第（1）款的罪，一经定罪，应负以下责任——
	（a）如果是法人团体，对每件带有虚假地理标志的商品处以不超过 1 万 5 千林吉特的罚款；对于第二次或以后的犯罪，对每件带有虚假地理标志的商品处以不超过 3 万林吉特的罚款；或者
	（b）如果不是法人团体，对每件带有虚假地理标志的商品处以不超过 1 万林吉特的罚款，或处以不超过 3 年的监禁或两者兼施；对于第二次或以后的犯罪，对每件带有虚假地理标志的商品处以不超过 2 万林吉特的罚款，或处以不超过 5 年的监禁或两者兼施。
	（3）就前款第（1）款第（c）项而言，拥有三件以上虚假地理标志注册的商品的，视为以贸易或者制造为目的应用于该商品上。
	第 36 条
	任何人——
	（a）向地理标志办公室提交或致使他人提交任何虚假信息，或在登记簿中作虚假登记；
	（b）提交或致使提交虚假的拟交存于地理标志办公室的文件的核证副本中的信息；
	（c）制作或导致制作任何虚假物品，声称是登记簿中条目的副本或提交给地理标志办公室存档；或者
	（d）出示、投标或促使出示、投标第（c）款规定的文件或条目作为证据；
	明知或有理由相信该条目、信息或文件是虚假的，即构成犯罪，一经定罪，应处以不超过 5 万林吉特的罚款或不超过 5 年的监禁或两者兼施。
	第 37 条
	（1）任何人——
	（a）谎称地理标志是注册地理标志的；或者

续表

2000 年《地理标志法》	2022 年《地理标志法》
	（b）对已注册地理标志的商品作出虚假陈述的；明知或有理由相信该陈述是虚假的，即构成犯罪，一经定罪，可处不超过一万林吉特的罚款。 （2）为本节的目的，在马来西亚的贸易过程中，就地理标志使用"注册"一词或任何其他明示或暗示提及注册的词或符号，应被视为根据本法进行注册的表述，除非证明该表述是指马来西亚以外的其他地方的注册，且该地理标志已就有关商品进行注册。 **第 38 条** 不服从传票或拒绝提供证据的罪行 （1）登记官可—— （a）传召证人； （b）宣誓作证；和 （c）要求出示任何文件或物品。 任何人在没有合法理由的情况下，不服从登记官根据第 1 款发出的传票或请求，即构成犯罪，一经定罪，将被处以不超过两千林吉特的罚款或不超过三个月的监禁，或两者兼施。 **第 63 条** 尽管任何成文法中有相反的规定，但巡回法院应有权审理本法规定的任何犯罪行为，并对任何此类犯罪行为施加充分的惩罚。

（四）对代理人的规定变化及特权通信

2022 年《地理标志法》增加了代理人特权通信等权利。旧法中仅规定了代理人的定义和成为代理人的条件，对其资格和注册方式仅用了"按规定办理"的条款说明。在旧法中，"代理人"为根据旧法及根据旧法制定的条例注册的地理标志代理人。而新法不仅完善了对代理人的管理要求，还增加了注册地理标志代理与其客户（任命和授权代理者）之间可进行特权通信的规定，以及律师对客户文件和财产的留置权可依新法扩展至已注册地理标志代理人。还对新旧法过渡期间的代理人的权利进行了说明，有效保护了过渡期的稳定：根据已废除法案进行的、在本法案生效日期前有效的地理标志代理人的注册，在本法案生效之日继续有效，如同该注册是根据本法案进行的，登记官可根据本法案相关条款授予权利续展或撤销。本部分的变化和新增，不仅补充了旧法的不足，还强化了原有的管理体系，使之具体化，更明确代理人和被代理人之间的权利义务，也保护了地理标志代理权和地理标志的发展。

表 6　马来西亚《地理标志法》修改前后对照表

2000 年《地理标志法》	2022 年《地理标志法》
第 2 条 "代理人"是指根据本法及根据本法制定的条例注册的地理标志代理人。 **第 11 条** 代理 （1）任何个人、商号或公司均可申请担任本法案的代理人，条件是 （a）该人在马来西亚有住所或居住；或 （b）商号或公司是根据马来西亚法律成立的；以及 （c）此人、商号或公司主要在马来西亚开展业务或执业。 （2）代理人的资格和注册方式应按规定办理。	**第 2 条** "代理人"指依照本法登记的地理标志代理人。 **第 29 条** （1）地理标志所有人可授权代理人就地理标志注册申请或与已注册地理标志有关的任何程序进行代理，经所有人正式授权的地理标志代理人可以以注册局确定的方式进行代理或以所有人的授权进行代理。 （2）地理标志所有人未在马来西亚居住或经营业务的，应指定并授权一名地理标志代理人为其代理地理标志的注册或与已注册地理标志有关的任何程序，并支付相应的费用，其形式由登记官确定。 （3）在地理标志所有人根据第 2 款指定并授权为其行事后，除地理标志所有人终止授权或未按照规定支付相应的费用的情形外，被指定并授权的地理标志代理人应——（a）继续作为该地理标志的代理人；并且（b）对本法要求该地理标志所有人所作的行为和事项负责。 （4）地理标志代理人有意停止代理行为的——（a）地理标志代理人应按照登记官确定的形式，向登记官提交停止代理的

续表

2000 年《地理标志法》	2022 年《地理标志法》
	意向通知书，并支付相应的费用；并且 （b）地理标志代理人应按照登记官确定的方式通知地理标志所有人。 （5）如该代理人符合第 4 款的规定，注册官可认定解除代理关系。 **第 33 条** 与地理标志代理人的特权通信 （1）地理标志代理人和授权人之间的通信，以及任何为该通信目的而制作的纪录或文件，与律师和其客户之间的通信享有同等程度的特权。 （2）地理标志代理人对授权人的文件和财产，具有与律师对客户的文件和财产相同的留置权。

（五）同名地理标志保护

2022 年《地理标志法》扩大了同名地理标志保护范围。"同名"指名字或名称相同。在马来西亚 2000 年《地理标志法》中，对同名地理标志的保护范围狭窄且规定笼统，局限性强，适用度较低，仅适用于葡萄酒，具体为：对于葡萄酒的同名地理标志，每个标志都应受到保护；在善意同时使用同名地理标志的情况下，登记官应确定区分有关同名地理标志的实际条件，同时考虑到确保有关生产者得到公平待遇和公众不受误导的必要性。

在 2022 年《地理标志法》中，对同名地理标志的保护不再局限于葡萄酒或某类单一商品，而是扩大保护范围，使之适用于任何种类的商品或服务，且对如何审查、确认同名地理标志进行了具体说明。如要求登记官在确保公平对待所有相关方，并保证公众不因此而被误导的情况下，可对同名地理标志进行登记，但须具备实际条件，将同名地理标志与登记官确定的早期地理标志区别开来。在保护的要求和规范方面，拥有从申请主体到审判责任更细致而全面的规定，如以同名地理标志标识的任何货物的利害关系人，可就根据 2022 年《地理标志法》第 77 条实施任何行为的任何

人向法院提起诉讼；或倘若登记官并未根据第 11 条就该同名地理标志规定
实际条件，任何与该同名地理标志有关之商品的利害关系人，在确保有关
有利害关系人得到公平待遇及公众不致被误导之情况下，可向法院申请宣
布有关同名地理标志须互相区别之实际条件。从新旧法对同名地理标志保
护的比较来看，新法在如何区别一个地理标志和同名地理标志层面有更具
体的规定，这一特点厘清了两者界限，使新申请的地理标志和同名地理标
志都得到了更好的保护。

表 7　马来西亚《地理标志法》修改前后对照表

2000 年《地理标志法》	2022 年《地理标志法》
第 7 条 葡萄酒同名地理标志 （1）对于葡萄酒的同名地理标志，每个标志都应受到保护。 （2）在善意同时使用同名地理标志的情况下，登记官应确定区分有关同名地理标志的实际条件，同时考虑到确保有关生产者得到公平待遇和公众不受误导的必要性。	**第 11 条** （1）尽管第 10 条第（2）款已作出规定，登记官可以对与早期地理标志有关的同名地理标志进行登记。 （2）为实现第（1）款的目的，登记官在确保公平对待所有相关方，并保证公众不因此而被误导的情况下，可对同名地理标志进行登记，但须具备实际条件，将同名地理标志与登记官确定的早期地理标志区别开来。 **第 78 条** （1）以同名地理标志标识的任何商品的利害关系人，可就根据第 77 条实施任何行为的任何人向法院提起诉讼。 （2）倘若登记官并未根据第 11 条就该同名地理标志规定实际条件，任何与该同名地理标志有关之商品的利害关系人，在确保有关有利害关系人得到公平待遇及公众不致被误导之情况下，可向法院申请宣布有关同名地理标志须互相区别之实际条件。

（六）结论

相对于旧法而言，马来西亚 2022 年《地理标志法》的内容更具体而
全面，立法更注重于系统化和细节化，保护制度更完善，保护体系更健

全，整体向广而深发展。其目的是为国内外地理标志所有人提供一个更安全可靠的发展环境、更清晰及公正的程序，以及既拥有广泛保护面又具有对某一项、某一点的针对性保护。在此基础上，与国际地理标志保护接轨，提升地理标志价值，推动其国内地理标志保护制度发展，也为其他国家和地区的地理标志制度发展提供了借鉴。

四、马来西亚地理标志新法亮点

2022年3月18日，马来西亚新的《地理标志法》生效，2000年《地理标志法》随之废除。马来西亚作为世界贸易组织的创始成员，对地理标志的保护走在东盟各国前列，2022年新出台的马来西亚《地理标志法》中出现的新变化意味着马来西亚对地理标志将采取更加严格的保护措施，同时也标志着马来西亚的地理标志保护制度进一步完善。本部分总结了新法变化的三大亮点。

（一）亮点一：新法变化符合 RCEP 和 TRIPS 协定的理念

随着 RCEP 的全面生效，其对世界产生的影响愈发显著，RCEP 将地理标志作为独立的一章，并要求每一缔约方认识到地理标志可以通过商标制度或专门制度或其他法律途径得到保护，只要其符合 TRIPS 协定中的所有要求，将地理标志保护提升到高水平。而马来西亚作为对地理标志采取专门保护模式的国家，对地理标志的保护水平也是位居世界前列的。RCEP 规定地理标志可以通过商标制度或专门制度或其他法律途径得到保护，并要求缔约方为地理标志建立公平、公正、透明的国内行政程序，赋予利害关系人对地理标志保护提出异议以及寻求法律程序的权利。而马来西亚2022年《地理标志法》旨在为地理标志所有者提供更广泛的保护与更清晰的程序。新法中的新变化契合了 RCEP 和 TRIPS 协定对地理标志的高水平保护要求，包括以下变化。

1. 地理标志申请及审查程序

地理标志申请及审查程序符合 RCEP 第30条第3款和第4款的规定。RCEP 第30条规定，确保其关于保护地理标志的法律法规随时可供公众使用，并且明确规定与该地理标志保护相关的程序，包括与提交申请有关的程序；提供信息，让公众获得与地理标志保护申请程序相关的指引，并且使申请人或其代表能确定具体申请的状态。[1]2000 年《地理标志法》总共只有 32 条，对地理标志申请及审查程序方面着墨不多且规定模糊，而 2022 年《地理标志法》详细规定了地理标志的审查程序，明确列出了驳回理由，并新增了临时性驳回程序和申请受理程序回流。这不仅体现了马来西亚对 RCEP 的高度履约，同时也进一步完善了《地理标志法》，赋予申请人陈述机会，规范了登记官的驳回行为，严格约束登记官的审查，提高地理标志的注册效率，符合新法修订和 RCEP 的宗旨与初衷。

2. 异议程序

异议程序符合 RCEP 第 31 条第 1 款的规定。RCEP 第 31 条第 1 款规定，每一缔约方应当规定至少允许利害关系人对地理标志保护提出异议的程序，以及至少以地理标志是通用语言中的惯用术语为该缔约方领土内相关该货物的通用名称为理由而驳回此类保护。[2]2000 年《地理标志法》第 14 条规定了任何利害关系人可以以书面的形式提出反对地理标志注册的 4 种理由，但缺少提出异议的程序规定。2022 年《地理标志法》增设专章专门规定异议程序，扩大了异议的理由范围，对申请人对监管部门异议的提出、双方如何回应及判断过程、可能出现的结果等有关要素和程序进行了具体说明，使异议程序更清晰可查。新法进一步扩张异议理由的范围不仅将对 RCEP 的履行提升到一个新高度，同时也可以使得地理标志的注册更为谨慎，同时也对不规范的已注册地理标志的监管更加严格，这样能够更好地保证地理标志的质量和水准，也标志着马来西亚地理标志的注册和管理制度更加完善。

---

〔1〕 RCEP 第十一章第 30 条规定，（三）确保其关于保护地理标志的法律法规随时可供公众使用，并且明确规定与该地理标志保护相关的程序，包括与提交申请有关的程序；（四）提供信息，让公众获得与地理标志保护申请程序相关的指引，并且使申请人或其代表能确定具体申请的状态。

〔2〕 RCEP 第十一章第 31 条第 1 款规定，每一缔约方应当规定至少允许利害关系人对地理标志保护提出异议的程序，以及至少以地理标志是通用语言中的惯用术语为该缔约方领土内相关该货物的通用名称为理由而驳回此类保护。

3. 地理标志的撤销

地理标志的撤销符合 RCEP 第十一章第 30 条的规定。根据 RCEP 第十一章第 30 条第 2 款的规定和注释，对于第 1 款提及的地理标志保护，缔约方应当规定注销地理标志保护的程序，可以通过无效或撤销程序执行注销。2022 年《地理标志法》进一步扩大了申请撤销已注册地理标志的主体范围，规定三种地理标志撤销方式。首先，注册地理标志所有人可以要求自愿撤销已注册的地理标志。若所有人申请自愿撤销，那么地理标志注册授予任何利益相关方的权利将自注册撤销之日起失效。其次，马来西亚 2022 年《地理标志法》明确列出申请撤销已注册地理标志的理由，任何人都可以基于本法规定的理由向法院申请撤销已注册的地理标志。最后，法院也有权根据法定理由撤销已注册的地理标志。以上三种方式均可以撤销已注册地理标志。

4. 同名地理标志保护

同名地理标志保护符合 RCEP 第 31 条第 2 款规定。根据 RCEP 第 31 条第 2 款规定，如一缔约方规定通过国内行政程序为该地理标志的翻译或音译提供了地理标志保护，则该缔约方应当至少提供与第 1 款所提及的理由相同的反对保护该翻译或音译的理由。[1] 由于 TRIPS 协定对酒类地理标志的保护尤为突出和严格，因此在 2000 年《地理标志法》中，对同名地理标志的保护仅适用于第 7 条规定的葡萄酒，但在 2022 年《地理标志法》中，此类保护不再仅局限于葡萄酒，而是适用于任何商品，这意味着马来西亚对于地理标志商品的保护力度进一步加大，保护范围更加全面。

5. 刑事处罚

刑事处罚符合 TRIPS 协定第 61 条规定。根据 TRIPS 协定第 61 条规定，各成员应规定至少将适用于具有商业规模的蓄意假冒商标或盗版案件的刑事程序和处罚。可使用的救济应包括足以起到威慑作用的监禁和/或

---

〔1〕 RCEP 第十一章第 31 条第 2 款规定，如一缔约方规定通过保护地理标志的国内行政程序为该地理标志的翻译或音译提供了地理标志保护，则该缔约方应当至少提供与第一款所提及的理由相同的反对保护该翻译或音译的理由。

罚金，并应与适用于同等严重性的犯罪所受到的处罚水平一致。各成员可规定适用于其他知识产权侵权案件的刑事程序和处罚，特别是蓄意并具有商业规模的侵权案件。[1] 2000 年《地理标志法》并没有涉及刑事执法或法定罪行，2022 年《地理标志法》明确列出了一些侵犯地理标志的行为，构成法定罪行，违法者将承担刑事责任，并将对其进行刑事执法。此次 2022 年《地理标志法》新增法定罪行并明确刑事处罚足以彰显马来西亚对 TRIPS 协定的履约，同时也体现了马来西亚对于地理标志的保护程度之高、保护力度之大。

（二）亮点二：新增地理标志的可转让性

理论界多数认为，地理标志是由地名来说明产品的来源，保护的是该地方的特色或者说突出特点，不具有可转让性，使用地理标记的任何生产者都不得转让或许可使用，这是由权利客体及地理标记的本源性所决定的。转让关系到地理标志权利人的利益，而且还关系到社会公共利益，[2] 所以不应当允许地理标志转让。但是新修订的马来西亚《地理标志法》规定，已注册地理标志的所有人只要符合一定条件就可以提出申请，就可将已注册地理标志转让给另一方。这里的一定条件指受让人必须是以下五种利害关系人：（1）货物的生产者；（2）货物的贸易商；（3）此类生产者的联合体；（4）此类贸易商的联合体；（5）此类生产者和贸易商的联合体。按照 2022 年《马来西亚地理标志指南》要求，注册所有人可向登记官提交地理标志的注册转让申请，并支付规定的费用 300 林吉特，可以办理已注册地理标志转让。在收到申请人提出的地理标志转让申请和书面同意将该地理标志转让给他人，且申请人已支付费用后，登记官即可对地理标志的转让进行审查登记。

在现实生产中，地理标志所有权人不可避免地会出现要变更的情况，因此，地理标志转让可以更方便此类事项，省去再次注册的麻烦，马来西亚赋予地理标志可转让属性符合本国地理标志保护和发展的趋势，同时也

---

[1] 参见孔祥俊：《WTO 知识产权协定及其国内适用》，法律出版社 2002 年版，第 538 页。

[2] 参见刘慧：《论含有地理标志的商标的转让、使用许可与移转》，载《天中学刊》2007 年第 4 期。

具备现实基础。根据 2022 年《地理标志法》，已注册地理标志的所有人只要符合一定条件就可以提出申请，将已注册地理标志转让给另一方，这使得马来西亚已注册地理标志的转让更为自由、高效地变更所有权人，解决了管理上的问题，地理标志转让的更加便捷也有利于促进地理标志商品的良好发展。

（三）亮点三：新增地理标志刑事处罚

新增地理标志违法行为构成法定罪行，加大了对地理标志的保护力度。2000 年《地理标志法》只有行政和民事法律保护，刑事法律保护在立法和司法中缺位。如果侵权人侵犯他人地理标志权，严重扰乱市场秩序，情节恶劣，后果严重，其行为的性质就会发生变化，即由一般违法上升为犯罪。司法机关对严重侵害地理标志权的行为予以刑事处罚是十分必要的。[1] 2022 年《地理标志法》第九编单独设置了犯罪行为篇章，第 34 条~第 38 条详细规定了在商品上使用虚假地理标志，进口或销售带有虚假地理标志的货物等，向注册局提交虚假资料或在登记簿中作虚假登记，虚报已注册的地理标志和不服从传票或拒绝提供证据的罪行。并且在地理标志的每个事项申请表下方都明显标注：根据 2022 年《地理标志法》第 36 条，向地理标志办公室提交或导致提交或填写虚假条目是犯罪行为，此人可能被处以不超过 5 万林吉特的罚款或不超过 5 年的监禁或两者兼施。2022 年《地理标志法》第 36 条规定了以下行为构成违法行为：（1）进口或销售带有虚假地理标志的商品；（2）向地理标志负责官员提交虚假信息或在登记簿中填写虚假条目；（3）将地理标志错误地表示为已注册地理标志；（4）假称商品已注册了地理标志；（5）不服从登记官的要求，例如拒绝作为证人提供证据或出示任何文件或物品。由此可见，对于构成刑事责任的规定具有一定的谦抑性，此次《地理标志法》新增法定罪行体现了马来西亚对于地理标志的保护程度之高、保护力度之大。

2022 年《地理标志法》还规定了调查权、逮捕权等刑事执法权和开庭法院的管辖权，为地理标志保护提供刑事救济。允许根据该法调查任何犯

---

[1] 参见张成立：《论侵犯地理标志权的法律救济》，载《齐齐哈尔大学学报（哲学社会科学版）》2005 年第 5 期。

罪行为的助理管理者可行使《刑事诉讼法》赋予的与警方调查可扣押案件有关的全部或任何权力，将被逮捕的人带到最近的警署，其后须按照现行有效的刑事诉讼法律处理该人。开庭法院现在有权审判 2022 年《地理标志法》规定的任何违法犯罪行为，新法赋予开庭法院对地理标志违法犯罪行为的管辖权，能够为地理标志保护提供司法支持，同时也可以有效规制违法行为。总之，增设明确规定地理标志违法行为的调查权、逮捕权和开庭法院的管辖权等内容，这都标志着 2022 年马来西亚《地理标志法》对地理标志将采用更严格的保护措施，也是最高水平的保护。

五、马来西亚地理标志保护制度对我国的启示

通过对马来西亚地理标志保护制度的研究和学习，可以为地理标志资源丰富的我国提供参考和借鉴。目前我国对地理标志的保护散见于众多部门法和行政规章间，虽然明确了地理标志的审核、批准、驳回等程序，但仍存在较多冒用滥用地理标志的行为，需加大地理标志保护力度的现状为出发点，厘清地理标志的概念，在立法层面上补足我国此类专门立法不足的问题。同时在地理标志保护的实施层面结合实际国情，吸收国际地理标志保护领先成果，设立专门机构或规定部门职责，更有效地完善我国地理标志保护制度。

（一）统一地理标志的概念，避免矛盾冲突

目前我国地理标志保护呈现三元化模式。即原国家质量监督检验检疫总局依据《地理标志产品保护规定》实施审批的"地理标志产品保护模式"；原工商系统依据《中华人民共和国商标法》（以下简称《商标法》）实施注册登记的"地理标志商标模式"；原农业部依据《农产品地理标志管理办法》实施登记的"农产品地理标志模式"。[1]

以上三种法律制度中对地理标志概念的整体定义迥然不同，甚至存在矛盾。地理标志是引入的法律概念，TRIPS 协定中"地理标志"指识别一货物来源于一成员领土或该领土内一地区或地方的标识，该货物的特定质量、声誉或其他特性主要归因于其地理来源。我国《商标法》中对地理标

---

〔1〕 参见陈星：《论我国地理标志专门立法保护》，载《社会科学家》2022 年第 3 期。

志的定义为指标示某商品来源于某地区，该商品的特定质量、信誉或者其他特征，主要由该地区的自然因素或者人文因素所决定的标志，意味着注册商品的"质量""信誉""其他特征"与其来源地区的自然因素或者人文因素存在关联性，只要满足其一即可符合《商标法》这一规定的保护客体条件。《地理标志产品保护规定》关于地理标志的定义为产自特定地域，所具有的质量、声誉或其他特性本质上取决于该产地的自然因素和人文因素，这里"自然因素"与"人文因素"之间用"和"字连接，这一规定突出地理标志产品与该产品来源地的自然因素和人文自然因素的关联性缺一不可。而《农产品地理标志管理办法》中地理标志指来源于特定地域，产品品质和相关特征主要取决于自然生态环境和历史人文因素，申请地理标志的农产品的条件仅有"品质""其他特征"两个因素，少了"声誉"，同时还将这两个因素用"和"字予以并列。这意味着农产品的所有品质和特征都必须与其来源地的自然因素和人文因素具有强关联性才具备申请条件，无疑提高了农产品地理标志申请的门槛。据此，三个法律制度中关于地理标志的概念与条件限制都无法保持一致，可能致使实务中法律依据适用产生分歧。

因此，应当对我国现行地理标志法律保护制度中的"地理标志"概念进行统一。地理标志作为一种指示性标记，其价值在于它与商品或服务特定的质量、信誉或其他特征相关联。《中华人民共和国民法典》（以下简称《民法典》）明确了地理标志是知识产权的客体之一，那么对地理标志进行定义不应超过知识产权的范畴。知识产权是指人们就其智力劳动成果所依法享有的专有权利，因此，人的智力因素是定义地理标志中不可缺失的一环。地理标志来源地的自然因素和人文因素与地理标志产品质量以及其他内容的关联性缺一不可，只满足其中一项因素无法对其提供全面的确权和保护。将我国《商标法》对地理标志定义的"自然因素"与"人文因素"之间的"或者"改为"和"字，并在《农产品地理标志管理办法》中对农产品地理标志定义中增加"声誉"因素，使得涉及地理标志概念统一。统一地理标志的概念既遵循 TRIPS 协定的要求，肯定了地理标志与其来源地的自然因素与人文因素的关联性，更有助于给予地理标志保护以最基础的法律保护依据，方便后续法律规定的实施与开展，这是体系化构建我国地理标志法律保护制度的先行军。

（二）采用专门立法模式，构建统一的法律规范体系

应当效仿马来西亚等国采用专门立法的保护模式，构建统一的法律规范体系，在立法层面上补足我国此类专门立法不足的问题。目前我国地理标志保护制度是以《商标法》《地理标志产品保护规定》《农产品地理标志管理办法》等为法律体系。《商标法》作为全国人民代表大会制定的高位阶法律，而其中针对地理标志保护的只有第 16 条，即商标中有商品的地理标志，而该商品并非来源于该标志所标示的地区，误导公众的，不予注册并禁止使用；但是，已经善意取得注册的继续有效。前款所称地理标志，是指标示某商品来源于某地区，该商品的特定质量、信誉或者其他特征，主要由该地区的自然因素或者人文因素所决定的标志。只有注册成为地理标志商标，才能适用商标法建构的权利义务体系及其救济途径。但面对日益层出不穷的地理标志侵权行为、法律适应冲突等困境时，无法为提供完善的上位法保护。《地理标志产品保护规定》《农产品地理标志管理办法》未赋予地理标志主体特定权利，属于以行政手段建立的管理体系，只能以部门规章规定的行政处罚手段进行保护。[1]

2020 年至今相继发布多个规范性文件《地理标志专用标志使用管理办法（试行）》《国家地理标志产品保护示范区建设管理办法（试行）》《中国绿色食品发展中心关于印发农产品地理标志登记有关规范文件的通知》《国家知识产权局、国家市场监督管理总局关于进一步加强地理标志保护的指导意见》《国家知识产权局办公室关于进一步加强地理标志运用促进重点联系指导工作的通知》等。综上情况，一方面反映出国家对地理标志的重视程度越来越高，另一方面反映出我国地理标志立法基础薄弱，上位法缺位，至今没有统一的法律规范体系，三种法律法规"各管各的"，只能靠规范性文件逐个"补东墙""补西墙"。由此产生的问题会给实际保护工作带来明显的消极影响，导致市场主体无所适从，增加了当事人负担

---

[1] 参见陈星：《论我国地理标志专门立法保护》，载《社会科学家》2022 年第 3 期。

并且还容易造成国家机关管辖权的冲突和执法的矛盾。[1]

我国制定单独的"地理标志法"势在必行。地理标志单行立法具有直接引导性、专门性、高法律效能的优势，既是大势所趋，也是现实的需要。以"地理标志法"作为我国地理标志立法的基础，参考 TRIPS 协定实施后马来西亚等各国在地理标志保护方面的先进经验，建立一套专门的地理标志法律体系，包括赋予地理标志主体特定权利，重塑地理标志保护模式和管理体制，进一步明确地理标志的保护范围和注册程序，界定地理标志权的内容，统一侵权判定标准和损害赔偿认定，增加救济手段，构建以保护地理标志权为核心的民事、行政和刑事责任体系，从根本上解决地理标志多种类型、多头申报、多头管理等体制性问题。

（三）成立保护地理标志的专门机构，提高管理效率

"三元模式"下我国负责地理标志管理的政府机构有原国家工商行政管理总局、原国家质量监督检验检疫总局、原农业部"三驾马车"，2018年国务院行政机构改革，重新组建了国家知识产权局，统一负责管理原质检系统的"地理标志产品"和原工商系统的"地理标志商标"，新组建的农业农村部继续负责管理"农产品地理标志"。2022 年 11 月 9 日农业农村部信访处答网民关于"农产品地理标志认证政策咨询"的留言表示按照中央编办构建地理标志统一认定制度有关工作要求，2022 年 3 月，该部已停止了农产品地理标志登记工作，包括受理、评审、公示和公告，2022 年制定的有关登记计划也相应停止实施。按照部门"三定"，该部正配合国家知识产权局构建地理标志统一认定制度。2022 年 11 月 17 日农业农村部发布第 623 号公告，正式宣布自公告发布之日起废止中华人民共和国农业部公告第 1071 号（2008 年 8 月 1 日发布）中的《农产品地理标志登记程序》，地理标志统一认定迈向实质性一步。

农业农村部停止农产品地理标志登记工作后，仅剩国家知识产权局负责地理标志工作，但是国家知识产权局内部又分为两条线：由商标局负责地理标志商标注册工作，由知识产权保护司负责地理标志保护产品审查和

---

[1] 参见杨和财、李华：《我国地理标志专门立法保护探讨》，载《西北农林科技大学学报（社会科学版）》2008 年第 2 期。

批准。因此，进一步全面实现地理标志认定统一，必须从深化地理标志主管机构切入，在国家知识产权局内设"地理标志局"，与商标局、专利局等相并列，作为国家知识产权局直属事业单位，负责全国地理标志注册和管理工作。

综观全球，对地理标志强保护的国家，通常设置地理标志专门管理机构，典型如法国。法国1919年5月6日颁布《原产地名称保护法》，于1935年7月30日在农业部下设国家原产地名称局（Institut National des Appellations d'Origine，INAO），全面负责所有农产品和食品原产地名称的认定和管理工作，下辖葡萄酒和烈性酒国家委员会、奶制品国家委员会和除葡萄酒和奶制品以外的农业食品国家委员会等三个专业委员会。1999年7月9日颁布的法国《农业指导法》赋予国家原产地名称局（INAO）认定和管理地理标志产品的职责，该机构实现了地理标志产品和原产地名称的统一管理。印度1999年12月30日颁布了《商品地理标志（注册与保护）法》，并于2003年9月15日正式生效，隶属于印度工商部工业政策促进司的印度专利、外观设计、商标及地理标志管理总局（CGPDTM）下设地理标志注册局（GIR），负责管理地理标志注册事务。新加坡知识产权局（IPOS）2019年4月1日正式成立了地理标志注册部门来接收全球各个地区所提交的地理标志注册申请。其他国家和地区设立专门地理标志管理机构的做法，为我国提供了有益借鉴。

因此，未来在建立地理标志统一认定制度中，可以考虑对当前我国负责地理标志管理的机构进行必要的整合，设置"国家知识产权局地理标志局"，由该部门统一负责地理标志注册登记、地理标志产品质量监督、涉外地理标志保护等工作。

德国商业秘密立法制度研究 *

祝艳艳　王　琳**

一、德国商业秘密立法背景

在新的全球化背景下，"一带一路"倡议已然成为中欧往来的关键点。在与欧盟各国进行文化交流的过程中，我国迎来了经济新发展的机遇，同时也面临着两大经济体商主体之间的竞争。在全球化时代，知识产权成为各国和地区竞争的重要战略力量。然而在竞争如此激烈的今天，商业秘密侵权现象持续增加，这不仅对权利人的利益造成损害，严重的甚至影响国家安全。因此，越来越多的国家、地区和商主体认识到保护商业秘密的重要性和急迫性。

近年来，商业秘密保护成为各国和地区知识产权立法的核心问题，也成为知识产权国际保护的重点。在此趋势下，国际上很多国家和地区通过立法的形式保护商业秘密，其中欧洲的一些国家和地区已经采取了专门立法的形式对商业秘密进行保护。这一前沿的立法路径也对国家和地区的经济发展和技术进步起到了正向激励作用。[1]

---

* 【基金项目】："一带一路"知识产权国际化平台课题［ZSCQ20230009］"德国商业秘密立法制度研究"；重庆市社会科学规划项目［2022NDQN21］"重庆红色文化作品的版权保护研究"；重庆理工大学党建与思想政治课题项目专项资助。

** 作者简介：祝艳艳，重庆理工大学重庆知识产权学院讲师，法学博士，硕士生导师。王琳，重庆理工大学重庆知识产权学院知识产权管理硕士研究生。

［1］ 参见鲁兹序阳：《国外商业秘密保护的立法安排及其启示》，载《上海政法学院学报（法治论丛）》2022 年第 5 期。

（一）欧盟商业秘密保护立法趋势

欧盟的法律，是指欧盟各成员国缔结的条约，以及根据《欧洲经济共同体条约》所制定的法律、条例、指令和其他法律文件。欧盟的法律体系包括"基本法律"和"二级法律"。"二级法律"不得违背《欧洲经济共同体条约》的规定，否则，联盟法院有权宣告其无效。在欧盟成立初期，欧洲各成员国主要采取各自立法的模式保护商业秘密，其模式主要包括：依据信托关系进行保护、通过反不正当竞争法进行保护、民事和刑事方面立法进行保护以及建立单一商业秘密法进行保护。各成员国以分散立法模式居多且缺乏规制标准，其弊端较为明显。

为改变此前分散立法局面，2013 年欧盟委员会提交了《防止未披露专有技术和商业信息（商业秘密）被非法获取、使用和披露的指令（草案）》，草案中确定了商业秘密的概念、侵害商业秘密的行为，以及侵权责任承担形式。[1]该草案是在权衡各成员国现有商业秘密保护规则之后制定的，通过打击商业秘密侵权行为实现消除各成员国之间的司法壁垒，达到优化市场竞争环境的目标。草案经过欧盟理事会多轮论证，最终于 2016 年通过了欧盟《商业秘密保护指令》。[2]

《商业秘密保护指令》的作用非常显著，它改变了各成员国多元立法的现状，统一了法律规则体系，明确了商业秘密的民事赔偿标准。此指令明确提出，各成员国所制定的商业秘密法律规范必须满足《商业秘密保护指令》的最低要求。欧盟《商业秘密保护指令》为商主体带来诸多益处，比如增加了商业秘密权利保护的确定性，有利于各商业主体依据指令进行权利保护，这将有效降低因员工跳槽造成的商业秘密泄露的风险。同时《商业秘密保护指令》的制定标志着欧盟对商业秘密保护的路径从竞争法向专门立法的转变，该指令的实施对欧盟商业秘密法律制度的发展具有里程碑意义。

---

〔1〕 参见吴丽萍、李华东：《论大数据和"互联网+"背景下的商业秘密保护》，载《前沿》2018 年第 4 期。

〔2〕 参见李薇薇、郑友德：《欧美商业秘密保护立法新进展及对我国的启示》，载《法学》2017 年第 7 期。

（二）德国商业秘密保护立法历程

德国最早在 1896 年的《反不正当竞争法》中规定了商业秘密保护条款。此后，德国关于商业秘密的反不正当竞争法的保护模式为其他大陆法系国家效仿，从规制商业秘密侵权的法律体系分析，德国在刑法典、民法典中都涉及商业秘密保护条款。我国也在 1993 年颁布《中华人民共和国反不正当竞争法》（以下简称《反不正当竞争法》）对商业秘密进行立法保护。

欧盟在颁布《商业秘密保护指令》之后，随即要求各成员国在 2018 年 6 月 9 日前将指令内容转化为各国国内法。德国决定制定商业秘密保护法，此部法律并非对现行商业秘密保护法的简单修改，而是制定单独的法律。德国联邦司法部与消费者保护部于 2018 年 4 月 19 日公布了德国《商业秘密保护法》部长级草案，7 月 18 日公布德国《商业秘密保护法》联邦政府法律草案，最终由联邦参议院、众议院决议通过，并于 2019 年 4 月 26 日正式生效。德国新制定的《商业秘密保护法》，明确了商业秘密侵权的构成要件，以及侵犯商业秘密的法律后果等内容。[1]

二、德国商业秘密立法框架

德国《商业秘密保护法》首部为一般规定，其中包括商业秘密的相关概念、侵犯商业秘密的构成要件和免责事由。另外，德国《商业秘密保护法》中还包括了商业秘密权利人的请求权、诉讼程序以及刑事处罚规则。值得一提的是，德国《商业秘密保护法》在商业秘密保护构成要件的规定中，合并了秘密信息和商业价值，同时增加了权利人"合法利益"的规定。有学者认为德国的这一做法有悖于欧盟《商业秘密保护指令》，将增加欧洲法院裁判负担。[2]但德国联邦司法部认为德国《商业秘密保护法》所规定的欧盟准则之外的条款，虽然突破了欧盟商业秘密保护的规定，但对商业秘密保护具有正向作用。

（一）商业秘密的保护范围

就目前世界各国和地区对于商业秘密的分类而言，可将商业秘密界定

---

〔1〕 参见赵丰、周围：《德国商业秘密立法保护的新发展及其对中国的启示》，载《国际贸易》2021 年第 7 期。

〔2〕 Vgl. Ohly, GRUR 2019, 441（442）.

为技术秘密与商业经营性秘密。但这一传统的学理分类方式有被扩大化的可能，比如欧盟的《商业秘密保护指令》中并未明确商业秘密所包含信息的种类；德国《商业秘密保护法》出台前的相关规定，也都将各种保密信息纳入了商业秘密的保护范围。因而，商业秘密的分类不会影响商业秘密保护的范围。[1]

德国《商业秘密保护法》第 1 条明确规定了商业秘密保护的相关内容。（1）目的在于保护商业秘密不受未经许可的获取、利用和披露。（2）有关商业秘密的保护、获取、使用或公开的公法规定优先适用。（3）下列情况不受影响：其一，对商业秘密的刑事保护，《刑法典》第 203 条对未经授权的商业秘密做出了规定；其二，根据《欧盟基本权利宪章》行使言论自由权和信息自由权，包括尊重媒体的自由和多元化；其三，社会伙伴的自主权及其根据现有的欧洲及国家规则缔结集体协议的权利；其四，因雇佣关系产生的权利和义务以及员工代表的权利。[2]

《商业秘密保护法》第 2 条第 1 款明确了商业秘密是一种信息：（1）通常情况下，处理此类信息的行为人，对信息的加工、编排形式不了解或者不容易获得。此类信息具有经济价值。（2）权利人对此类信息采取了适当的保密措施。（3）持有人对此类商业信息享有合法权益。该法第 2 条第 2 款及第 3 款是对商业秘密所有人、侵权行为人、侵权产品的规定。商业秘密所有人是指通过合法手段获取或者有权对外公开此类信息的自然人或者法人。与之相反，侵权行为人指的是通过非法手段获取或者对外公开此类信息的自然人或者法人。侵权产品是指在设计、特点、功能等方面，以及制作或者销售过程中，通过非法手段获得、使用或者公开商业秘密的产品。[3]

（二）商业秘密的侵权索赔

德国《商业秘密保护法》不仅规定了商业秘密保护的禁止性行为，同

---

[1]　参见赵丰、周围：《德国商业秘密立法保护的新发展及其对中国的启示》，载《国际贸易》2021 年第 7 期。
[2]　参见德国《商业秘密保护法》第 1 条。
[3]　参见德国《商业秘密保护法》第 2 条。

时也规定了侵犯商业秘密行为的惩罚机制。即商业秘密权利人在权利受到侵害时，享有侵权索赔的权利。以上救济权利体现在《商业秘密保护法》第 6 条至第 14 条中：例如（1）商业秘密权利人享有排除损害请求权和紧急情况下的禁令请求权；（2）销毁任何含有商业秘密的文件或者电子档案的权利；（3）召回商业秘密侵权产品或者从分销售渠道中永久性删除商业秘密侵权产品的权利；（4）对侵权产品的知情权和损害赔偿请求权；（5）当侵犯商业秘密的行为人是公司雇员或者代理人时，商业秘密权利人对公司的损害赔偿请求权；（6）诉讼时效届满后，商业秘密权利人享有的索赔权。[1]

（三）商业秘密的救济程序

商业秘密纠纷的救济程序包含以下内容：管辖权；发布条例的授权；保密；法院的处罚措施；诉讼程序完成后的保密义务；对其他有机会接触商业秘密人员的其他司法限制措施等。例如，第 15 条是关于管辖权的规定，即商业秘密纠纷原则上由被告所在地管辖，同时各州政府有权通过发布法定命令的形式确定管辖法院。[2]第 16 条中明确了保密的相关内容，此条款主要包括三个方面：第一，确定了保密信息的范围，即权利人在根据本法主张损害赔偿的情况下，审理案件的法院可以根据一方当事人的请求，将争议信息全部或部分归类为需要保密的信息。第二，诉讼参与人的保密义务，即当事人及其法定代理人、证人、专家、其他代理人以及涉及商业秘密纠纷或接触与该诉讼有关的文件的任何其他人，他们所持有的信息应视为秘密信息，他们不得在司法程序之外使用或披露，除非他们通过程序之外的渠道知悉。第三，如果法院或仲裁庭根据第 1 款作出裁决，有权查阅档案的第三人仅能提供含有商业秘密的声明。[3]第 17 条是关于监管手段，如果行为人违反第 16 条第 2 款的规定，当事人可请求法院对行为人处以不超过 10 万欧元的罚款或最多 6 个月的监禁，并立即执行。[4]

---

〔1〕 参见德国《商业秘密保护法》第 6 条~第 8 条、第 10 条、第 12 条和第 14 条。
〔2〕 参见德国《商业秘密保护法》第 15 条。
〔3〕 参见德国《商业秘密保护法》第 16 条。
〔4〕 参见德国《商业秘密保护法》第 17 条。

（四）商业秘密的刑事保护

德国《商业秘密保护法》第 23 条规定的是刑事处罚，具体指行为人侵犯商业秘密应承担的刑事责任，主要体现在以下 7 个方面。[1]

（1）行为人为了促进自己与他人的竞争，谋取个人利益、他人利益或者损害商业秘密所有人的利益，以下情形应处以 3 年以下的监禁或者罚金：第一，行为人违反《商业秘密保护法》第 4 条第 1 款第 1 项的规定，获取商业秘密的行为。第二，行为人违反《商业秘密保护法》第 4 条第 2 款第 1 项的规定，使用或者披露商业秘密的行为。第三，行为人违反《商业秘密保护法》第 4 条第 2 款第 3 项的规定，作为公司雇佣的人，在雇佣关系过程中披露了因受托而接触的商业秘密的行为。

（2）行为人为了促进自己与他人的竞争，谋取个人利益、他人利益或者损害商业秘密所有人的利益，应处以 2 年以下的监禁或者罚。此种情形适用于行为人违反了《商业秘密保护法》第 4 条第 2 款第 2 项或者第 3 项的规定，即行为人在商业活动中使用或者向他人披露了作为商业秘密的样本、包含商业秘密的技术方法。

（3）行为人如果存在以下情形，将被处以罚金或者 5 年以下的有期徒刑：第一，行为人将《商业秘密保护法》中第 4 条第 1 款或者第 2 款规定的行为，作为主要商业活动的。第二，行为人违反《商业秘密保护法》中第 4 条第 1 款第 2 项、第 3 项或者第 2 款的规定，知晓该商业秘密将在国外被使用的。第三，行为人违反《商业秘密保护法》中第 4 条第 1 款或者第 2 款的规定，该商业秘密已经在国外被使用的。

（4）未遂也应受到刑事处罚。

（5）德国《刑事诉讼法》第 53 条规定，行为人如果仅在商业秘密的接收、评估或者披露的过程中起到协助或者教唆作用，其行为将不被视为违法。

（6）比照适用德国《刑法典》第 5 条第 7 款、第 30 条和第 31 条。

（7）本罪因公共利益需要由检察机关依职权起诉，其他情况均由权利人依申请起诉。

----

[1] 参见德国《商业秘密保护法》第 23 条。

三、德国商业秘密保护与我国的对比

（一）商业秘密的构成要件

我国 2019 年修订的《反不正当竞争法》第 9 条明确指出，本法中的商业秘密是指不被公众所知悉、具有商业价值并经权利人采取相应保密措施的技术信息、经营信息等商业信息。[1] 在商业秘密的构成要件规范上，国际上主要国家和地区的商业秘密保护规定并无明显的差异，仅有个别国家和地区增加了限制性要件。我国的《反不正当竞争法》、美国的《保护商业秘密法案》、欧盟的《商业秘密保护指令》、德国的《商业秘密保护法》中都将秘密性、价值性、保密性作为商业秘密的构成要件，其中德国《商业秘密保护法》还规定了合法性。总结而言，商业秘密的构成要件包括以下几方面：

秘密性，也被称为非公开性，是指商业信息在被诉侵权行为发生时，不易被其所在领域相关人员知悉和获得。秘密性要求商业信息并非具有绝对秘密性。通常情况下，商业秘密是具有经济价值的信息，此类信息仅在使用时才能实现其价值。而商业信息的实施是被动的，需要借助雇员或者有能力实施的人才能实现，这必然会导致接触此类信息的人员知悉。因此，如果仅要求商业秘密所有人知悉的话，将难以实现信息的经济价值。在实际的生产应用过程中，商业秘密权利人与员工或者合作伙伴分享其商业秘密，既不影响商业信息的保护，还会促进商业信息的生产性转化。[2]

价值性，是指商业秘密的信息能够给所有人带来商业价值。很多学术观点认为，商业秘密的价值性体现为两个方面，一是商业秘密能够给权利人带来现实的经济利益，二是作为一种间接收益，让权利人未来享受商业价值。[3] 例如，张耕教授在其《商业秘密法》一书中提出，之所以对商业秘密进行保护，是因其具有经济效益，这种经济效益既包括现实的经济价

---

[1] 参见我国《反不正当竞争法》第 9 条。

[2] 参见张耕等：《商业秘密法》，厦门大学出版社 2023 年版，第 6 页。

[3] 参见杨绪峰：《人力资源管理视角下的商业秘密保护》，载《人力资源管理》2011 年第 6 期。

值，也包括潜在的可能产生的经济价值。[1]商业秘密价值性的判断依据是其在生产经营中具有经济价值，即商业信息是权利人投入了智力劳动，能够在经营活动中获得直接效益的信息，或者这些信息虽不能在经营活动中获得直接经济效益，但可作为经营经验，避免研发者多走弯路。

保密性，是指商业秘密所有人通过采取合理的保密措施保有其信息。通常情况下，商业秘密权利人多采用签订保密契约或利用相关法律规范实现。如果商业信息不具有保密性，则无法构成商业秘密。我们可以认为，保密性是商业秘密构成要件中最重要的参考要素。

德国在制定《商业秘密保护法》时，从两个方面确定了商业秘密构成要件，一是直接沿袭了欧盟商业秘密的要求，即秘密性、价值性与保密性。但是另一方面，德国增加了一个特殊要件，要求保密必须具备合法利益。这一特殊要件意味着商业秘密保护客体只有满足"合法性"要件才能受到保护，非法的秘密得不到保护。这一要件的价值取向在于维护新闻自由等合法利益，但良好的立法设计初衷并未达到与德国《商业秘密保护法》其他条款协调的目标。这一条款完全可以置于免责事由规范中。[2]同时，欧盟《商业秘密保护指令》早已明确统一商业秘密的重要性，且已经设立商业秘密保护最低标准。这一要件的增加显然提高了商业秘密保护标准，与欧盟《商业秘密保护指令》相矛盾，在实务中将导致法律适用上的混乱。比如，当企业所持有信息不满足"对保密的合法权益"这一条件时，当事人完全可以依照欧盟《商业秘密保护指令》的条款保护其利益。[3]

（二）商业秘密的侵权行为

商业秘密保护制度主要是禁止行为人违反商业道德，通过不正当手段获取、披露或使用他人商业秘密的行为。德国《商业秘密保护法》第4条规定了商业秘密的禁止行为，主要体现为以下三种情形：第一，未获得授

---

〔1〕 参见张耕等：《商业秘密法》，厦门大学出版社2023年版，第9页。

〔2〕 参见崔星璐：《德国商业秘密保护法的学理启发》，载《海峡法学》2023年第2期。

〔3〕 参见赵丰、周围：《德国商业秘密立法保护的新发展及其对中国的启示》，载《国际贸易》2021年第7期。

权而取得商业秘密的行为。第 4 条第 1 款规定了行为人未经授权访问、占有或者复制处于商业秘密权利人合法控制之下的文件、物品、材料、物质或者电子资料。同时，考虑到诚实信用的市场惯例，行为人存在不符合诚实信用原则的任何行为也被视为侵权。第二，未获得授权使用或者公开商业秘密的行为。第 4 条第 2 款规定了商业秘密的保密义务。未经授权而获得商业秘密的人，将被禁止使用或公开商业秘密。有权获得商业秘密的行为人也将被禁止违反限制适用义务。第三，行为人并非通过直接的渠道获得商业秘密，而是通过第三人的情形。第 4 条第 3 款增加了行为人知道或者应当知道第三人违法获取商业秘密行为的主观要件。此种情形特别适用于，行为人存在制造、提供、投放市场或为这些目的进口、出口或储存侵权产品的情况。[1]

我国的《反不当竞争法》第 9 条第 1 款也明确规定了经营者不得实施下列侵犯商业秘密的行为：第一，以盗窃、贿赂、欺诈、胁迫、电子侵入或者其他不正当手段获取权利人的商业秘密；第二，披露、使用或者允许他人使用以前项手段获取的权利人的商业秘密；第三，违反保密义务或者违反权利人有关保守商业秘密的要求，披露、使用或者允许他人使用其所掌握的商业秘密；第四，教唆、引诱、帮助他人违反保密义务或者违反权利人有关保守商业秘密的要求，获取、披露、使用或者允许他人使用权利人的商业秘密。[2]

（三）侵害商业秘密的限制与例外

并非所有商业信息在满足商业秘密保护的构成要件后都必然受到法律的保护。考虑到与公共利益的平衡，各个国家和地区的立法都会将一些商业信息排除在商业秘密的保护之外，即商业秘密保护的限制与例外。在我国商业秘密保护理论中，如果行为人存在通过反向工程或者自主研发，抑或基于公共利益或者国家利益而披露商业秘密，则可进入免责的范围。同样，德国《商业秘密保护法》第 3 条和第 5 条也规定了商业秘密保护的限

---

〔1〕 参见郑友德、钱向阳：《论我国商业秘密保护专门法的制定》，载《电子知识产权》2018 年第 10 期。

〔2〕 参见我国《反不正当竞争法》第 9 条。

制与例外：一是行为人行使表达和信息自由的权利，包括对自由和媒体多元化的尊重；二是为完成工作任务，企业必须向雇员披露的商业信息。[1]第一种情况是为了保护言论自由，旨在明确商业秘密与言论自由在位阶上的差别。第二种情况是对雇员使用商业秘密的豁免，然而实践中由雇员直接或间接造成的商业秘密泄露并不罕见，该项限制在一定程度上造成了理论难题，即雇员的专长和技能是否可进入免责范围。理论上，德国不允许雇员依赖记录获取商业秘密，但是雇员通过经验获取的技能不在规制范围内，即雇员通过经验形成的技能在离开雇主后仍然可以自由使用，不构成侵害商业秘密。这一区分看似可行，但在实务中适用非常困难。通过德国判例总结，对于以上情形，企业往往通过与员工达成竞业禁止协议，来规避商业秘密被泄露的风险。但此种手段也仅是权宜之计，无法长期对员工进行限制。[2]

（四）侵害商业秘密的责任形式

关于侵犯商业秘密应当承担的责任形式，中德两国都规定了民事责任、行政责任和刑事责任三种责任形式。

1. 侵犯商业秘密的民事责任

侵犯商业秘密，给他人造成损失的，应该承担民事责任。德国《商业秘密保护法》中赋予了商业秘密权利人主张不作为请求权、除去请求权、知情权等。例如第7条规定的行为人可主张商业秘密侵权人销毁任何含有商业秘密的资料或者电子文件；可主张召回商业秘密侵权产品或者从分销售渠道中永久性删除商业秘密侵权产品。第8条规定商业秘密权利人有权要求行为人提供侵权产品的制造商、供应商、在先持有人的名称和地址等具体信息，也可要求其提供商业秘密使用方式以及行为人获得商业秘密的渠道等。更进一步而言，如果侵权人故意或因重大过失而未能提供信息，或者迟交、不正确或不完整提供，则有义务赔偿商业秘密权利人由此造成

---

〔1〕 参见德国《商业秘密保护法》第3条、第5条。

〔2〕 参见赵丰、周围：《德国商业秘密立法保护的新发展及其对中国的启示》，载《国际贸易》2021年第7期。

的损害。[1]在我国，根据所涉及的商业秘密的行为性质，行为人承担的民事责任主要体现为违约责任和侵权责任。行为人存在违约行为时，主要通过继续履行、采取补救措施或者赔偿损失等方式。行为人承担的侵权责任主要体现为停止侵权、赔偿损失、返还商业秘密附着物等形式。

2. 侵犯商业秘密的行政责任

为维护经济的健康发展，侵犯商业秘密的行为人还会承担行政责任。在我国，行为人侵犯商业秘密的，工商行政管理机关可依照《反不正当竞争法》给予强制性处罚。侵犯商业秘密的行政责任包括责令停止违法行为、罚款以及没收违法所得。根据我国《关于禁止侵犯商业秘密行为的若干规定》第7条规定，违反本规定第3条的，由工商行政管理机关依照《反不正当竞争法》第25条的规定，责令停止违法行为，并可以根据情节处以1万元以上20万元以下的罚款。[2]工商行政管理机关在依照前款规定予以处罚时，对侵权物品的处理方式主要包括两种，即被侵权的商业信息资料返还给权利人；销毁利用被侵权商业秘密生产的、流入市场的产品。在德国《商业秘密保护法》中，与停止违法行为的行政责任类似的制度为"禁令制度"。

3. 侵犯商业秘密的刑事责任

当侵犯商业秘密的行为已经严重扰乱市场秩序，阻碍市场的公平竞争，情节严重者，也要承担相应的刑事责任。在我国侵犯商业秘密，给商业秘密的权利人造成重大损失的，要承担刑事责任，可能判处有期徒刑、拘役或者罚金。根据《中华人民共和国刑法》（以下简称《刑法》）第219条规定，有下列侵犯商业秘密行为之一，情节严重的，处3年以下有期徒刑，并处或者单处罚金；情节特别严重的，处3年以上10年以下有期徒刑，并处罚金：第一，以盗窃、贿赂、欺诈、胁迫、电子侵入或者其他不正当手段获取权利人的商业秘密的；第二，披露、使用或者允许他人使

---

[1] 参见德国《商业秘密保护法》第8条。

[2] 我国《反不当竞争法》第25条规定，经营者违反本法规定从事不正当竞争，有主动消除或者减轻违法行为危害后果等法定情形的，依法从轻或者减轻行政处罚；违法行为轻微并及时纠正，没有造成危害后果的，不予行政处罚。

用以前项手段获取的权利人的商业秘密的；第三，违反保密义务或者违反权利人有关保守商业秘密的要求，披露、使用或者允许他人使用其所掌握的商业秘密的。明知前款所列行为，获取、披露、使用或者允许他人使用该商业秘密的，以侵犯商业秘密论。[1]

在德国，刑事处罚也是规制商业秘密犯罪的重要手段。德国《商业秘密保护法》第 23 条详尽地列出了侵犯商业秘密的刑事处罚条款。该条明确了行为人为了促进自己与他人竞争，谋取个人利益、他人利益或者损害商业秘密所有人的利益，根据情节不同应承担不同的刑事责任。[2]通过分析各条款可见，德国商业秘密保护量刑范围的确定依附于德国《商业秘密保护法》第 4 条的规定。只有行为人实施了第 4 条所列的商业秘密保护禁止行为，才有可能构成商业秘密犯罪。[3]在此，第 4 条是作为前置性条款，为商业秘密刑事保护提供可遵循的规范基础。因此，此次德国《商业秘密法》中增加的刑事规范条款突破了之前德国《反不正当竞争法》的内容，使得商业秘密保护的刑事责任与民事责任界限更加清晰。这也启示我国在制定商业秘密保护规则时，重视商业秘密各要件要素的解释，明确商业秘密保护的禁止范围，为商业秘密的刑事处罚提供明晰的前置法基础。

四、中国商业秘密保护的经验汲取

（一）商业秘密专门立法的必要性与可行性

1. 中国商业秘密专门立法的必要性

为促进各商主体之间的市场竞争、企业管理乃至国家或地区安全，各国和地区逐步认识到了商业秘密保护的法律意义，无不通过立法的方式达到商业秘密保护的目的。欧盟在 2016 年通过专门立法的形式保护商业秘密。同时，德国也通过修订原法律规则的形式转化实施了欧盟《商业秘密保护指令》，从而制定了《商业秘密保护法》。[4]可见，通过专门立法保护

---

[1] 参见《刑法》第 219 条。
[2] 参见德国《商业秘密保护法》第 23 条。
[3] 参见崔星璐：《德国商业秘密保护法的学理启发》，载《海峡法学》2023 年第 2 期。
[4] 参见鲁甡序阳：《国外商业秘密保护的立法安排及其启示》，载《上海政法学院学报（法治论丛）》2022 年第 5 期。

商业秘密已成为一种立法趋势。同时，我国商业秘密保护的紧迫性以及我国多年积累的商业秘密立法经验说明，制定专门的商业秘密法的条件逐步成熟。

第一，商业秘密保护对企业知识产权管理具有难以替代的作用。近年来，我国知识产权的保护力度逐步加强，根据世界知识产权组织发布的《2022 年全球创新指数报告》，我国排名上升至全球第 11 位。2022 年我国专利、实用新型、商标的申请量位居世界第一。[1] 相较而言，我国对商业秘密的保护力度相差甚远。然而，对企业长远发展而言，商业秘密保护手段的优势不容小觑。具体而言，专利制度是"以公开换垄断"的形式，受到保护时间的限制。但商业秘密只要不丧失秘密性，企业即可持久享有商业秘密保护权。因此，加强商业秘密保护专门立法进程，既是回归权利法本位的需要，也是企业应对知识产权竞争的有力手段。

第二，我国商业秘密保护立法散布在各个单行法中，散乱的立法现状难以统合商业秘密保护的概念和规则。同时，各部门法之间存在概念的简单复制、规则规定不一的现状，引发相互之间分工不明、"各自为政"的矛盾，增加了法律适用的难度。不仅如此，各单行法内部也呈现体系性不强，各制度之间不协调的问题。总之，此种分散立法路径，不仅无法实现对法律规则的整体安排，更难以实现实体法与程序法的协同设计。[2]

第三，从保护手段分析，相较于知识产权的其他客体，反不正当竞争法对商业秘密的保护为被动的禁止性规定，而非积极的赋权性保护。同时，《中华人民共和国民法典》（以下简称《民法典》）已将商业秘密列为知识产权的客体范围。在明确商业秘密的权利性质后，再以保护"未上升到权利的法益"的《反不正当竞争法》来保护商业秘密已不合时宜。另外，《反不正当竞争法》对商业秘密的保护范围过于狭隘，并不能规制所有的商业秘密侵权行为。

总体而言，我国目前的商业秘密立法尚不完备，也存在体系性的矛

---

[1] 参见《国家知识产权局 2022 年度报告》。

[2] 参见郑友德、钱向阳：《论我国商业秘密保护专门法的制定》，载《电子知识产权》2018 年第 10 期。

盾。尽管我国《反不正当竞争法》近年来经历了多次修订，但仍无法给予商业秘密制度层面的保护。由此，我国应立足法律现状，适当借鉴其他国家或地区专门立法模式，以专门立法的方式解决商业秘密法律保护问题。

2. 中国商业秘密专门立法的可行性

我国《反不正当竞争法》近两次修订中均涉及商业秘密保护的条款，以及《刑法》中对商业秘密条款的关注，可以证明我国商业秘密保护专门立法的条件已经趋于成熟，[1]我国专门制定商业秘密保护法具备可行性。

首先，商业秘密保护专门立法符合高质量发展时期知识产权保护的战略布局。2021 年 1 月，习近平总书记在《全面加强知识产权保护工作 激发创新活力推动构建新发展格局》中强调要加强地理标志、商业秘密等领域的立法。中共中央、国务院印发的《知识产权强国建设纲要（2021－2035 年）》关于建设面向社会主义现代化的知识产权制度中强调，制定修改强化商业秘密保护方面的法律法规。可以看出，商业秘密作为知识产权保护的重要客体，制定专门的商业秘密保护法符合国家知识产权战略布局。创新是当前发展的第一动力，知识产权对经济高质量发展具有重要作用。实际价值和重要性可能更高的商业秘密却还没有得到成体系的保护。在创新驱动发展战略下，商业秘密专门立法也将迎来又一个机会。

其次，商业秘密保护专门立法是完善我国知识产权保护体系的必要之举。目前，我国已经形成了《反不正当竞争法》与各单行法相互补充的商业秘密保护法律体系。现行法律规则能够为商业秘密保护专门立法提供基础。同时，我国《民法典》第 123 条将商业秘密与专利、商标等并列，明确了商业秘密知识产权客体的地位，为商业秘密保护专门立法提供了重要契机。[2]

最后，商业秘密专门立法已成为国际商业秘密保护的立法趋势。近年来，继美国制定一系列的商业秘密保护制度之后，欧盟和德国也积极推进商业秘密的立法进程。同时，近年来西方国家频繁针对中国企业采取遏制措施，面对激烈的世界市场角逐，我们应该深刻理解商业秘密保护的重要

---

〔1〕 参见鲁竑序阳：《国外商业秘密保护的立法安排及其启示》，载《上海政法学院学报（法治论丛）》2022 年第 5 期。

〔2〕 参见李薇薇、郑友德：《欧美商业秘密保护立法新进展及对我国的启示》，载《法学》2017 第 7 期。

，基于世界各个国家和地区的立法经验以及商业秘密独具的战

，我国应加快商业秘密专门立法的进程。[1]。

（二）商业秘密保护与其他法律制度的协调

商业秘密保护与其他法律制度的协调主要涉及劳动法中离职雇员的竞业禁止条款。离职雇员在雇佣关系结束后对其在就业期间所知悉的商业秘密保密是否负有保密义务，涉及雇主对保密商业信息的合法利益与离职雇员的自由择业权的平衡。实践中，雇主与雇员多采取签订竞业禁止协议的方式以协调双方利益。离职后竞业禁止协议是企业为保护其商业秘密、营业利益或维持其竞争优势，与员工达成合意，在员工离职后的一定时期内不得从事与原受雇单位同样业务。竞业禁止条款是通过限制员工工作权的手段达到防范商业秘密被泄露的风险。为了保障员工离职后的自由择业权，兼顾各行业的特性差异，平衡劳雇双方权益。早在 2008 年，《中华人民共和国劳动合同法》（以下简称《劳动合同法》）就正式从法律层面确立了竞业禁止规则。

以竞业禁止的法理基础为进路，雇主对雇员的竞业禁止无论是以私法自治的契约自由还是以公民所享有的自由择业权为例外，目标都是保护企业商业秘密。[2]然而，在商业实践中，雇主与雇员之间的社会地位"天生不平等"，相对于雇员，雇主具有资源优势。因而雇主可能会利用雇员劣势地位，损害其利益。基于此，为平衡二者利益关系，竞业禁止规则必须以企业存在值得保护的商业秘密为前置条件。具体而言，《劳动合同法》应明确雇主与雇员签订竞业禁止协议的目的在于"保守用人单位的商业秘密"，而不应扩大到其他目的，防止雇主以竞业禁止之名禁止一切竞争行为。[3]实务中，也应确立严格商业秘密保护标准，禁止企业因员工掌握一般的商业信息而限制其择业。只有这样才能既保证商业秘密保护的正当性，又能保障雇员的择业权利。

---

〔1〕 参见陈灿平、李妍：《我国商业秘密专门立法探讨》，载《湖南大学学报（社会科学版）》2021 年第 2 期。

〔2〕 参见叶姗：《劳动权利能力的三重限制》，载《环球法律评论》2013 年第 4 期。

〔3〕 参见邓恒：《商业秘密保护中竞业禁止的现实困境及解决路径——考察制度的理论基础为研究范式》，载《法律适用》2021 年第 2 期。

（三）完善救济程序中的保密制度

目前，我国商业秘密纠纷主要体现出纠纷多起诉率低、被起诉对象多为"跳槽员工"、涉及技术秘密纠纷案件的审理周期长等特点。[1]究其原因，一是企业并未建立完善的商业秘密管理制度，导致在遇到其商业秘密受侵害时不能采取有效的应对措施；二是权利人担心诉讼程序中商业秘密的"二次泄密"，不敢采取诉讼手段。[2]因而，司法救济程序中的保密制度亟须完善。

首先应重视司法程序中保护令的实施。我国在司法程序中涉及商业秘密泄露的条款主要体现在《中华人民共和国民事诉讼法》第71条、第137条规定的不公开举证和不公开审理制度；《最高人民法院关于适用〈中华人民共和国民事诉讼法〉的解释》第103条第3款、第146条规定的不公开质证和参与调解过程人员的保密义务；《最高人民法院关于审理因垄断行为引发的民事纠纷案件应用法律若干问题的规定》第11条规定的不公开开庭、限制或者禁止复制、仅对代理律师展示、责令签署保密承诺书等保护措施。但是，商业秘密纠纷与一般民事纠纷的区别较大，仅依据民事诉讼程序的一般规则难以规避商业秘密在司法程序中被泄露的风险。可以认为在立法上，我国目前并未明确司法程序中避免泄露商业秘密的条款；在司法实务中，同样缺乏可操作的手段。

目前，英美法系国家则采取实体法与程序法相结合的路径，采用诸如保护令、扣押令等方式规制司法程序中的商业秘密泄露。在诉讼程序中，如果有行为人存在接触商业秘密的可能（如检察官、法官、代理人、辩护人、证人、书记员、翻译等），法院可依职权或依申请向其发送保护令，以防止商业秘密的泄露。在诉讼中，通过保护令的手段防止商业秘密被侵害的方式值得借鉴。我国亦可在法律中规定诉讼当事人、代理人或者其他诉讼参与人的商业秘密保护责任。不仅如此，法院亦可依申请或者依职权扣押涉嫌侵害商业秘密行为的工具和财产。对于涉及进出口的商业秘密保

---

〔1〕 参见《加强商业秘密保护营造公平竞争环境——浙江省宁波市中级人民法院关于商业秘密民事纠纷审判情况的调研报告》，载《人民法院报》2014年5月15日，第8版。

〔2〕 参见郑毅：《商业秘密保护专门立法研究》，西南政法大学2021年硕士论文。

……取财产保全等措施以保障权利人的利益。

……就是完善举证责任方面。商业秘密因其秘密性属性，相应地侵……也不会通过公开方式进行，因此，商业秘密案件的举证或调查十分……难。因调查取证的难度增加，自然给予侵权人转移或者销毁证据机会。对此，商业秘密保护立法可借鉴其他知识产权专门立法中的"举证责任转移规则"，规定权利人如果能够有充分证据证明行为人使用的商业信息与其商业秘密本质上相同并具有获取商业秘密途径的，行为人应当有义务提供其持有商业信息的合法来源。若行为人不能提供，则可依据证据责任倒置原则推定行为人系非法获取商业秘密。[1]

（四）防止商业秘密的滥用

商业秘密保护中行为人的保密义务应该包括依据我国法律规定的保密义务和依据合同所承担的保密义务。为防止商业秘密被滥用甚至泄露，行为人无论承担何种保密义务，都应当保守商业秘密直至商业秘密丧失秘密性。[2]在实践中，可采取以下措施防止商业秘密的滥用：

一方面，企业在遴选有可能接触商业秘密的员工环节，防止商业秘密的滥用。首先，在聘用有可能接触商业秘密的敏感人员时，应做好尽职调查。从企业知识产权管理的视角分析，对雇员的培训是有效保护商业秘密的重要手段。要做到适当地保密，就必须使员工了解某些与公司有关的信息的重要性。企业可通过公司章程或者定期培训的方式，让雇员深刻认识到商业秘密保护的意义。同时，企业也可通过设置电子性保护措施，防止商业秘密外泄。[3]

另一方面，为实现对商业秘密的全面保护，不仅要注重商业秘密的国内规制，而且更要重视商业秘密的境外管辖。在实践中，禁止进口涉嫌商业秘密侵权的产品，禁止商业间谍入境，并强化商业秘密行政管理部门与

---

〔1〕 参见李薇薇、郑友德：《欧美商业秘密保护立法新进展及对我国的启示》，载《法学》2017 年第 7 期。

〔2〕 参见鲁竑序阳：《国外商业秘密保护的立法安排及其启示》，载《上海政法学院学报（法治论丛）》2022 年第 5 期。

〔3〕 参见李维真：《企业商业秘密风险解析与制度建设》，载《商业经济研究》2021 年第 15 期。

其他部门的联合执法。

五、结语

目前，对商业秘密的保护已然成为知识产权国际保护的重点。国际上，专门立法模式成为商业秘密法律保护的主要趋势。相较于欧美国家和地区而言，我国目前仍未对商业秘密进行专门的立法。商业秘密保护立法的缺位将会影响我国在国际市场上的竞争地位。[1]德国最新颁布的《商业秘密保护法》也已改变了以往以反不正当竞争法为主的商业秘密保护模式。德国一直是我国法律理论的重要研究对象，我们通过研究德国《商业秘密保护》的立法背景、立法框架，以及借鉴德国商业秘密保护有益制度的基础上，论证我国商业秘密保护专门立法的必要性与可行性，从而为我国制定商业秘密保护法起到推动作用。

总之，在经济全球化的背景下，商业秘密的价值难以估量，不仅涉及商业秘密本身在实施中所承载的经济价值，也涉及高新技术企业的发展乃至国家安全以及国际经济与政治的交流。[2]面对商业秘密专门法律保护缺位的现实境况，我国应加快商业秘密专门立法进程，为我国企业参与国际竞争扫清司法壁垒，助力我国商业秘密保护制度朝着体系化、国际化方向发展。

---

〔1〕 参见赵丰、周围：《德国商业秘密立法保护的新发展及其对中国的启示》，载《国际贸易》2021年第7期。
〔2〕 参见周澎：《中美商业秘密保护问题及对策研究》，载《法学杂志》2020年第9期。